Max Beckmann
Selbstbildnisse

MAX BECKMANN

SELBSTBILDNISSE

ZEICHNUNG

UND

DRUCKGRAPHIK

THOMAS DÖRING

CHRISTIAN LENZ

EDITION BRAUS

Bayerische Staatsgemäldesammlungen
Neue Pinakothek, München
Max Beckmann Archiv
17. November 2000 bis 28. Januar 2001

Herzog Anton Ulrich-Museum Braunschweig
Kunstmuseum des Landes Niedersachsen
22. Februar bis 6. Mai 2001

Der Freundeskreis Max Beckmann Archiv
hat diese Publikation großzügig unterstützt

INHALT

VORWORT UND DANK

Das Selbstbildnis ist eines der großen Themen der Kunstgeschichte, und die Bayerischen Staatsgemäldesammlungen wie das Herzog Anton Ulrich-Museum besitzen hervorragende Beispiele aus älterer wie neuerer Zeit. Max Beckmann ist der Künstler gewesen, der wohl die meisten Selbstbildnisse überhaupt geschaffen hat – mehr als Rembrandt und van Gogh, Cézanne und Corinth. Dabei handelt es sich um Selbstbildnisse im strengen Sinne des Wortes, darüber hinaus um Darstellungen, in denen Beckmann eine seiner vielen Rollen spielt: als Ausrufer beim Jahrmarkt und Zirkusdirektor, als Adam und Verlorener Sohn, als Gangster, als Faust und Mephisto, aber auch als Johannes der Evangelist und sogar als Christus.

Reich an Selbstbildnissen und Selbstdarstellungen ist das graphische Werk Max Beckmanns, das Zeichnungen, Aquarelle und Druckgraphik umfaßt. Ein großer Teil davon wird in Braunschweig als Teil der Sammlung *Künstler sehen sich selbst – Graphische Selbstbildnisse des 20. Jahrhunderts* aufbewahrt. Insofern hat es sich angeboten, diesen Bestand zur Grundlage der Ausstellung zu nehmen. Braunschweig ist aber auch eng mit dem Leben Beckmanns verbunden, stammen doch die Eltern aus der Gegend und hat die Familie einige Zeit in der Stadt gelebt. Nicht weniger wichtig für den Künstler ist München gewesen. Hier hatte er mit Reinhard Piper und Günther Franke Verleger und Kunsthändler, die umsichtig und energisch für ihn eintraten; hier hat er seine zweite Ehe geschlossen mit Mathilde von Kaulbach (Quappi). Wie das Museum in Braunschweig, so hat er auch die Museen in München immer wieder besucht. In beiden Städten haben außerdem wichtige Beckmann-Ausstellungen stattgefunden.

Die Ausstellung, die wir veranstalten, hat es bisher weder vom Konzept, noch vom Umfang her gegeben. Insofern stellt sie eine notwendige Ergänzung zur Ausstellung der Selbstbildnisse in Gemälden dar, die 1993 von der Hamburger Kunsthalle und der Staatsgalerie moderner Kunst veranstaltet worden ist.

Der ungewöhnliche Umfang der Ausstellung ist der großzügigen Hilfe durch öffentliche und private Leihgeber zu danken. Es sind hier zu nennen:

The University of Michigan Museum of Art, Ann Arbor, Herzog Anton Ulrich-Museum Braunschweig, Kunsthalle Bremen, Städtische Galerie im Städelschen Kunstinstitut, Frankfurt am Main, Staatliche Galerie Moritzburg Halle, Hamburger Kunsthalle, Sprengel Museum Hannover, Ahlers Collection, Museum der bildenden Künste Leipzig, Staatliche Graphische Sammlung München, North Carolina Museum of Art, Raleigh, Staatsgalerie Stuttgart sowie private Leihgeber, die ungenannt zu bleiben wünschen.

Ein besonderer Dank gebührt dem Freundeskreis Max Beckmann Archiv, der diese Publikation großzügig unterstützt hat.

Maja Beckmann und Mayen Beckmann sowie Barbara Göpel haben darüber hinaus die Vorbereitung in allen ihren Phasen durch wichtige Hinweise unterstützt. Wir danken aber auch allen, die an der Herstellung des Kataloges sowie an der Ausrichtung der Ausstellung in München und Braunschweig beteiligt waren, nicht zuletzt den Mitarbeitern unserer Museen.

Reinhold Baumstark
Generaldirektor der
Bayerischen Staatsgemäldesammlungen

Jochen Luckhardt
Direktor des Herzog Anton Ulrich-Museums
Kunstmuseum des Landes Niedersachsen

Vorwort und Dank der Autoren

Die Ausstellung ist aus der Einsicht hervorgegangen, daß Zeichnung und Druckgraphik im Schaffen Max Beckmanns eine eigene, große Bedeutung haben – auch für die Selbstbildnisse. Technik ist nichts Beliebiges, sondern wird von einem Künstler mit Bedacht gewählt und ist dementsprechend aufs engste mit dem Sinn der Darstellung verbunden. Beckmanns graphische Selbstbildnisse sind anderer Art als seine gemalten: der Künstler hat sich anders aufgefaßt, stellt sich in diesen Medien anders dar.

Insofern war es wichtig, so viele Selbstbildnisse in Zeichnung und Druckgraphik wie möglich hier zu vereinen und diese ausgiebig zu erörtern. Unser Ziel war es, die druckgraphischen Selbstbildnisse weitestgehend vollständig in der Ausstellung zu zeigen, ergänzt um wichtige Selbstbildniszeichnungen. Die Aufsätze und die Texte im eigentlichen Katalog ergänzen sich gegenseitig, wobei die Werke der ersten und die der zweiten Hälfte im Schaffen Max Beckmanns jeweils von einem Autor bearbeitet worden sind. Die Grenze von 1925 ist nicht willkürlich gewählt worden, macht sich doch zu dieser Zeit erst einmal ein deutliches Nachlassen der Graphik und eine Verlagerung zur bildmäßig aufgefaßten Zeichnung und zum Aquarell bemerkbar. Außerdem beginnt im Leben Beckmanns eine neue Epoche, wofür die Eheschließung mit Mathilde von Kaulbach (Quappi) nur der deutlichste Ausdruck ist.

Für unsere Arbeit haben wir dankbar die Publikationen von Beckmanns Schriften, die Bibliographien, die Werkverzeichnisse von Göpel, Hofmaier und Wiese sowie weitere Sekundärliteratur genutzt. Wir danken aber auch unsererseits sehr herzlich den Leihgebern und außerdem für mannigfaltige Hilfe Karl Arndt, Göttingen, Anne Bauer, Paris, Maja Beckmann, Murnau, Mayen Beckmann, Berlin, Marten Jan Bok, Utrecht, Antje Döring, Braunschweig, Richard L. Feigen, New York, Barbara Göpel, München, Barbara Goldstein, Washington, Manuel R. Goldtschmidt, Amsterdam, James Hofmaier, Berlin, Simon van Keulen, Amsterdam, Marco Pesarese, München, Askan Quittenbaum, München, Sue Welsh Reed, Boston, Ines Schlenker, London, Gerti Schmidt, München, Hans-Hermann Schmidt, Heidelberg, Michael Semff, München, Reinhard Spieler, Düsseldorf, Christine Stauffer, Bern, Dieter Steland, Göttingen, Margret Stuffmann, Frankfurt am Main, Wiebke Tomaschek, München, Oliver Tostmann, Berlin, Rüdiger Volhard, Frankfurt am Main, Stephan von Wiese, Düsseldorf, Andreas Zimmermann, Karlsruhe, Christiane Zeiller, München. In Braunschweig gebührt besonderer Dank auch Almuth Burgdorf und Dietrich Voit von der Stadtbibliothek für die zuverlässige Erfüllung zahlreicher Fernleihwünsche. Thomas Döring dankt außerdem den Studentinnen und Studenten seines im Sommersemester 2000 an der Universität Osnabrück abgehaltenen Seminars über Max Beckmanns graphische Selbstbildnisse für ihre anregenden Diskussionsbeiträge.

„Sachlichkeit den inneren Gesichten"

Max Beckmanns Selbstbildnisse der Jahre 1900 bis 1924

Christian Lenz

„Gestern hatte ich frei. Anstatt nun irgendeinen Ausflug zu machen, hab ich mich wie ein Wilder auf die Zeichnung gestürzt und sieben Stunden Selbstporträt gezeichnet. Ich hoffe allmählich immer einfacher zu werden, immer konzentrierter im Ausdruck, aber niemals, das weiß ich, werde ich das Volle, das Runde, das lebendig Pulsierende aufgeben, im Gegenteil, ich möchte es immer mehr steigern – das weißt Du, was ich mit gesteigerter Rundheit meine: keine Arabesken, keine Kalligraphie, sondern Fülle und Plastik.

Ich arbeite viel, am meisten aber mit den Augen und dem Gedächtnis. Wundervoll ist mir immer das Zusammenkommen mit Menschen. Ich habe eine wahnsinnige Passion für diese Spezies."

So schreibt Max Beckmann am 16. März 1915 aus Roeselaere, wo er freiwilliger Krankenpfleger war, an seine Frau. Und es ist die „wahnsinnige Passion" für die Spezies Mensch, zu der er selbst gehört, für das „lebendig Pulsierende", die ihn immer wieder Bildnisse und Selbstbildnisse hat schaffen lassen.

Ganz am Anfang steht ein *Selbstbildnis* (Abb. 1). Der Fünfzehnjährige hat es in Ölfarbe gemalt, hat es sorgsam signiert und datiert: MBeckmann 1899, auf diese Weise mehrfach den besonderen Anspruch bekundend. Sich selbst und anderen zeigt er wie er ist, wer er ist. Aus

1 Selbstbildnis 1899
Ölfarbe auf Leinwand
Sprengel Museum Hannover

dem Dreiviertelprofil blickt er uns ruhig, ein wenig ernst an. Überraschend ist die Farbigkeit, denn das Inkarnat und die Haare sind in leuchtend gelben und ockerfarbenen Tönen gemalt, innerhalb derer der rote Mund einen kräftigen Akzent bildet, während die Jacke in tiefem Dunkelgrün und der Hintergrund in dunklem Rotviolett gemalt sind. Als Streifen mit gebogenem Abschluß kommt das Rotviolett unten noch einmal vor.

Durch den starken Hell-Dunkel- bzw. Farbkontrast von Kopf und Hintergrund sowie den scharfen Umriß bekommt der Kopf eine Festigkeit, die den nachdrücklichen Blick verstärkt, die aber im Widerspruch steht zu der weichen Modellierung. Dieser Widerspruch ist insofern bedeutungsvoll, als er sich im Verhältnis von Kopf zu Hintergrund wiederholt. Hat der Maler den Kopf noch kräftig ins Licht gesetzt, ein entschiedenes Dasein gegeben, so wirkt doch das dunkle

2 Selbstbildnis mit Seifenblasen 1903
Mischtechnik auf Malpappe, Privatbesitz

Rotviolett ebenso prächtig wie geheimnisvoll. Überhaupt sind alle Farben — das leuchtende Gelb des Kopfes, das kräftige Rot des Mundes, das tiefe dunkle Grün der Jacke und das Rotviolett des Grundes — in ihrem Zusammenwirken auf Schönheit angelegt. Beckmann hat sich nicht gewöhnlich gegeben, sondern hat sich farbig erhöht. Das Gelb verleiht dem Kopf und damit der ganzen Person ein Leuchten, das ihrem Geist, ihrer Seele, ihrem Wesen eigen ist wie das Rotviolett die Träume, den von großen Geheimnissen erfüllten Lebensgrund anschaulich macht.

So unzulänglich das Bild ist, so zeigt es doch bereits Eigentümlichkeiten in Beckmanns Kunst, die uns über das ganze Schaffen hinweg begegnen: die Auseinandersetzung mit der eigenen Person und das vom Geheimnis bestimmte Leben. Das frühe *Selbstbildnis* ist nicht, wie bei so vielen anderen Künstlern, ein Einzelfall geblieben, sondern eröffnet eine geradezu einzigartig lange Reihe von selbständigen Selbstbildnissen, verschlüsselten Selbstdarstellungen sowie Selbstbildnissen in Gruppenbildern und verschiedenen szenischen Zusammenhängen. Bei keinem Maler sonst gehörten Selbstdarstellungen derart zum gesamten Schaffen wie bei Beckmann.

Was für die Selbstdarstellung gilt, gilt auch für das Geheimnisvolle. Mag in dem prächtigen Rotviolett vielleicht auch eine Anregung vom Jugendstil liegen, so wird doch ganz unabhängig von derartiger Anregung das Geheimnisvolle nun in den verschiedensten Erscheinungsformen Beckmanns Kunst bis zu den letzten Werken bestimmen.

1901 setzen die Selbstbildnisse in der Druckgraphik ein, vereinzelte Beispiele dieses technischen Bereiches, in dem Max Beckmann erst seit 1909 stetig arbeitet. Immerhin lassen diese Vorläufer schon auf die Absicht zur Vervielfältigung, zur Verbreitung des eigenen Bildes schließen. Ein einzelnes, aber höchst aufschlußreiches Werk ist auch das kleine Gemälde *Selbstbildnis mit Seifenblasen* (Abb. 2) von 1903.

Der junge Künstler hat sich hier am Ende seiner Studienzeit auf wieder andere Art als vorher dargestellt. In der Abenddämmerung sitzt er vor einer hügeligen Landschaft und blickt den Seifenblasen nach, die er vor sich aufsteigen läßt. Dunkel senkt sich herab und hüllt fast alles schon ein, so daß sich die violetten, grünen und braunen Töne von Figur und Landschaft wenig unterscheiden. Auch der Himmel wirkt dunkel in seinem Blaugrün und Gelbgrün, doch zeigt er sich über dem Kamm des jenseitigen Hügels auch in einer lichtblauen Öffnung mit rosafarbener Abendwolke.

Zum ersten Mal hat sich Beckmann zusammen mit Landschaft dargestellt. Zum ersten Mal hat er überhaupt Figur und Landschaft verbunden und somit aufeinander bezogen, hat die Natur durch den Menschen, den Menschen durch die Natur zusätzlich charakterisiert.

3 Edvard Munch   Selbstbildnis   1895
Lithographie

Das Bild ist ganz stimmungshaft, voller Empfindsamkeit und Träumerei. Wie die zarten Seifenblasen hochschweben, so steigen die Gedanken des jungen Mannes auf und gehen ins Unbestimmte. Zu diesem träumerischen Charakter gehört auch die Öffnung des Himmels mit der Abendwolke in ihrer fast wunderbaren Farbigkeit.

Max Beckmann hat sich selbst allerdings gar nicht weich gegeben, vielmehr reckt er energisch seinen Kopf nach oben, wie er denn auch aufrecht in seinem Sessel sitzt. Dieser steht nicht beiläufig im Bilde, sondern vor der Landschaft. Zudem bemerkt man am Sessel die beiden roten Knäufe, die ihn in verhaltener, aber doch unübersehbarer Weise auszeichnen. Es ist ein ‚Thron‘, der den Mann auszeichnet.

Bezeichnenderweise senkt sich dieses Land zu dem Haus als Zeichen der Ansiedlung hinab und steigt von dort wieder an, so daß der junge Mann oberhalb der ‚anderen Menschen‘, näher dem himmlischen Bereich sitzt. Ist das einmal wahrgenommen, wird man auch den hoch gelegenen Standpunkt und weiten Überblick über die Landschaften, zu denen Beckmann 1903 kommt, nicht bloß als Jugendstilperspektive in Nachfolge japanischer Druckgraphik sehen dürfen, sondern aus dem Selbstverständnis des Künstlers heraus verstehen.

So klein dieses *Selbstbildnis* mit seinen 32 x 25,5 cm auch ist, so groß ist doch der Anspruch, mit dem sich der junge Beckmann hier dargestellt hat: als ein ‚Herrscher‘, der ins Weite sinnt. Willentliches und Träumerisches sind miteinander verbunden, wobei die Seifenblasen nicht bloß einfache, traditionelle Bedeutung von Vergänglichkeit haben, sondern auch die Unbestimmtheit und Zwecklosigkeit des Träumens verlängern.

Die beiden Gemälde und die anderen Selbstbildnisse zeigen, daß Max Beckmann schon sehr früh ausdrückliches Interesse an der eigenen Person hatte. Die Tagebücher, die seit 1903 erhalten sind, frühe Skizzenbücher und Briefe bestätigen das. Der junge Künstler nutzt Malerei, Zeichnung und Druckgraphik, also einen verhältnismäßig breiten Fächer technischer Möglichkeiten, um sich selbst darzustellen. Den Darstellungen liegt die Prüfung der eigenen Person zugrunde, und die Bildnisse zeigen, zu welchem Ergebnis sie geführt hat. Das Wissen bleibt mit Fragen verbunden, und dieses wie jene werden nicht selten durch mimische Pose, durch eine Rolle überspielt. So lernen wir Max Beckmann am Beginn seines Weges im Zwiespalt von Selbstsicherheit und Unsicherheit, Sachlichkeit und Träumerei mit einer Neigung zum Theater kennen. Und wie jedem Menschen, so bleibt auch ihm, was ihm als Wesen mitgegeben.

4 Paul Cézanne
Selbstbildnis mit Barett   um 1900
Ölfarbe auf Leinwand
Museum of Fine Arts, Boston

Während der Jahre bis 1904 hat Beckmann teil an der breiten Strömung des Jugendstils beziehungsweise dessen internationalen Varianten. Alle Künstler seiner Generation haben entsprechend flächig dekorative Werke unter Anregung der Gauguin-Schule, des japanischen Holzschnitts und der Graphik von Toulouse-Lautrec geschaffen. Für die Deutschen sehr wichtig ist aber auch Edvard Munch gewesen, einerseits als Vermittler französischer Kunst, zum anderen aber wegen des forcierten seelischen Gehaltes und der symbolistischen Thematik seiner Werke (Abb. 3). Auch Max Beckmann ist früh schon auf ihn aufmerksam geworden. Zu Recht hat man die Selbstbildnisradierung (Kat. 1) von 1901 mit dem Werk des Norwegers in Verbindung gebracht.

Munchs Bedeutung für Beckmann bestand nicht allein in dem forcierten seelischen Ausdruck, sondern lag auch in zwei wichtigen Themen begründet: der verhängnisvollen Beziehung zwischen Mann und Frau sowie dem Tod. Insofern bleibt die Bedeutung Munchs für Beckmann sein Leben lang erhalten, wenngleich von Einflüssen anderer Künstler durchdrungen.

Das ist zum Beispiel an der Selbstbildnisradierung (Kat. 9) von 1904 zu sehen. Die unausweichliche Darbietung, das Pathos, das in jeder frontalen Darstellung liegt, geht auf Edvard Munch zurück. Die plastische Form jedoch, die selbst mit wenigen Linien geschaffen ist, verdankt Beckmann Anregungen von Cézanne, und es ist vor allem dieser Künstler, auf den er sich immer wieder berufen wird, weil er in dessen Werk sein Ideal verwirklicht sah: die innige Verbindung von Körper, Fläche und Raum.

Im Schaffen Cézannes hat das Bildnis erhebliche Bedeutung. Zudem hat dieser Künstler etliche Selbstbildnisse geschaffen. Ihnen allen gemein ist im Unterschied zu Bildnissen von Munch, van Gogh und Gauguin die Verhaltenheit seelischen Ausrucks. Die Dargestellten sind zwar als Individuen zweifelsfrei zu erkennen, aber Cézanne hat sich mit ihnen nicht detailliert physiognomisch auseinandergesetzt und hat deshalb auch mimische Regungen weitestgehend unberücksichtigt gelassen. Cézannes Menschen wirken verschlossen und distanziert – wie der Künstler selbst (Abb. 4). Ernst, aber ungerührt blicken sie uns an. Was sie denken, empfinden und was sie erlebt haben, was ihr Schicksal im Ablauf der Zeit ist, wird uns nicht vermittelt, weil diese Menschen kaum der Zeit unterliegen.

Insofern konnte Picasso unter Anregung solcher Bildnisse zwar das *Porträt der Gertrude Stein* in der Frühphase des Kubismus malen, aber Künstler wie Max Beckmann, denen es besonders um seelischen Gehalt und Schicksal ging, haben in dieser Hinsicht von Cézanne keine Anregungen erhalten können. Munch, van Gogh, Gauguin und Rembrandt mußten ihnen wichtiger sein.

5 *Eurydikes Wiederkehr: Orpheus*
in der Unterwelt   1909
Lithographie

6 *Eurydikes Wiederkehr: Das Wiederfinden*
1909
Lithographie

Das gilt für die ausdrücklichen Bildnisse und Selbstbildnisse, aber auch für andere Selbstdarstellungen. Aus Kenntnis vom Leben und Werk Max Beckmanns wissen wir, daß er sich
mit den verschiedensten Figuren identifiziert hat. Den Illustrationsauftrag für *Eurydikes*
Wiederkehr von Johannes Guthmann wird er 1909, wie später andere Aufträge, übernommen
haben, weil er sich mit Hauptfiguren, in diesem Falle mit Orpheus, identifizieren konnte. Der
einsam am Meer Liegende, der von den Seelen der Unterwelt Gejagte und der Eurydike
Umarmende (eine Variation nach Munch): Alles das sind zugleich Selbstdarstellungen Max
Beckmanns (Abb. 5 und 6).
Deutlicher als die reinen Selbstbildnisse offenbaren solche Darstellungen wichtige Charak-
terzüge und Vorstellungen des Künstlers, die immer wieder zu großen Themen des Werkes
werden: Einsamkeit, Eros, Tod und die Macht der Dämonen. Derartiges wurde in den reinen
Selbstbildnissen häufig verdeckt, so etwa im *Selbstbildnis mit Hut* (Abb. 7), wo die Kleidung
dem Künstler einen bürgerlich-konventionellen Charakter verleiht, etwa wie Max Liebermann im *Selbstbildnis* von 1908 (Abb. 8).

Für seine frühen druckgraphischen Arbeiten hat Max Beckmann bis auf wenige Ausnahmen
die Technik der Lithographie benutzt, weil es ihm um atmosphärische Darstellungen, um
weiche Übergänge zwischen Hell und Dunkel, um lockeren Strich ging. Wie in Malerei und
Zeichnung so macht sich auch in der Lithographie, vereinfacht ausgedrückt, die Wirkung des
deutschen Impressionismus bemerkbar. Diese hält noch an, als sich 1911/1912 wichtige Ver-
änderungen im Schaffen Beckmanns zeigen. Hatte er 1909 mit der *Szene aus dem Untergang*
von Messina das Bild eines zeitgenössischen Ereignisses gemalt, so tauchen nun das zeit-
genössische Genre und Motive des Theaters auf. In der Technik findet der Übergang zur Kaltnadelradierung statt. Innerhalb des zeitgenössischen Genres dürften sich auch die ersten
Selbstdarstellungen finden, wie *Bordell in Hamburg* und *Die Vergnügten* (Abb. 9) vermuten

7 Selbstbildnis mit Hut   1910
Ölfarbe auf Leinwand
zerstört

8 Max Liebermann   Selbstbildnis   1908
Ölfarbe auf Leinwand
Saarland Museum Saarbrücken, Moderne Galerie

lassen. Hier scheinen persönliche Erlebnisse zu Bildern gestaltet. Diese weisen auf die große Zahl entsprechender Darstellungen voraus, die im Kriege einsetzen. Auch aus der Welt des Theaters beziehungsweise Jahrmarkts gibt es nur zwei Blätter, doch werden sie ebenfalls große Nachfolge im Schaffen Beckmanns haben.

Höchst bedeutsam ist schließlich der Übergang zur Kaltnadelradierung, kündigt sich doch damit die neue, klare, prägnante Form an. Von 1913 bis 1918 hat der Künstler fast ausschließlich Kaltnadelradierungen geschaffen und nur vereinzelt Lithographien. Es ist also nicht der Erste Weltkrieg, mit dem im Schaffen Beckmanns eine neue Stufe seiner Entwicklung beginnt, sondern der Beginn liegt einige Jahre früher, wenn auch die Ergebnisse dieser Entwicklung erst im Krieg ganz deutlich in Erscheinung treten.

Ein Schlüsselwerk in dieser Hinsicht ist die *Kriegserklärung* (Kat. 18) von 1914, hat sie doch zum Thema keine Handlung, sondern eine Nachricht. Die aber ist welterschütternd und betrifft die Menschen total. Schlagartig kündigt sich ein Verhängnis an, wodurch alles bisherige Dasein, jeglicher Sinn in Frage gestellt ist. Diese unheimliche Bedrohung durch eine unbekannte Macht wird von nun an Beckmanns Vorstellung vom Leben mit bestimmen und zu weiteren Bildern führen. In der *Kriegserklärung* verbinden und verdichten sich die Gattungen

9 Die Vergnügten   1912
Kaltnadel

10 Kleine Operation   1915
Kaltnadel

11 Selbstbildnis als Krankenpfleger   1915
Ölfarbe auf Leinwand
Von der Heydt-Museum Wuppertal

Genrebild, Historienbild. Gruppen- und Selbstbildnis. Zugleich läßt die Darstellungsweise des Künstlers mit geschlossenen Augen darauf schließen, daß er ein inneres Gesicht hat, daß ihm aus der Nachricht der Kriegserklärung dieses Bild geworden ist und weitere, schreckliche auftauchen werden.

Zu welchen Erlebnissen, Erfahrungen und Vorstellungen Max Beckmann durch seinen Dienst als freiwilliger Krankenpfleger erst im Osten, dann an der Westfront gelangt ist, erfahren wir genau aus den Briefen und auch aus den Werken. Der Krieg war für ihn gesteigertes Leben mit den vielfältigsten Anregungen zu neuen Bildern („Meine Kunst kriegt hier zu fressen." Brief vom 18.4.1915 an Minna).
Außerdem machte sich bei Beckmann der apokalyptische Charakter des Krieges bemerkbar, sowohl im unmittelbaren Erlebnis der Front wie auch in Träumen. Das Thema der Auferstehung, das er schon 1909 behandelt hatte, bekam nun neue Aktualität.
An Malen war während des Kriegsdienstes nicht zu denken, sieht man einmal von dem Wandbild der Badeanstalt in Wervik ab. Umso mehr hat Beckmann gezeichnet: „(...) mein Lebenswillen ist augenblicklich stärker als je, trotzdem ich schon furchtbare Sachen miterlebt habe und selbst schon einigemale mit gestorben bin. Aber je öfter man stirbt, umso intensiver lebt man. Ich habe gezeichnet, das sichert einen gegen Tod und Gefahr" (3. Oktober 1914 an Minna).
Zu den Zeichnungen gehören neben Landschaften, Genre- und Operationsszenen auch Bildnisse und Selbstbildnisse. Die Zeichnungen sind häufig in kürzester Zeit entstanden und haben dementsprechend einen spontanen, skizzenhaften Charakter. Den Bildnissen hat sich Beckmann länger widmen können. Die Selbstbildnisse zeigen uns den Künstler angespannt und übermüdet, aber beharrlich der Gestaltung hingegeben.

12 Ernst Ludwig Kirchner
Selbstbildnis als Soldat   1915
Ölfarbe auf Leinwand
Allen Memorial Art Museum, Oberlin, Ohio

Die Erfahrungen im Operationssaal, im Lazarett und im Leichenhaus erbringen für das weitere Schaffen neue Figurentypen und neue Szenen. So ist der geheimnisvolle Kapuzenmann der *Auferstehung* 1916 ff. aus den Figuren vermummter Ärzte und Sanitäter, ist die Marterszene der *Nacht*, Wiese hat 1978 darauf hingewiesen, aus der Zeichnung nach einer Operation entwickelt worden. Bei der Radierung *Kleine Operation* (Abb. 10), die auf diese Zeichnung zurückgeht, sich zugleich aber merklich davon unterscheidet, könnte es sich um eine Selbstdarstellung Max Beckmanns handeln, denn das Gesicht dieses mehrfach Verwundeten ist Selbstbildnissen auffallend verwandt. Mit amputiertem Fuß und mit Kopfwunde, mit gespreizten Beinen und hochgehaltenem Arm verkörpert dieser Mensch derart Leiden, daß die Fürsorge der Anderen dagegen nicht ankommt. Der vermummte Arzt wirkt gar so, als ob von ihm Unheil zu erwarten sei. Es gehört zu den Eigentümlichkeiten von Max Beckmann, daß in seinen Darstellungen Figuren, Landschaften, Dinge doppelsinnig sein können.

Wie sehr der Künstler durch den Krieg schließlich mitgenommen worden ist, offenbart das *Selbstbildnis*, das „Straßburg 1915" bezeichnet ist (Abb. 11). Der Maler äußert Piper gegenüber, was es mit diesem *Selbstbildnis* auf sich habe: „Das ist noch recht trüb in der Farbe. Ich habe mich sehr damit gequält. Da kommt zum erstenmal heraus, was ich inzwischen im Krieg erlebt hatte. An dem Zug um Stirn und Nase sieht man, glaube ich, gut, wie sich die spätere strenge, feste Form herausarbeitet" (Besuch bei Max Beckmann, Typoskript im Max Beckmann Archiv, S. 3). Der Künstler hat sich hier dargestellt wie er das *Selbstbildnis* malt oder zeichnend vorbereitet. Er zeigt nicht nur sich, sondern auch sein Tun. Zugleich will er sich als Soldat, als Sanitäter mit seinen Kriegserlebnissen gesehen wissen, und so leuchtet denn das rote Kreuz auf weißem Kragenspiegel wie ein Stigma, das dieser Mann durch die schrecklichen Erlebnisse erhalten hat. Dem entsprechen die groß und fest blickenden Augen sowie die starre Miene mit der disproportionierten, gleichsam unter Leidensdruck aus dem organischen Zusammenhang gebrachten Physiognomie, einem Leidensdruck, dem der Wille doch noch standzuhalten vermag.

Kirchner dagegen hielt in dem *Selbstbildnis als Soldat* (ebenfalls 1915 entstanden, Abb. 12) weit derbere, allgemeinverständlichere Mittel der Symbolik für notwendig. Mit dem Stumpf eines abgehackten Armes und großem Anteil blutroter Farbe bringt er seine elende Situation als Künstler und Mann (im Hintergrund ein Akt) mit dem Krieg in kausalen Zusammenhang. Er blickt den Betrachter nicht wach und gespannt an, sondern er blickt überhaupt nicht. Die dunklen Augenflecken tragen nicht etwa einen melancholischen oder nach innen gekehrten Blick wie häufig bei Beckmann, sondern sie haben sich aus der skizzenhaften Malerei von

1909 entwickelt und sind auch hier nur Andeutungen der Anatomie, ohne sich positiv oder negativ auf den Sinn, auf die Leistung des Augen-Organs zu beziehen. Der wache Blick nach außen, auf den Betrachter, auf die Welt bei Beckmann, die blicklose Selbstbezogenheit bei Kirchner – das ist bezeichnend für weitere Werke im Umkreis dieser Thematik.

Die Herausbildung der neuen Form vollzieht sich im Schaffen Beckmanns zwar besonders deutlich seit 1915, doch setzt dieser Prozeß 1911/1912 ein. Er wird durch die Auseinandersetzung mit Franz Marc als Vertreter der modernen deutschen und französischen Kunst ausgelöst worden sein. Für Max Beckmann kam zwar die flächig-dekorative Kunst der Matisse-Schule ebensowe-

13 Pablo Picasso
Der Dichter   1912
Ölfarbe auf Leinwand, Kunstmuseum Basel

nig wie der Weg in die Abstraktion infrage, aber die neue Bildordnung Picassos im frühen Kubismus, sein freier Umgang mit Körper, Fläche und Raum, müssen für Beckmann anregend gewesen sein. Das bedeutet jedoch nicht, daß er sich Picasso angeschlossen hätte, vielmehr ist seine Aufmerksamkeit auf Werke der Alten Meister, auf neue Gebiete der älteren Kunst gelenkt worden. Waren es bisher Frans Hals, Rubens, Rembrandt und Tintoretto, denen er sich besonders verpflichtet fühlte, so traten nun Werke der Altdeutschen und Frühen Niederländer, frühe italienische Kunst sowie die Skulptur und Glasmalerei der Gotik in seinen Blick. Dort fand er – noch ganz anders als bei Picasso – ein wahrhaft spannungsvolles Gefüge von Körper, Fläche und Raum und zudem einen bedeutungsvollen Gehalt, an dem die Kubisten nicht interessiert waren.

Bezeichnend dafür ist der Verlust des Bildnisses. Das kubistische System kam dem Bildnis ganz und gar nicht zugute (Abb. 13). Dementsprechend hat Picasso Bildnisse im vollen Sinne des Begriffes erst wieder 1915 geschaffen, als er sich entschlossen hatte, die ‚Sackgasse‘ des Kubismus zu verlassen. Innerhalb der deutschen Kunst hatte das Bildnis bei den Künstlern des *Blauen Reiter* wegen deren Orientierung an Matisse und Picasso bei zunehmender Tendenz zur Abstraktion eine nur geringe oder gar keine Bedeutung. Anders verhielt es sich im Kreise der *Brücke*, bei Kokoschka und Meidner, denn diese Künstler schufen in der Nachfolge Munchs und van Goghs.

Parallel dazu lief die ältere deutsche Bildnistraditon, vertreten vor allem durch Liebermann und Corinth. Diese beiden haben auch eine bemerkenswerte Gruppe von Selbstbildnissen geschaffen. Max Liebermann erweist sich dabei sachlich, zurückhaltend in der Charakterisierung seelischen Gehaltes, während Corinth auch noch verschiedene Rollen spielt und teilweise bis zur Selbstentblößung geht. Insofern gibt es von seinen Werken Bezüge zu den Selbstbildnissen der Jüngeren.

14 Ludwig Meidner
Selbstbildnis beim Zeichnen   1913
Feder, Privatbesitz

15 Vincent van Gogh   *Selbstbildnis   1888*
Ölfarbe auf Leinwand
Fogg Art Museum, Cambridge

Unter diesen ist es Ludwig Meidner, der Beckmann am nächsten steht. Zu Recht hat Wiese auf den Zusammenhang hingewiesen. Meidners *Selbstbildnis beim Zeichnen* (Ab. 14) von 1913 ist im Ernst und in der demonstrativen Geste der Hand mit dem Stift Selbstbildnissen Max Beckmanns der Jahre 1915 bis 1920 verwandt, auch wenn Beckmann seine Erregung mehr bändigt, Meidner ihr freien Lauf läßt. Wiese hat für beide Künstler in van Gogh das richtige Vorbild gesehen, obwohl die Radierung nach dem Dr. Gachet weniger wichtig ist als es gemalte Selbstbildnisse (Abb. 15) sind und − van Goghs Briefe.

Der Bezug zu van Gogh ist insofern bedeutsam, als dessen Kunst eine Alternative zur Kunst von Cézanne darstellt, auch für das Bildnis und das Selbstbildnis. Während Cézanne, ich habe schon darauf hingewiesen, den Menschen wie überhaupt alles der Zeit enthoben dargestellt, ihm gleichsam das „pulsierende Leben" entzogen hat zugunsten der Dauer, waren van Goghs Absichten darauf gerichtet, mit seiner Kunst dem Leben so nahe wie möglich zu kommen: „(…) ich male lieber Menschenaugen als Kathedralen, denn in den Augen steckt etwas, was in der Kathedrale nicht steckt, wenn sie auch feierlich und eindrucksvoll ist; die Seele eines Menschen − wäre es auch nur die Seele eines armen Teufels oder Straßenmädels − ist in meinen Augen interessanter" (Brief 441, 19. Dezember 1885).[1] Für van Gogh konnte auch die Photographie das gemalte oder gezeichnete Bildnis nicht ersetzen: „(…) immer dieselben konventionellen Augen, Nasen, Münder, wie Wachs und glatt und kalt.
Es bleibt doch immer etwas *Totes*.
Und gemalte Bildnisse haben ein eigenes Leben, das wurzelecht aus der Seele des Malers kommt − da kann die Maschine nicht ran. Das wird einem, scheint mir, umso klarer, je mehr Photos man sich ansieht" (Brief 439). Und gegenüber der Schwester Ende September/Anfang Oktober 1889: „Ich persönlich finde Photographien immer gräßlich, und ich möchte keine um mich haben, am wenigsten von Menschen, die ich kenne und liebe.

Diese Sorte Porträts welkt schneller als wir, während das gemalte Bildnis Generationen überdauert. Ein gemaltes Porträt ist etwas Gefühltes, entstanden aus Liebe oder Ehrfurcht für das dargestellte Menschenkind" (Brief W 14).

Im September 1889 schreibt van Gogh an Theo: „Was ist es denn, was wir allmählich schüchtern als etwas Ursprüngliches und Dauerhaftes ansehen? Das *Porträt*! Das ist eine alte Sache, kann man einwenden, aber das ist auch etwas sehr Neues" (Brief 604).

In einem Brief an seine Schwester hat er sich auch zum Selbstbildnis geäußert (Abb. 16): „Da ich schon so sehr mit mir selbst beschäftigt bin, will ich versuchen, mein eigenes Porträt zu beschreiben. Zunächst muß ich beteuern, daß ein und dieselbe Person Stoff für höchst verschiedenartige Porträts liefern kann. Sieh dir die Auffassung

16 Vincent van Gogh Selbstbildnis 1888
Ölfarbe auf Leinwand
Rijksmuseum Vincent van Gogh, Amsterdam

meiner Person an, dieses Ergebnis eines vor dem Spiegel gemalten Porträts, Theo besitzt es. Ein grau-rosa Gesicht mit grünen Augen, aschfarbigem Haar, Falten auf der Stirn, um den Mund steif und hölzern ein sehr roter Bart, ziemlich unordentlich und trübselig, aber die Lippen sind voll: ein blauer Kittel aus grobem Leinen und eine Palette mit Zitronengelb, Zinnoberrot, Malachitgrün, Kobaltblau, kurz alle Farben außer dem Orange des Bartes auf der Palette, jedoch nur volle Farben. Die Figur gegen eine grauweiß getönte Wand.

Du wirst sagen, daß dies mit dem Gesicht des Todes in Frederik van Eedens Buch einige Ähnlichkeit hat, oder so − schön, aber schließlich: so eine Figur soll es auch sein. Es ist gar nicht leicht, sich selbst zu malen, auf jeden Fall ist es etwas anderes als einen Photographie. Und siehst du − das hat der Impressionismus den anderen voraus. Er ist nicht banal, man sucht eine tiefere Ähnlichkeit, die der Photograph nicht zustandebringt" (Brief W 4, Juni/Juli 1888).

So ist es nur allzu verständlich, wenn van Gogh in einem späteren Brief schreibt: „Was mich am meisten begeistert − viel, viel mehr als alles übrige in der Malerei − ist das Porträt, das moderne Porträt" (Brief W 22).

Max Beckmann ist schon früh, spätestens 1905 auf van Gogh aufmerksam geworden und hat sich damals auch künstlerisch mit ihm auseinandergesetzt. Ein besonders enges Verhältnis zu ihm hat er aber 1915 bis 1917 gewonnen. Im Vorwort des Graphikkataloges von I.B. Neumann bekannte er 1917 unter anderem: „Meine Liebe gilt den 4 großen Malern männlicher Mystik: Müleßkirchner, Grünewald, Breughel und van Gogh" − van Gogh als einzigem von allen neueren Künstlern!

Das Jahr 1914 war vor allem durch den Ausbruch des Weltkrieges geprägt, der auch für Beckmann sehr folgenreich geworden ist, wenngleich sich diese Folgen 1914 noch nicht alle abzeichnen. Bedingt durch die äußeren Umstände, tritt mit Beginn des Krieges die Malerei merklich zurück. Zeichnungen überwiegen bei weitem. Mit der Druckgraphik verbindet sich ein höherer Anspruch als bisher. Hierbei handelt es sich um die aus dem Kriegsdienst hervorgegangenen gültigen Werke. Mit ihnen schafft sich Beckmann zugleich die Voraussetzungen für die neue Form in der Malerei. Die Radierung *Kriegserklärung* (Kat. 18) stellt unter der Anregung der niederländischen Kunst den neuen Typus des halbfigurigen Gruppenbildes dar, den Max Beckmann für zahlreiche weitere Darstellungen bis zum Ende seines Schaffens nutzt. Für die Menschendarstellung erbringt er gegenüber allen vorangegangenen Bildtypen ein besonderes Maß an Konzentration, eine physisch-psychische Komprimierung, die in Spannung steht zu einem unbenennbaren, schicksalhaften Ereignis. Der Blick auf den *Untergang der Titanic* lehrt, daß die in den Booten gedrängten Menschen eine Vorstufe für die Gruppe in der *Kriegserklärung* darstellen. In dem Blatt von 1914 finden sich zugleich physiognomisch Ansätze zur Groteske und zum ersten Mal die Szene als ein inneres Gesicht des Künstlers (vgl. Kat. 18). Diese Eigentümlichkeit gibt dem ‚Traum‘ das Recht, die Wahrheit zu zeigen, wodurch der Künstler zum Seher wird, und schafft eine zweischichtige, doppelbödige Wirklichkeit, in der — wie auch in der Theaterthematik — das Eigentliche und Uneigentliche in einer untrennbaren Ambivalenz gegenseitiger Erhellung stehen.

An der Lazaretthematik kann von 1914 bis 1915 der Wandel von menschlicher Anteilnahme zu unmenschlicher Verrichtung wie überhaupt ein Verlust an Individualität und Menschlichkeit festgestellt werden. Daß hier allerdings nur ein Strang von Beckmanns Entwicklung verläuft, zeigen die außerordentlichen Porträts und Selbstporträts, die zu derselben Zeit entstanden sind. Mit der Radierung *Die Nacht* und den Entwürfen zur *Auferstehung* (Kat. 20, 21) schafft Beckmann 1914 Werke, die später zu bedeutenden Bildern führen werden, wobei einerseits die Bestialität des Menschen, andererseits das Apokalyptische als zwei große thematische Komplexe Gestalt finden.

Neben einer stetig weiter entwickelten prägnanten Form ist — angeregt durch das Licht der Operationssäle — der Übergang zu gleichmäßig heller, nahezu schattenloser Ausleuchtung des Ortes und der Personen wichtig, weil Beckmann damit ein Darstellungsmittel sowohl von Zeit-, wie auch von Ausweglosigkeit gewonnen hatte, das in hohem Maße seine Werke noch in den zwanziger Jahren bestimmte.

Während der Monate an der Front treten aus der Fülle der Eindrücke apokalyptische Vorstellungen als beherrschende hervor. Es ist das persönliche, unmittelbare Erleben, das das Schaffen wie nie zuvor bestimmt. Beckmann hofft „allmählich immer einfacher zu werden, immer konzentrierter im Ausdruck“, ohne „das Volle, das Runde, das lebendig Pulsierende“ aufzugeben. Die einfache, klare und ruhige Form bekam im Laufe der nächsten Wochen und Monate einen zwanghaften Charakter, wurde scharf und sperrig. Wiese hat das 1978 eingehend analysiert.

Max Beckmann wurde im Herbst vom Militärdienst beurlaubt und konnte nun seine neuen Vorstellungen auch in der Malerei gestalten, nachdem er bisher weitestgehend auf Zeichnung und Druckgraphik angewiesen war. Das Straßburger *Selbstbildnis* (Abb. 11), mit dem er eine

neue Entwicklungsphase in seinem Schaffen
beginnen sah, zeigt ihn als einen vom Kriege Stigmatisierten, der nach Haltung und
Kraft zum Schaffen sucht. Das Gemälde
Gesellschaft III. Battenbergs (vgl. Kat. 27) ist
ein Schlüsselbild insofern, als hier die Gattung des Familienporträts überführt worden
ist in eine Szene, die wiederum mit einer
Selbstdarstellung verbunden ist. Der Begriff
Szene bezeichnet von nun an eine besonders
wichtige Bildgattung im Schaffen Beckmanns, die ihrem Wesen nach dramatisch ist.
Die Vorstufen dafür können im Frühwerk
deutlich ausgemacht werden.
Die Besonderheit besteht darin, daß das
Drama meistens nicht im Ablauf aller seiner

17 Im Ratskeller zu Halle   1916
Feder in Tinte
Städtische Galerie Frankfurt am Main

Phasen dargestellt ist, sondern daß wesentliche Teile geheimnisvoll bleiben und in dieser
Hinsicht Spannung erzeugen. Das Gemälde von 1915 ist das erste Werk, mit dem der Künstler in einer ganz persönlichen Weise ein Drama aus seinem eigenen Leben inszeniert. Es ist
ihm nicht nur als Bekenntnis wichtig, sondern in der besonderen Gestaltung auch so bedeutend, daß es objektiven Gehalt erlangt.

Im Jahre 1916 wird der Künstler nicht nur so kurzfristig wie 1915, sondern offenbar länger
zur Wiederherstellung seiner Gesundheit beurlaubt, so daß er sich nun in Frankfurt ein-
richten und sein Schaffen weiter im voraus planen kann, wobei er in vielfältiger Weise an
frühere Werke anknüpft. Mit dem Riesenbild der *Auferstehung* (Abb. S. 120) versucht er die
Summe aus den Kriegserlebnissen zu ziehen und zugleich die Reihe der großen Bilder aus
der Vorkriegszeit fortzusetzen.
Ungeachtet der neuen Schaffensmöglichkeiten ist das Jahr, den Werken nach zu urteilen, von
besonderer Hoffnungslosigkeit bestimmt, wie sich nicht nur aus der *Auferstehung* schließen
läßt. Das Schwergewicht der Arbeit liegt jedoch auch in diesem Jahr auf der Druckgraphik.
Beckmann nimmt sich unter anderem bereits bearbeitete Radierplatten vor, die ihm so wichtig gewesen sein müssen, daß er die einmal gefundene Darstellung weiter entwickelt. Die Ver-
änderungen sind bezeichnend für seine neuen Absichten. Berücksichtigt man den Unterschied zwischen der *Auferstehung* und ihren beiden Entwürfen von 1914, wo sich der Künstler mit den Seinen zeugenhaft in die Mitte des Geschehens gestellt hat, während er sich nun
in eine Spalte duckt, so wird daraus ersichtlich, wie sich Beckmann jetzt an den Rand getrie-
ben sah, während sich für ihn der Untergang unaufhaltsam vollzog.
Zu demselben Zeitpunkt, die Radierung *Theater* ist der Beleg dafür, setzt die für Beckmanns
gesamtes nun folgendes Schaffen so außerordentlich wichtige Thematik des Maskentreibens
ein. Hier zeigt sich zugleich die Wendung zum Grotesken, die auch in der Radierung
Straße II sowie in der Zeichnung aus dem Ratskeller in Halle (Abb. 17) − gerade als einer
Zeichnung nach der Natur − offen zutage tritt.

Welttheater wollte Max Beckmann eine Mappe mit Radierungen nennen, wie aus dem Brief vom 7. August 1918 an Reinhard Piper hervorgeht. Das *Welttheater des Malers Beckmann* hat Stephan Lackner sinnvollerweise seinen Text von 1938 betitelt, mit dem er den Künstler und dessen Werk treffend charakterisiert hat. Andere sind ihm darin gefolgt, so etwa Fischer 1972a. Mit dem traditionsreichen Begriff wollte Beckmann selbst die Vielfalt der Darstellungen, das ‚bunte Leben‘, vor allem aber dessen doppelsinnigen Gehalt, bezeichnen. Zu dieser Welt Beckmanns gehören auch dem Stoff nach Bilder vom Theater, mit den Varianten von Zirkus, Karneval und Kabarett, doch darüberhinaus ist alles andere ebenfalls ‚Theater‘. Dabei kann unbekannten Göttern als Regisseuren beziehungsweise Puppenspielern, die die Menschen wie Marionetten bewegen, erhebliche Bedeutung zukommen. Die Vorstellung vom Leben als doppelsinnigem Spiel verbindet sich bei Max Beckmann wie bei Anderen mit der Vorstellung vom Leben als Traum. Mehrere Werke des Künstlers heißen *Der Traum*. „Das Theater, ein Traum“ heißt es schließlich bei Robert Walser 1907.

Die Vorstellung vom Leben als Theater oder Traum ist einerseits charakteristisch für die Skepsis der Wirklichkeit gegenüber, zu der Beckmann im Laufe des Krieges gelangt ist, und andererseits, damit durchaus zusammenhängend, hat ihm diese Thematik die Möglichkeit geboten, Darstellungen seiner Erlebnisse zu verschleiern und phantastische Figuren, Szenen unter vielfältigen Anregungen zu erfinden − immer mit dem Zweck, die Wahrheit im Werk aufscheinen zu lassen. Hans Urs von Balthasar hat in seiner *Theodramatik* von 1973 den Begriff *Welttheater* von der Antike bis in neuere Zeit verfolgt. Aus seinem reichen Material kann hier nur einiges genutzt werden, nur das, was in Hinblick auf Max Beckmann aufschlußreich ist. Dieser hat allerdings viel gelesen.

Der Begriff *Welttheater* geht auf Bion von Borystenes (ca. 300 − 250 v. Chr.) zurück, bei dem sich auch die Vorstellung vom Leben als Rollenspiel findet. Der Athener in Platos *Nomoi*, 644 d, denkt sich jedes Lebewesen „als eine Drahtpuppe in der Götter Hand, ob nun von ihnen zum Spielzeug oder zu irgendeinem ernsten Zwecke gebildet.“ Und Epiktet fordert den Menschen ausdrücklich auf: „Betrachte dich als Schauspieler in einem Drama: die Rolle gibt dir der Dichter, du mußt sie spielen, ob sie kurz oder lang ist.“ Auch in der indischen Bhagavadgîtâ, der Überlieferung noch aus vorchristlicher Zeit, lesen wir: „Gott wohnt im Herzen aller Wesen, o Arjuna, und läßt durch seine Wunderkraft alle Wesen herumwirbeln (gleich Figuren) auf einer Puppenbühne“ (XVIII, 61).

Im 17. Jahrhundert lassen bereits die Titel von Calderons Werken erkennen, wie ausgeprägt die hier erörterten Vorstellungen waren: *Großes Welttheater, Großer Jahrmarkt der Welt, Das Leben ein Traum*. Zahlreich sind auch die Belege bei Shakespeare. Dieser spielt mehrfach mit dem Theater im Theater, um das Problematische des Lebens wie des Theaters zum Vorschein zu bringen. Außerdem benennt er den Zusammenhang, zu dem auch der Traum gehört, mit den Worten Jaques in *Wie es euch gefällt* (II, VII):

„Die ganze Welt ist Bühne,
und alle Frauen und Männer bloße Spieler.
Sie treten auf und gehen wieder ab (…)“

Oder Prospero im *Sturm*:
„(...) Wir sind solcher Stoff
Wie der zu Träumen, und dies kleine Leben
Umfaßt ein Schlaf (...)" (IV, I)

Bei Goya, den Beckmann außerordentlich geschätzt hat, werden einige *Caprichos* mit dem Begriff *Traum* (Sueño) bezeichnet und der Kommentar zu *Capricho* 6 (Abb. 18) lautet im Manuskript des Prado: „Die Welt ist eine Maskerade; das Gesicht, die Kleidung, die Stimme, alles ist verstellt. Alle wollen so erscheinen wie sie nicht sind. Alle täuschen sich selbst und niemand kennt sich."
„Niemand kennt sich – nadie se conoce" – in diesen Worten wird die tiefe Irritation deutlich, die die Vorstellung vom Leben als Theater, als Maskerade mit sich bringt und der auch Max Beckmann ausgesetzt war. Er versuchte dagegen anzugehen, indem er sich selbst zum Zirkusdirektor machte oder zumindest „neue Kulissen", also Bilder produzierte.

18 Francisco Goya
Nadie se conoce   1797/1798
Ätzradierung, Kalte Nadel mit Aquatinta

Bedeutung für Max Beckmann beziehungsweise die Philosophen und Dichter, mit denen er sich auseinandersetzte, hatte auch die Vorstellung vom *Ich*, für Kant das *Ich denke* als höchste Form der Synthese, oberhalb seiner zwölf Kategorien. Daran knüpft Fichte an und lehrt den dialektischen Zusammenhang von *Ich* (These), *Nicht-Ich* (Antithese) und *Absolutem Ich* (Synthese). Letzteres übergreift die beiden ersten. Aus dem Gegensatz des einfachen, empirischen *Ich*, das zur Welt der Erfahrung gehört, und dem *Absoluten Ich* als höchstem Selbst-Bewußtsein entstand für viele eine verstörende Unsicherheit, weil die reale Welt insgesamt zu einer bloßen Scheinwelt zu werden drohte. Lieblingsdichter von Max Beckmann wie Jean Paul und E. T. A. Hoffmann haben das thematisiert.
Neben dem Begriff des Ich benutzt Max Beckmann auch den verwandten des Selbst, unter anderem in der Londoner Rede. Seine Absicht sei, das „einmalige und unsterbliche Ego zu finden – in Tieren und Menschen – in Himmel und Hölle, die zusammen die Welt ergeben in der wir leben." Läßt sich dieses Ego mit „göttliche Substanz" übersetzen, so versteht Beckmann unter Selbst etwas sehr Ähnliches, nämlich die Individualität in höherem Sinne: „Ein »Selbst« zu werden ist immer der Drang aller noch wesenlosen Seelen. – Dieses »Selbst« suche ich im Leben – und in meiner Malerei.
Kunst dient der Erkenntnis nicht der Unterhaltung – der Verklärung – oder dem Spiel. Das Suchen nach dem eigenen Selbst ist der ewige nie zu übersehende Weg den wir gehen müssen."

19 „In der Nacht um 4 Uhr früh" 1917
Feder in Tinte, The Art Institute of Chicago

Die Vorstellung von einem höheren, eigentlichen Sein gegenüber der empirischen Welt als der un-eigentlichen berührt sich mit Platos *Höhlengleichnis.* Max Beckmanns Wunsch ging seit etwa 1920 verstärkt dahin, etwas von dem Unsichtbaren hinter den Erscheinungen zu erfahren. „Worauf es mir in meiner Arbeit vor allem ankommt, ist die Idealität die sich hinter der scheinbaren Realität befindet", sagt er 1938 in seiner Londoner Rede, und er fährt fort: „Ich suche aus der gegebenen Gegenwart die Brücke zum Unsichtbaren − − − ähnlich wie ein berühmter Kabbalist es einmal gesagt hat: »Willst du das Unsichtbare fassen, − dringe so tief Du kannst ein − in das Sichtbare«". Dasselbe Zitat, das im Talmud steht, hat Karl Hofer 1922 in seiner Antwort auf die Rundfrage „Ein neuer Naturalismus?" benutzt.

Das Jahr 1917 hat nur wenige Gemälde Beckmanns hervorgebracht, darunter aber eine Inkunabel der *Neuen Sachlichkeit,* die *Landschaft mit Ballon,* außerdem ging die Arbeit an der *Auferstehung* weiter. Zu der Gruppe der Selbstbildnisse gehört die obenstehend abgebildete Zeichnung, die Max Beckmann signiert und beschriftet hat: „Mitte März des glücklichen/ Jahres 1917/ In der Nacht um 4 Uhr früh" (Abb. 19). Sie zeigt den Künstler im grellen Licht von oben auf einem umgedrehten Stuhl sitzend, die Rechte nachdenkend, sorgenvoll am Kinn. Die Linien der Feder sind auffallend dünn und haben an Kopf und Hand einen zittrigen, unsicheren Charakter, der sich mit der sorgenvollen Miene und der Geste der Hand verbindet.

Die Augen sind gegen das grelle Licht zu schmalen Schlitzen zusammengezogen, schwarz und blicklos, so daß sich schon die ,Maske' von 1922 ankündigt (Kat. 71). Im Unterschied zu dem Holzschnitt ist aber das Gesicht, ist alles regsamer gestaltet. Die Darstellung zeigt uns wirklich den übermüdeten, sorgenvollen Max Beckmann zu diesem bestimmten Zeitpunkt wie es die teils ironische Beschriftung mitteilt. „Was sagen Sie zu diesen Kämpfen jetzt", schreibt er in einem nicht genauer datierten Brief vom Mai 1917 an Reinhard Piper, „Ausdrücke giebts überhaupt nicht mehr für diesen Krieg. Ja der Krieg. Hoffentlich geht es Ihnen noch gut übrigens. Diesbezüglich. Das einzige was noch möglich ist die Kunst und für mich die Malerei. Nur in dieser Mischung von Somnambulismus und fürchterlicher Bewußtseinshelle wenn man nicht einfach stumpf wie ein Tier werden will in dieser Zeit wo alles Begriffe Kopf stehen, kann man noch leben".

Die Zeichnung *In der Nacht um 4 Uhr früh* zeigt nicht die von Beckmann erwähnte Mischung, die findet sich auf einem anderen Blatt desselben Jahres (Kat. 39), sondern hier haben wir den gänzlich erschöpften, von Sorge überwältigten Künstler vor uns, der sich aus Verunsi-

cherung gleichsam in sich selbst zurückzieht
– und doch noch den Willen, die Kraft zur
Selbstdarstellung hat.

Das Jahr 1918 war für die Entwicklung Max
Beckmanns höchst bedeutsam, denn in diesem Jahre brach er die Arbeit an seiner zweiten *Auferstehung* ab, widmete sich vorerst
zum letzten Mal einem christlichen Stoff und
begann im August *Die Nacht*. Mit der *Auferstehung* gab er das große Format wie die
vielfigurige Komposition auf. Alles das war
in den anspruchsvollsten Bildern der Vorkriegszeit dominierend gewesen, wenn sich
in dieser Hinsicht auch, es wurde schon
darauf hingewiesen, seit 1911/1912 die Ver-
änderung bemerkbar gemacht hat. Diese

20 *Der Verlorene Sohn wird verspottet   1918*
Gouache auf Pergament
The Museum of Modern Art, New York

zweite *Auferstehung* hat ungeachtet der neuen Bildordnung und der neuen Figur noch
Wesentliches mit den Werken der Vorkriegszeit gemein.

Im Jahre 1918, wahrscheinlich vor Beginn der Arbeit an dem Gemälde *Die Nacht*, hat Max
Beckmann eine Gruppe von kleinen Werken geschaffen, die zwar wenig bekannt, aber für
seine Kunst und für das Thema unserer Ausstellung mit Selbstbildnissen höchst bedeutsam
sind: Sie behandeln *Das Gleichnis vom Verlorenen Sohn*. Es sind fünf oder sechs Bilder in
Gouache und Aquarell auf Pergament, von denen sich noch vier nachweisen lassen.[2] Ein wei-
teres ist nur in Abbildung bekannt. Weil die vorhandenen zu empfindlich sind, um einem
Transport ausgesetzt zu werden, können sie in der Ausstellung leider nicht gezeigt werden.
Sie verdienen jedoch besondere Beachtung und zwar aus folgenden Gründen:
– Es handelt sich hier um die einzige gemalte Serie Beckmanns überhaupt.
– Es haben die ansonsten von ihm selten angewandte Technik der Gouache und das eben-
   so selten benutzte Pergament Verwendung gefunden.
– Die Bilder entstanden in dem Jahr, in dem der Künstler nur zwei Gemälde, wenige Zeich-
   nungen und wenige Blatt Druckgraphik geschaffen hat.
– In der Serie wird als einzigem Beispiel, sieht man von den graphischen Wiederholungen
   von Gemälden ab, die christliche Thematik über das Jahr 1917 (*Kreuzabnahme, Christus
   und die Sünderin*) hinaus geführt, bevor sie dann vorerst gänzlich zurücktritt.
Es gibt also genug Gründe, diese Blätter wieder aus der Vergessenheit zu holen. Ihre Einzig-
artigkeit läßt vermuten, daß ihnen Beckmann selbst große Bedeutung beigemessen hat.

Das erste Bild zeigt den Verlorenen Sohn in einem hell erleuchteten Innenraum zur Nacht
(Abb. 20). Als Halbfigur von vorn ist er nahe dem Betrachter, ist vor ihn hingestellt. Nahe
sind auch die vier anderen, die ihn gestikulierend, grimassierend, verhöhnend umdrängen.
Von hinten links wendet sich ihm der Kopf eines alten zahnlosen Blinden und Tauben zu,
der mit der einen Hand fingernd sein Ohr nach vorn richtet und die andere bettelnd aufhält.

21 *Der Verlorene Sohn unter den Dirnen   1918*
Gouache auf Pergament
verschollen

Zwischen diesem Blöden und dem Verlorenen Sohn taucht der eingehüllte Kopf einer Frau auf, die mit klagend erhobener Hand offenbar ernsteren Anteil an seinem Unglück nimmt. Von hinten rechts drängt sich eine dritte Figur mit aufgerissenen Augen und höhnisch lachendem Mund heran, die mit dem Finger auf ihn zeigt, während schließlich die vierte Figur vorn rechts nur mit verhülltem Kopf und ihren Händen zu sehen ist, deren Rechte wie eine Kralle unter der Linken hervorkommt.

Blödheit, Anteilnahme und Schadenfreude kommen bei den Dreien zum Ausdruck, deren Gesichter zu sehen sind. Die verhüllte Figur vorn rechts dagegen wirkt wie die Verkörperung eines geheimnisvollen Schicksals und entspricht damit einem Typus, der hin und wieder in Werken Beckmanns zu finden ist. Ungeachtet des engen Raumes, des marternden Lichtes und der vielfältigen Bedrängnis erscheint der Kopf des Verlorenen Sohnes doch groß und frei, als sei er unberührbar. Das sorgenvolle, verhärmte und abgezehrte Gesicht, dessen schielende Augen wie im Stuttgarter *Selbstbildnis* das Elend in besonderer Weise zum Ausdruck bringen, hat in der langgestreckten Form und dem Ernst der Miene durchaus edlen Charakter. Auch die Geste der ratsuchend sachte ans Kinn gelegten Rechten und der zaghaft an den Leib gelegten Linken, die sich von den Krallen der anderen Hände so wesentlich unterscheiden, bringen diesen Charakter zum Ausdruck. Sind alle diese Merkmale wahrgenommen, so muß man feststellen, daß der Künstler in die Geschichte vom Verlorenen Sohn die Vorstellung von der Verspottung Christi verflochten hat, die ihrerseits in vielen Fällen mit der Dornenkrönung einhergeht.

Der christusartige Charakter des Verlorenen Sohnes in Beckmanns Gouache ist nicht zuletzt deshalb wichtig, weil sich der Künstler hier unverkennbar selbst dargestellt hat. Der Zyklus vom *Verlorenen Sohn* ist zugleich ein Zyklus von Selbstdarstellungen. Dabei zeigt das besprochene Blatt weniger Verzweiflung und Reue über eigenes Verschulden, als das Leid, das der Edle in seiner Not von den Anderen zu erdulden hat. Die Schuld wird gleichsam in Unschuld, der Sünder in Christus verwandelt.

Das Bild, mit dem der Zyklus einsetzt, läßt sich als die Situation erklären, wo der Verlorene Sohn um Essen bittet, abgewiesen wird und er sich seine Situation, seine Schuld gegen den Vater und gegen Gott bewußt macht. Im Ablauf der Geschichte folgt sie auf das *Schweinehüten*. Der Künstler hat jedoch dem ersten Blatt eine weiter gespannte Thematik gegeben. Es zeigt überhaupt die Verlassenheit, das Elend des einzelnen unter den Menschen, seine Verhöhnung, sein Ausgestoßensein und erweist darin seine Besonderheit, daß es eine Selbstdarstellung ist. Die Geschichte des Verlorenen Sohnes ist die Geschichte des eigenen Elends und der Erlösung daraus. Max Beckmann hat dieses erste Bild des Zyklus als ein programmatisches in hohem Maße zuständlich aufgefaßt, mit verhälnismäßig ruhig gebildeten

Figuren, symmetrischer Komposition und der Hauptfigur frontal in der Mitte. So steht die Darstellung in jeder Hinsicht sinnvoll am Anfang des Zyklus.

Das zweite Bild (Abb. 21), nur noch in Reproduktion überliefert, ist im Unterschied zum ersten ganz ereignishaft gestaltet, sowohl in der untergeordneten wie in der übergeordneten Liebesszene, in den unruhigen Haltungen und Gebärden sowie in der heftigen Perspektive. Beckmann schließt sich mit diesem Bilde des *Verlorenen Sohnes unter den Dirnen* sowohl an die biblische Erzählung wie an zahlreiche Werke der bildenden Kunst an. Der Mann ist hier mit zwei Frauen in einem Raum gegeben, von denen er die eine im Arm hält, während er die

22 *Der Verlorene Sohn unter den Schweinen* 1918
Gouache auf Pergament
The Museum of Modern Art, New York

andere eigentlich begehrt. Diese andere ist als besonders attraktiv geschildert. Sie sitzt links auf einem niederen Hocker, dessen Fuß aus breiter Basis in drei Streben auf Gesäß und Geschlecht gezielt zuläuft, wobei die gespreizten Beine den Hocker in einer ausgeprägt erotischen Gebärde von oben klammernd einfassen und die linke behandschuhte Hand am ausgestreckten Arm wie beiläufig noch zusätzlich auf das Zentrum weist. Der Oberkörper tritt hauptsächlich in der großen entblößten rechten Brust in Erscheinung, die von Schulter und Armbeuge ausdrücklich eingefaßt und dadurch hervorgehoben wird. Ist sie auf diese Weise nicht zuletzt dem Betrachter präsentiert, so setzt im Ellbogengelenk eine Wendung nach rechts hinten an, die vom Kopf so weiter geführt wird, daß das Gesicht auch dann nur im verlorenen Profil erschiene, wenn es von dem erhobenen Champagnerglas nicht zusätzlich maskierend verdeckt wäre. Den Abschluß der Figur oben bildet bekrönend eine tiefdunkle Hochfrisur mit schmückendem Kamm.

Diese außerordentliche Frau ist aus ihrer Körper- und Kopfwendung heraus auf den Verlorenen Sohn ausgerichtet, mit dem sie im Trinken anstößt. Der Mann hat sie im Gelenk ihres linken Armes gefaßt, so daß dessen ausgestreckte Haltung einerseits den Charakter des Entziehens, andererseits aber – in der Hand – den des leitenden Verweisens hin aufs Zentrum erhält. Alle Beziehungen zwischen der Frau und dem Mann finden jedoch über eine unbedeutendere Blondine hinweg statt, die sich in seinen Armen sielt. Die Beziehung des Mannes zu der Frau links findet ihren stärksten Ausdruck in dem gierig stechenden Blick, den man, der Fez auf dem Kopf deutet zusätzlich darauf hin, als den Blick einer Maske und als den Blick durch die Augenlöcher dieser Maske hindurch zu verstehen hat.

Einen verwandten Gesichtstypus hatte Beckmann für die Frau in *Prosit Neujahr* (Kat. 35) 1917 geschaffen, aber das Beieinander der beiden Köpfe, wovon der eine maskiert ist, erinnert außerdem an die Radierung *Theater* 1916. Ein Zusammenhang mit *Theater* besteht auch darin, daß Beckmann hier wie dort sich selbst jeweils mit Fridel Battenberg dargestellt hat.

23 Heimkehr des Verlorenen Sohnes 1918
Gouache auf Pergament
The Museum of Modern Art, New York

Bei der Gouache ergibt sich das nicht nur aus der Identifikation mit dem Verlorenen Sohn überhaupt, sondern auch durch die helle Katze in der rechten unteren Ecke, dem Tier der Fridel Battenberg. Die Katze läßt erkennen, daß Beckmann schließlich aus dem Bilde *Gesellschaft III. Battenbergs* 1915 (vgl. Kat. 27) eine noch offensichtlichere Darstellung seiner Beziehung zu Fridel Battenberg entwickelt hat.

Nach dem komplexen, spannungsvollen und ereignishaften zweiten Bild folgt als drittes die Darstellung eines strotzend animalischen Seins in Ruhe, in das die Jammergestalt des Verlorenen Sohnes eingebettet ist (Abb. 22). Die Schweine sind in ihrem frischen Rosaton so lebendig, in ihrem Lagern so friedlich und insgesamt so humorvoll

dargestellt, daß es auch dem Verlorenen Sohn ganz kannibalisch wohl sein könnte „als wie fünfhundert Säuen". Dem Künstler blieb nur die Geste der verzweiflungsvoll vor das Gesicht gelegten Hände, um diesen Zustand als einen beklagenswerten auszuweisen. Das Thema ist zu altertümlich, als daß der modernen Zeit in der Gesellschaft mit solchen Schweinen noch eine besondere Not liegen könnte. Mußte dem Künstler auch der Tiefpunkt des Elends innerhalb der Geschichte wichtig sein, so hat er doch bereits mit dem ersten Bild dafür eine sinnfälligere Gestaltung gefunden, hinter der er mit einer zweiten, traditionelleren Version nur zurückbleiben konnte.

Ergreifend dagegen ist die Rückkehr zum Elternhaus und die Wiederaufnahme durch den Vater dargestellt (Abb. 23). Der Verlorene Sohn ist vor ihn hingekniet und birgt schamvoll das Gesicht in den Händen. Die bloßen Füße, das aufgerissene Hemd, die bleiche Farbigkeit von Inkarnat und Kleidung, über der die roten Hosenträger wie Striemen liegen, bringen den elenden Zustand des Menschen insgesamt zum Ausdruck. Der Vater aber hat sich begrüßend von seinem Sessel erhoben, umarmt den Sohn freundlich lächelnd mit der einen Hand und löst mit der anderen dessen Rechte, damit die Scham genommen sei. Lehnsessel und Weste deuten die Häuslichkeit an, die an diesem Ort herrscht, und das leuchtend helle Blau der Weste vorn gibt der Häuslichkeit zusätzlich einen frohen Charakter, der sich mit der liebevollen Zuwendung des Vaters verbindet. Die Figur des Vaters ist umso bedeutsamer, als hinter ihr die Figur der Mutter in ihrer verhärmten Erscheinung, ihrer Geste der Arme und in ihrer Richtung nach vorn die Figur des Sohnes nahezu wiederholt. Vergangenes Leid und Erschütterung über die Rückkehr des Sohnes kommen in ihr zum Ausdruck. Die ‚Wiederholung' des Sohnes in der Mutter schafft eine Gemeinsamkeit, eine Verbindung dieser beiden über den Vater hinweg, so daß dem schon vom Thema her bedingten innigen Vater-Sohn-

Verhältnis zwar ein anderes, aber nicht weniger bedeutsames Mutter-Sohn-Verhältnis entspricht.

Das letzte Bild der erhaltenen vier und nach dem Sinn der Erzählung wie nach dem Augenschein das letzte Bild des Zyklus überhaupt ist im Unterschied zu den anderen außerordentlich buntfarbig (Abb. 24). Vorn rechts hat der Künstler das Vaterhaus in einem leuchtenden, festlichen Rot gegeben. Der Blick durch das Fenster unten nimmt im hell erleuchteten Raum die Gesellschaft der Feiernden wahr, deren Fröhlichkeit, ja überschwengliches Glück nicht nur an ihnen selbst zu sehen ist, sondern auch an den Schwüngen der Vorhänge, die aus dem offenen Fenster wehen. Zu dessen Seiten stehen

24 Die Heimkehr des Verlorenen Sohnes wird
gefeiert 1918
Gouache auf Pergament
The Museum of Modern Art, New York

Busch und Baum, in ihrem dunklen Grün die nächtliche Stimmung draußen mittragend. Denn neben dem Haus streckt sich eine mondhelle Landschaft hin. Ein brauner Zaun leitet zum Dorf hinten, das in zwei Dächern mit Giebeln und Kirchturm dazwischen angedeutet ist. Am Zaun steht ein Rind, dessen Größe und Schönheit unter Bezug auf das gemästete Kalb des Textes das besondere Festessen andeutet. Aber nicht nur das. Dieses Tier gehört auch zur Landschaft, zu ihrer schönen, fast märchenhaften Erscheinung insgesamt. Der silberne Wolkenstreif über dem Bergrücken, der leuchtend nachtblaue Himmel, die glitzernden Sterne und der glänzende große Mond haben in diesem hellen, weiß-rosa schimmernden Tier das entsprechende Lebewesen. Entsprechend auch deshalb, weil das Rind von so ruhigem und stillem Leben ist wie Erde und Himmel hier. Die Landschaft ist insgesamt von einer so schönen stillen Festlichkeit, als erfülle die Freude über die Rückkehr des Verlorenen Sohnes die ganze Welt.
Sind es in den anderen Bildern des Zyklus fast ausschließlich Figuren, die die Darstellung ausmachen und zwar mehr wegen der nahen Sicht als wegen ihrer Zahl, so bilden die Figuren des letzten Blattes nur eine kleine Gruppe, die der Betrachter in merklichem Abstand sieht. Die nächste Umgebung (Zimmer und Haus) und die nähere (das Dorf) nehmen hier den Menschen auf, ja Himmel und Erde überhaupt sind ihm freundlich gesonnen.

Dieser freudige, hoffnungsvolle Ausgang einer Geschichte, seiner Geschichte, war im Schaffen des Künstlers, war zu dieser Zeit noch weniger selbstverständlich als in anderen Jahren. Selbstdarstellungen im Elend wie auf drei der besprochenen Blätter sind von Beckmann bekannt; es sei nur an das Stuttgarter *Selbstbildnis* 1917 erinnert. Das dichte Gedränge fratzenhafter Erscheinungen findet sich vorgebildet in den Radierungen *Straße II* 1916 und *Prosit Neujahr* 1917 (Kat. 35). Beckmann hat es in demselben Jahr, in dem er die Gouachen schuf, auch noch in der Radierung *Die Gähnenden* (Kat. 44) gestaltet. Dieses Blatt steht den Gouachen auch insofern nahe, als sich hier ebenfalls die Bildordnung eines dichten Gefüges von Großformen findet, in der weniger Überschneidungen zur Geltung kommen, als daß sich eins ans andere schließt wie insbesondere beim zweiten und dritten der erhaltenen Blätter. Hinsichtlich der Gouachen ist aber auch das Gemälde *Christus und die Sünderin* um 1917 wichtig, denn hier hat der Künstler sich nun ausdrücklich mit Christus identifiziert und ist, zusammen mit der Sünderin, ebenfalls von einer gehässigen Menge umgeben wie auf dem ersten der besprochenen Blätter. Verwandt den Gemälden von 1917, *Kreuzabnahme, Christus und die Sünderin*, sind die Gouachen auch in ihrer Farbigkeit, in dem beherrschenden Grau und seinen Abwandlungen mit den Einbettungen vereinzelter starkfarbiger Felder. Hierin unterscheidet sich freilich wiederum das letzte Blatt des Zyklus von den anderen und den Vergleichsbeispielen, nicht so sehr im Gefüge der Farbfelder, als vielmehr in der märchenhaften Schönfarbigkeit.

Was Max Beckmann bei diesem Blatte, aus dem Sinn der Geschichte entwickelt, als Bild vor Augen hatte und als Bild schuf, ist in seinem tröstlichen, hoffnungs- und verheißungsvollen Charakter nicht nur etwas Besonderes unter den vier Gouachen und nicht nur unter den Werken jener Jahre, sondern ist etwas Besonderes im Werke des Künstlers überhaupt. Stellt man die Frage, warum sich Beckmann gerade der Geschichte vom Verlorenen Sohn gewidmet hat, so werden es einerseits die Fassungen von Corinth 1891, Slevogt 1898/1899 und anderen deutschen Künstlern dieser Zeit gewesen sein, die ihm dafür anregend gewesen sind; andererseits müßten ihn altniederländische Gemälde solcher Thematik beeindruckt haben, von denen er Beispiele Beuckelaers und Jan Sanders van Hemessen im Museum zu Brüssel gesehen haben konnte, denn auf derartige Kunst ist er ja nach seinen eigenen Worten dort 1915 aufmerksam geworden. Darüberhinaus wird Max Beckmann von seinem Gemälde *Christus und die Sünderin* des Vorjahres ausgegangen sein, da dieses Gemälde wie das erste Blatt vom Zyklus zum *Verlorenen Sohn* innerhalb einer wesentlich anderen Thematik ebenfalls starke Merkmale der Verspottung Christi trägt.

Im August 1918 hat Max Beckmann, wie oben bemerkt, *Die Nacht* begonnen. Damit war offenbar die Entscheidung gefallen, die *Auferstehung* aufzugeben, weil es dem Künstler nicht gelungen war, in diesem anspruchsvollen Bilde alte und moderne Thematik miteinander zu verbinden. In dem wesentlich kleineren Format und der Darstellung eines zeitgenössischen Themas mit wenigen Figuren hat der Künstler einen neuen Ansatz für sein Schaffen gefunden. Nicht ohne Grund stehen solche Gemälde der eigenen, ihrerseits nun großformatigen Druckgraphik wie etwa der *Hölle* nahe, mit der Beckmann seine Themen zyklischer, also noch umfassender zu behandeln vermochte.

Sein Stoff ist zu dieser Zeit das Leben am Ende des Ersten Weltkrieges, wobei ihm die Großstadt als der Ort schlechthin für dieses Leben in aller seiner Vielfalt erscheint. Die Stadt ist für Beckmann zwar die ‚Hölle‘, aber nun — im Unterschied zur *Auferstehung* — die ‚Hölle‘ innerhalb eines Welttheaters. Zugleich macht sich in den Werken zunehmend ein geheimnisträchtiger Charakter bemerkbar, dessen Sinn gerade darin liegt, in der Erkenntnis des Werkes bewahrt zu bleiben und nicht aufgelöst zu werden.

Max Beckmann hat kurz vor Ende des Ersten Weltkrieges seine Anschauungen von der Kunst und vom Leben in einem bekenntnishaften Text niedergelegt, der zusammen mit entsprechenden Texten anderer Künstler 1920 in dem Sammelband *Schöpferische Konfession* veröffentlicht worden ist. Beckmann äußert sich darin zu Problemen der Bildgestaltung wie auch über sein Verhältnis zu den Mitmenschen und zu Gott. In Rückblick auf den zu Ende gehenden Krieg meint er, dieser habe nichts von seiner Idee über das Leben geändert, sondern habe sie nur bestätigt. So schließt er denn auch in den Forderungen an seine eigene Kunst und in dem Urteil über Zeitgenossen an seine Äußerungen vor dem Kriege, insbesondere in dem Artikel gegen Marc an. Er hofft, daß „gedankenlose Imitation des Sichtbaren", „schwächliche archaistische Entartung in leeren Dekorationen" (hier ist an seine Ablehnung von Gauguin und Matisse zu denken) und „sentimentale Geschwulstmystik" vorüber seien und daß man zu einer *transzendenten Sachlichkeit* (von Beckmann in der Schreibweise hervorgehoben) gelange, die ihren Grund in einer „tieferen Liebe zur Natur und den Menschen" habe. Dabei beruft er sich auf Mäleskirchner (Gabriel Angler), Grünewald, Brueghel, Cézanne und van Gogh. In der Bildgestaltung komme es vor allem auf „die Rundheit in der Fläche, die Tiefe im Gefühl der Fläche, die Architektur des Bildes" an — auch dieses Gedanken, die sich bei Beckmann zurückverfolgen lassen und die um diese Zeit u. a. in der *Nacht* ihre Verwirklichung gefunden haben.

Das Verhältnis Beckmanns zu den Mitmenschen ist von Verantwortungsgefühl, Mitleid und Liebe bestimmt. Er sieht das kommende Elend voraus und meint, als Künstler müsse man es mit den anderen Menschen teilen. Der Künstler habe die Verpflichtung, den Menschen ein Bild ihres Schicksals zu geben und das könne er nur, wenn er sie liebe, wie er denn hofft, daß Liebe jetzt überhaupt mehr das Leben bestimme. Darin liegt für ihn das Wesen dessen, was er „ein stärkeres kommunistisches Prinzip" nennt. Seine Hoffnung richtet sich also auf eine von Liebe getragene enge menschliche Gemeinschaft, in der auch der Künstler seinen Platz hat. Diese Art der Gemeinschaft ist ihm die Voraussetzung für ein „großes, allgemeines Stilgefühl", das sich keineswegs nur auf die Kunst beschränkt, sondern eine „neue Kirche" hervorbringen soll. Beckmann wünscht sich deshalb seine Bilder in neuen Sakralbauten. Er denkt dabei aber nicht an Gottesdienst, sondern an einen Lebens-Kultus, denn in den Gebäuden sollen „die Menschen all ihre Wut und Verzweiflung, all ihre arme Hoffnung, Freude und wilde Sehnsucht ausschreien können".

Gibt es für den Künstler noch Gott? Er äußert sich dazu ganz ausdrücklich: „Frömmigkeit! Gott? O schönes, viel gemißbrauchtes Wort. Ich bin beides, wenn ich meine Arbeit so gemacht haben werde, daß ich endlich sterben kann." Indem er fromm ist, glaubt er an Gott. Andererseits sagt er aber auch ausdrücklich, daß er selbst Gott sei. Dieser Widerspruch löst sich durch die nachfolgende Erläuterung: „Eine gemalte oder gezeichnete Hand, ein grinsendes oder weinendes Gesicht, das ist mein Glaubensbekenntnis; wenn ich etwas vom Leben gefühlt habe, so steht es da drin." Es geht also gar nicht um Gott, sondern um das Leben. Max Beckmann glaubt an das Leben wie er sich denn ganz unmittelbar lebendig, insbesondere in seinem Schaffensvermögen lebendig, das heißt ‚göttlich' fühlt. Auch diese Art Religiosität, nämlich die Verherrlichung des Lebens, ist bei Beckmann nicht neu. Die entsprechenden gerade christlichen Bilder des Frühwerkes erweisen, daß sich der Künstler diese Themen nur geliehen hat, um seine eigentliche Thematik, etwa das Verhältnis von

Mann und Frau, zur Anschauung zu bringen. In der *Schöpferischen Konfession* bekennt er sich nun ausdrücklich zur Religion des Lebens.

Hat Max Beckmann in den Jahren 1918 und 1919 auch nur wenig gemalt, so hat er doch in der Druckgraphik gleichsam die Summe gezogen, indem er zwei bedeutende Mappenwerke geschaffen beziehungsweise herausgebracht hat. Selbstbildnisse am Anfang und am Ende fassen sie ein und bezeugen die Blätter als Werke dieses Künstlers Max Beckmann, der uns auch in Szenen zwischendurch begegnet.

Die erste Mappe umfaßt 19 Kaltnadelradierungen, die zwischen 1914 und 1918 entstanden sind. Drucker war Franz Hanfstaengl, Verleger die Marées Gesellschaft, R. Piper & Co., beide München. Sie umfaßt die verschiedensten Szenen, zum Teil hier ausgestellt: Familie, Liebespaare, Landschaften, Gesellschaftsszenen, religiöse Szenen, Bilder aus der Kneipe usw.

Die Mappe hat nach Vorschlag Meier-Graefes den Titel *Gesichter* erhalten. Damit wird auf den visionären Charakter hingewiesen, den die Darstellungen auch haben, obwohl sie zum größten Teil auf Erlebnisse oder Eindrücke von der Natur zurückgehen.

Die zweite Mappe, *Die Hölle*, ist bei Naumann in Frankfurt am Main gedruckt und von I. B. Neumann in Berlin verlegt worden. Max Beckmann hat in diesem Falle nicht vorhandene Blätter zusammengestellt, sondern alle erst geschaffen. Nur bei dem Blatt *Die Nacht* hat er auf sein eben fertiggestelltes Gemälde zurückgegriffen, weil es ihm besonders wichtig war. Dementsprechend sind die Wahl der Themen und die Reihenfolge der Blätter wesentlich überlegter, schlüssiger in der Abfolge beziehungsweise Gruppierung.

Nach einer verhältnismäßig langen Periode, von 1913 bis 1918, in der Beckmann fast nur Kaltnadelradierungen geschaffen hat, sind es nun wieder Lithographien. Das erklärt sich nicht etwa aus Absichten, die – wie 1909 bis 1912 – auf tonale Wirkungen, atmosphärischen Charakter gerichtet gewesen wären, sondern die Technik der Lithographie ist hier verständlich einerseits von der Größe der Blätter her und andererseits aus der offenbar angestrebten Verbindung von Spontaneität der Zeichnung mit Abstraktion der Druckgraphik. Im übrigen sei auf die Bemerkungen im Katalogteil verwiesen.

Die Form Beckmanns wurde freilich einfacher. Er beschränkte sich mehr und mehr auf den Kontur, reduzierte die Binnenzeichnung und gestaltete die Angaben des Ortes knapper oder verzichtete ganz darauf. Charakteristisch dafür ist das Selbstbildnis in *Stadtnacht* (Kat. 57) von 1920. So überrascht es nicht, daß der Künstler in demselben Jahr zu einer neuen Technik in der Druckgraphik überging: zum Holzschnitt.

Das Auftreten des Holzschnittes im Jahre 1920 geschah zwar aus beiläufigem Anlaß (Piper plante ein Holzschnittbuch), war aber dennoch nicht zufällig, sondern ging – wie 1912 im Falle der Radierung – einher mit einer merklichen Änderung von Beckmanns künstlerischen Vorstellungen, die zu der erwähnten neuen und zwar klaren, einfachen, ruhigen Form führten. Max Beckmann hat siebzehn Holzschnitte geschaffen: eine verhältnismäßig kleine Gruppe von Werken im Vergleich zu den vielen Lithographien und Radierungen des Künstlers. Gleichwohl befinden sich darunter Hauptwerke.

Der Holzschnitt war nicht einfach die zu dieser Zeit der Malerei entsprechende graphische Technik, sondern Beckmann nahm mit der starken Vereinfachung und der in hohem Maße flächigen Gestaltung des Holzschnitts Eigentümlichkeiten seiner Malerei um einige Jahre vorweg, wie seinerzeit auch die Radierung wesentlich, nämlich führend an der Ausprägung einer neuen Form beteiligt war. Die Reduktion auf wenige dunkle und helle Flächen, die geringe Modellierung, die wenigen Linien sowie die quantitative Beschränkung der Motive, wovon beispielhaft die *Frau mit Kerze* 1920 zeugt, finden sich unter den Gemälden ähnlich erst etliche Jahre später. Der Vergleich zwischen dem Holzschnitt und der motivisch verwandten Lithographie *Bildnis Fridel Battenberg* aus demselben Jahr belegt zusätzlich, daß die neue Technik für Beckmann auch diesmal eine Leitfunktion innerhalb seiner künstlerischen Entwicklung gewann. Die Holzschnitte weisen untereinander allerdings merkliche Unterschiede im Gebrauch der neuen Technik auf, denn eine so lapidare Gestaltung aus flächigen Schwarz-Weiß-Werten mit wenigen Linien wie bei der *Frau mit Kerze* läßt sich nicht durchgehend feststellen. Ist schon bemerkt worden, daß Max Beckmann einige seiner Radierungen nach dem Übergang zu dieser Technik fast im Sinne der bisherigen Lithographien geschaffen hat, so ist nun zu bemerken, daß auch einige Holzschnitte die Eigenarten von Lithographien beziehungsweise Radierungen haben, unter denen sich andererseits der Einfluß des Holzschnitts bemerkbar macht, vgl. etwa das *Selbstbildnis* von 1920 (Kat. 58).

Das berühmte *Selbstbildnis* von 1922, das Max Beckmann in Holzschnitt geschaffen hat (Kat. 71), erweist zugleich, wie sehr auf dieser Stufe der Entwicklung die Physiognomie zur Maske geworden ist. Die Reduktion der regsam-lebendigen Mimik ist seit dem Straßburger *Selbstbildnis* von 1915 trotz allem Gehalt an Leiden beziehungsweise der entsprechenden Attitüde festzustellen. Es ist aber nicht der Zustand, den wir von Bildnissen und Selbstbildnissen Cézannes kennen, es ist nicht das der Zeit enthobene Dasein der Menschen, sondern Beckmanns ‚Maske‘ ist als solche Programm. Deswegen treffen wir ihn und Andere in seinen Werken auch als ausdrücklich Maskierte an.

Die Herausbildung der festen, klaren Form im Werke Beckmanns wirft die Frage nach seinem Anteil an der *Neuen Sachlichkeit* auf. „Es ist immer eine Streitfrage gewesen, ob und inwieweit Max Beckmann zur *Neuen Sachlichkeit* zu rechnen ist. Dieser bedeutendste deutsche Maler der ersten Jahrhunderthälfte überragt die Bewegung der *Neuen Sachlichkeit*, wie er den Expressionismus und wie er jede Richtung überragt, in die man sein Werk oder einen Teil seines Werkes zu pressen versucht." Mit diesen einsichtigen Worten hat Wieland Schmied die Sachlage treffend bezeichnet.[3]

Die *Neue Sachlichkeit* trat 1925 auf der Ausstellung gleichen Titels in Erscheinung, die Hartlaub mit Werken von 32 Künstlern in Mannheim veranstaltete. Für ihn handelte es sich hier um die jüngste deutsche Kunst, die den Expressionismus durch einen neuen Willen zur Sachlichkeit überwunden habe. Sie zeige sich auf einem „linken Flügel", den „Veristen", die das „Gegenständliche aus der Welt aktueller Tatsachen" nähmen, sowie auf einem „rechten Flügel", den „Klassizisten", die „mehr den zeitlos-gültigen Gegenstand" suchen würden, „um daran im Bereiche der Kunst ewige Daseinsgesetze zu verwirklichen". Unter den ausstellenden Künstlern waren neben Beckmann und zahlreichen anderen Davringhausen, Dix, Grosz, Hubbuch, Kanoldt, Mense, Räderscheidt, Schlichter, Scholz und Schrimpf vertreten.

In demselben Jahre, in dem die Mannheimer Ausstellung veranstaltet wurde, veröffentlichte Franz Roh die erste Untersuchung dieser Kunst unter dem Titel *Nach-Expressionismus. Magischer Realismus*. Für ihn, der dabei den Blick über Deutschland hinaus richtet, sind die bedeutendsten Vertreter der neuen Kunst durch den Expressionismus hindurchgegangen. Sie wie auch die Futuristen und Picasso hätten um 1920 eine Bekehrung erlebt und in deren Folge eine Wendung vollzogen: „Der Nachexpressionismus versucht hingegen, die Wirklichkeit im Zusammenhange ihrer Sichtbarkeit wieder einzusetzen". Neu sei eine totale Dinglichkeit und zwar „Veranschaulichen des inneren Gesichtes an Hand der bestehenden Außenwelt". Der Anstoß zu der Wende ist für Roh von den der Zeitschrift *Valori Plastici* nahestehenden Künstlern ausgegangen (unter anderen Carrà, de Chirico und Morandi). Der Verfasser unterscheidet sieben Gruppen, Beckmann findet sich in der zweiten Gruppe, für die trotz Beibehaltung expressionistischer Mittel eine Verschärfung der Gegenständlichkeit charakteristisch sei, so daß sich hier insgesamt eine Versöhnung zwischen Expressionismus und dem neuen Stil zeige.

In Frankreich hatte die Bewegung, die nach dem Kubismus zu neuen klaren Formen führte, zwei Wurzeln. Sie gehen einerseits auf Cézanne, andererseits auf Rousseau zurück. Picasso war in Frankreich der Erste, der begriff, worum es sich bei Cézannes Werken handelte, auch wenn er selbst sein Vorbild sogleich radikalisierte.

Die Entwicklung in Italien hatte ihre Ursprünge in der Zeit vor dem Ersten Weltkrieg. Größte Bedeutung kam dabei Giorgio de Chirico zu. Die einander fremden Menschen und Dinge, das geheimnisvolle Beieinander in der Vereinzelung, das in den zwanziger Jahren bei vielen anderen zu so starker Wirkung kam, wurde von de Chirico in seinen Bildern von 1910 in Mailand und Florenz entwickelt. Mit der Übersiedlung nach Paris 1911 kam der Maler nicht nur mit Picasso und dem Kubismus, sondern auch mit der Kunst von Rousseau in Berührung (William Rubin), dessen klare, einfache Formen in Verbindung mit einem geheimnisvollen Sinn befremdlicher Bilder die bei de Chirico angelegten Tendenzen verstärkten und seit 1912 zu seinen ganz eigenen Werken führten.[4]

In Mailand gaben 1910 Carrà, Boccioni, Russolo, Balla und Severini zusammen mit Marinetti das zweite futuristische Manifest heraus. 1917 traf Carrà in Ferrara mit de Chirico und de Pisis zusammen. Schon im Jahre vorher freilich hat er unter de Chiricos Einfluß Werke geschaffen, die seine Abwendung vom Futurismus belegen. Der Prozeß dieser Abwendung setzt jedoch bereits vor dem Krieg ein, als Carrà nach dem Vorbild von Picassos Werken des Jahres 1908 zu einfachen, klaren, kubischen Formen kommt. Der Einfluß Picassos verbindet sich bei ihm mit dem des Henri Rousseau in Bildern des sogenannten *stile antigrazioso*. Diese Bilder von Carrà liegen denen unmittelbar voraus, die er unter dem Einfluß von de Chirico seit 1916 gemalt hat und die Beispiele der *Pittura metafisica* darstellen. Das Publikationsorgan dieser Bewegung war die am 25. November 1918 gegründete Zeitschrift *Valori Plastici*, die bis 1921 erschien. In dieser Zeitschrift wurden neben Werken de Chiricos und Carràs auch Bilder von Picasso, Braque, Léger, Morandi und anderen veröffentlicht. Die erste Ausstellung der Künstler um die Zeitschrift *Valori Plastici* fand im Frühjahr 1921 in der Berliner Nationalgalerie statt und ging dann nach Hannover und

Hamburg. Sie war natürlich für die Entwicklung der *Neuen Sachlichkeit* von großer Bedeutung.

Wie aber war die Situation in Deutschland? Bereits vor Hartlaubs Umfrage von 1923, die er an alle in Frage kommenden Künstler versandte und die schließlich zur Mannheimer Ausstellung *Neue Sachlichkeit. Deutsche Malerei seit dem Expressionismus* 1925 führte, hat Westheim *Das Kunstblatt* VI, 1922, Heft 9 als ein Sonderheft mit den Antworten auf seine eigene Umfrage veröffentlicht: „Ein neuer Naturalismus??" Die beiden Fragezeichen, das kurze Vorwort sowie Abbildungen tendenziös ausgewählter Werke sehr unterschiedlicher Art, die sich mit dem nichtssagenden Begriff Naturalismus in Verbindung bringen lassen, zeigen die ablehnende Haltung des Herausgebers gegenüber einem angeblich neuen Naturalismus. Der „wahrste Naturalismus" ist für Westheim die bloße ‚Reproduktion' der Natur, in diesem Falle Abgüsse der Toten von Pompeji. Von einigen Autoren wird die neue Tendenz ausdrücklich positiv beurteilt, freilich aus unterschiedlichen Gründen. Teilweise negativ wird dagegen die Entwicklung von Hartlaub gesehen, dem der metaphysische Antrieb des expressionistischen Schaffens verloren ist, dem aber die Hoffnung bleibt auf – Beckmann: „Wir warten auf einen zukünftigen, einen erlösten Max Beckmann."
Hausenstein hatte bereits 1920 festgestellt: „Der Expressionismus ist tot."[5] Damit war eine Entwicklung zu Ende gegangen, die 1905 eingesetzt hatte. Die deutschen oder in Deutschland lebenden Künstler hatten sich nach dem Beispiel Picassos und seiner französischen Zeitgenossen aus dem Jugendstil gelöst, eine Kunst geschaffen, die – bei allen Unterschieden – einerseits vom ekstatischen Engagement, andererseits vom formalen Experiment bestimmt wurde. Sie war letztlich auf Religiosität und Abstraktion angelegt. Der Weltkrieg, der als Apokalypse vorher bereits geschaut und anfangs auch noch gefeiert worden war, ließ schließlich alle Ekstase nichtig werden. Er brachte die Künstler je auf ihre Weise zur Besinnung und führte die neue Kunst mit herauf. Daran beteiligt waren hauptsächlich Künstler, die im Durchschnitt zehn Jahre jünger als Beckmann waren. Sie schlossen sich in verschiedenen Städten zu mehr oder minder losen Gruppen eigener Art zusammen und hatten dementsprechend auch ihre eigenen Vorbilder.

Für die Beurteilung von Max Beckmann und dessen Verhältnis zur *Neuen Sachlichkeit* ist es wichtig daran zu erinnern, daß Beckmanns Werke dieser Art 1917 entstanden sind, während die entsprechenden Werke der meisten anderen Künstler einige Jahre später datieren, da diese 1917 entweder noch dem Expressionismus oder Dada verhaftet waren.
Max Beckmann hat selbst bezeugt, daß er mit der *Neuen Sachlichkeit* verbunden war, wobei er sich selbst nicht nur den höchsten Rang zugemessen, sondern auch in Anspruch genommen hat, die Entwicklung dieser Kunst ausgelöst zu haben. Am 12. März 1926 schrieb er an Wilhelm Hausenstein: „Neulich gab mir Wichert mit einem leichten Begeisterungsschrei das Buch von Roh über den »Nach-Expressionismus«. – Ich muß sagen, es hat mich ziemlich enttäuscht. – Eine gewisse Begabung für abstrakte Formulirungen gepaart mit einer auffallenden Talentlosigkeit des Sinnes für <u>Qualität</u> des Bildes und des Künstlers.
– Die Gegenständlichkeit in einer neuen Kunstform wieder zur Debatte zu stellen ist mein Anstoß gewesen. – Ich glaube Sie werden sich der Debatten bei unserm ersten Zusam̃ensein

in München, noch erinern. – Diesen Anstoß nun in einen neuen lebendigen Strom zu verwandeln, ist meine Lebensarbeit. – Inzwischen ist dieses Prinzip vielfach aufgegriffen, leider des öftern mehr mißverstanden und banalisirt wie mir lieb ist. –

Anstelle des wesentlichen Gefühls für Raum und Form ist um Berlin eine teils litterarische teils vollkomen phantasielose und platte Form der Gegenständlichkeit entstanden. Um München gar eine dünne und archaistische, die das magere Lied der Nazarener nochmals ableiert oder die andern die mittelmäßige Codaksfilme in einem trüben Rousseauaufguß bringt. Diese Strömungen, zusamen mit dem öden Proffesorengewinsel der Valori Plastizi werden nun in diesem vortrefflichen Buch als die Ursprünge der neuen Gegenständlichkeit vorgeführt. – Wenn Sie Zeit haben lesen Sie die Sache doch mal. –"

Die Bedeutung Beckmanns für die Herausbildung dieser Kunst wie auch sein überragender Rang wurden gesehen. In der Besprechung der Mannheimer Ausstellung schrieb Moser 1925: „Als Vorläufer des Stils gilt Max Beckmann." In diesem Sinne äußert sich auch noch Wieland Schmied 1969 und hebt Beckmanns Werke gegenüber denen von Grosz, Dix und anderen hervor.

„Die Gegenständlichkeit in einer neuen Kunstform" – damit umschrieb Beckmann den inzwischen allgemein benutzten Begriff der *Neuen Sachlichkeit*. Der Begriff Sachlichkeit taucht in den schriftlichen Äußerungen des Künstlers zum ersten Mal 1912 auf, zu einer Zeit, als in den Werken eine merkliche plastische Verfestigung, Vereinfachung der Form und Ansätze zu einer Versteifung des Bildgefüges zu erkennen sind.

Die nächste Äußerung – sie schließt sich dem Sinn des vorangegangenen Zitats an – findet sich in dem bereits zitierten Kriegsbrief vom 16. März 1915: „(...) Ich hoffe allmählich immer einfacher zu werden, immer konzentrierter im Ausdruck..." (vgl. S. 9). Dem Künstler war freilich solche Konzentration nicht immer gegeben, vielmehr mußte er sich hin und wieder dazu aufrufen. Bei der Arbeit an dem Riesenbild der *Auferstehung* 1916 schrieb er sich solchen Aufruf programmatisch auf das Gemälde: „Zur Sache". Aus der energischen Forderung – an sich selbst – läßt sich schließen, daß Beckmann sich bei diesem Bilde zu verlieren fürchtete, zu verlieren an die Vision, die darzustellen er unternommen hatte.

Diese Vermutung wird bestätigt durch die Äußerungen des Künstlers 1917 im Katalog seiner Graphik-Ausstellung bei Neumann in Berlin: „Der Herausgeber dieses Kataloges hat mich gebeten, etwas über meine Arbeit zu berichten.

Ich habe nicht viel zu schreiben:

„Kind seiner Zeit sein.

Naturalismus gegen das eigene Ich.

Sachlichkeit den inneren Gesichten."

Meine Liebe gilt den 4 großen Malern männlicher Mystik: Müleßkichner, Grünewald, Breughel und van Gogh.

MAX BECKMANN"

Erinnern diese Sentenzen in ihrer Knappheit schon an das programmatische „Zur Sache", so enthält die Formulierung „Sachlichkeit den inneren Gesichten" geradezu das Begriffspaar, mit dem innerhalb von Beckmanns Entwicklung zuerst die unvollendete *Auferstehung* zu charakterisieren ist. Das Begriffspaar, das er selbst benutzt, tritt auch in den anderen

Sentenzen auf. Der Sachlichkeit entsprechen Naturalismus und Männlichkeit, dem inneren Gesicht dagegen Ich und Mystik. Die Begriffspaare erscheinen in einer Polarität, das heißt in einer Spannung. Es ist die Spannung, in der der Künstler steht. Die mystische Veranlagung seines Ichs droht ihn den inneren Gesichten anheimzugeben. Dagegen muß er sich wehren, muß die Vision bändigen, muß sie − gestalten.

Eine nähere Erläuterung dieser Spannung, in der Beckmann stand, gab er 1918 mit seinem Beitrag zu dem Sammelband *Schöpferische Konfession*, auf den bereits hingewiesen wurde. Sachlichkeit ist hier ganz ausdrücklich Gestaltung. Der Wille, „die unsagbaren Dinge des Lebens festzuhalten" und „die Erschütterung über unser Dasein" zwingen den Maler zur gewaltsamen Gestaltung − gewaltsam deshalb, weil er sonst selbst überwältigt würde.

Im folgenden sei zusammengefaßt: Max Beckmann war seit 1912 auf dem Weg zur neuen, das heißt einfachen und festen Form. Der Erste Weltkrieg verstärkte diese Tendenz, wie sich aus den Werken und Briefen belegen läßt. Im Zusammenhang damit orientierte sich der Künstler an entsprechenden Werken der Alten Meister, an denen van Goghs und Rousseaus. Wahrscheinlich war es nicht nur ein Verbergen seiner kunsthistorischen Verpflichtungen, wenn Beckmann 1917 den Namen von Rousseau nicht mit anführte. Er wird sich bewußt gewesen sein, daß ungeachtet dieser Verpflichtungen die vier anderen für ihn bedeutender waren.

Erinnern wir uns der Bemerkung im Brief an Hausenstein vom 12. März 1926, „die Gegenständlichkeit in einer neuen Kunstform wieder zur Debatte zu stellen, (sei sein) Anstoß gewesen", so muß diese Behauptung mehrfach eingeschränkt werden. Unberücksichtigt in der Behauptung bleibt dabei die Kunst außerhalb Deutschlands, die bereits vor dem Krieg durch Rousseau und Picasso auf diesem Wege war und die im Kriege Beckmanns Anstoß auch nicht bedurfte. Selbst in Deutschland war Beckmann nicht der erste, wie Gemälde von Dix in der Hodler-Nachfolge vor dem Krieg beweisen und wie sowohl der Einfluß Rousseaus als auch die partiellen Anregungen von Grosz zeigen, die Beckmann aufgenommen hat (*Die Synagoge*). Selbst die Künstler, die mit ihren Werken nach denen Beckmanns auftraten, schlossen sich doch ihm nur zum geringsten Teil an. Carrà und de Chirico, Cézanne und Picasso und Rousseau, Grosz und Dix hatten alle größeren Einfluß als Beckmann. So modern Max Beckmann seit dem Kriege schien, so sehr war er doch immer noch ein Einzelgänger geblieben und zwar deshalb, weil alle moderne Motivik nicht darüber hinwegtäuschen kann, daß seine Werke letztlich altmeisterlich geblieben, das heißt wahrhaft gegliedert, hierarchisch gestaltet und komponiert sind.

Anfang der zwanziger Jahre hat Max Beckmann wiederum zwei wichtige graphische Folgen geschaffen: *Jahrmarkt* 1921 und *Berliner Reise* 1922, erstere mit Kaltnadelradierung, letztere in Lithographie (Kat. 66−70). Wie sehr der Künstler solche Serien nicht nur dem Stoff der einzelnen Bilder nach, sondern auch hinsichtlich der Formate komponiert hat, lassen Bemerkungen im Brief vom 9. Mai 1921 an den Verleger Piper über *Jahrmarkt* erkennen; es geht dabei um die Radierplatten:
„Ich möchte sie etwas »verschiedenfach« haben, da immer ein und dasselbe Format für den Beschauer wie für den Produzenten etwas langweilig ist.

25 Jahrmarkt: Die Seiltänzer   1921
Kaltnadel

Also
3 Stück   28 x 25 cm
2   "   30 x 20   "
2   "   25 x 25   "
2   "   14 x 20   "
(...) Ich hoffe so, daß die Arbeit auch durch die verschieden artigen Größen etwas amüsanter wird" – für ihn selbst wie für den Betrachter. Entsprechend unterschiedliche Maße wünscht sich Beckmann am 18. Januar 1923 Piper gegenüber für eine weitere Mappe mit Radierungen, die aber nicht zustandegekommen ist.

Eine Selbstdarstellung innerhalb von *Jahrmarkt* zeigen sowohl die beiden ausgestellten Blätter (Kat. 66 und 67) wie auch *Die Seiltänzer* (Abb. 25). Links balanciert eine Frau mit Schirm und hoch erhobenem Bein, während rechts ein vermummter Mann mit Stange auf sie zukommt. Das Unheimliche dieser Vermummung, die Zentrierung des weiblichen Geschlechts durch das Riesenrad und die gefährliche Situation des Paares auf dem Seil lassen erkennen, wie sehr Beckmann eine derartige Szene des Jahrmarktes sinnbildlich aufgefaßt hat. Das Exemplar für Minna hat er denn auch mit der Bemerkung versehen: „Unser beider Selbstbildnis".
Die Mappe *Berliner Reise* zeigt hauptsächlich Facetten des gesellschaftlichen Lebens in der Metropole, wobei die politischen Zirkel von links und rechts, das Leben von Arm und Reich kontrastierend, sich damit zugleich relativierend aufeinanderfolgen. Offenkundig ist die Verwandtschaft mit der Mappe *Die Hölle*, ein Zusammenhang, auf den Beckmann selbst schon hingewiesen hat.

Die ironischen Darstellungen einiger Bilder und der karikaturistische Charakter etlicher Figuren, alles das schon seit mehreren Jahren im Schaffen Beckmanns feststellbar, läßt nach Bezügen zu George Grosz und Otto Dix fragen.
Zwischen dem 1893 geborenen, also fast ein Jahrzehnt jüngeren Grosz und Max Beckmann gab es – bei allen Unterschieden – doch mancherlei Beziehungen. Beide waren anfangs dem Jugendstil verbunden, beide hatten besonderes Interesse an der Menschendarstellung, beide haben in hohem Maße graphisch gearbeitet, und beiden waren eine Zeit lang vor allem die gesellschaftlichen Verhältnisse wichtig.
Im Herbst 1917 erschien in Wieland Herzfeldes Malik Verlag die *Kleine Grosz Mappe*. Sie besteht aus zwanzig Zeichnungen, die für andere Zwecke geschaffen, dann aber für die Mappe zusammengestellt und in einem Umdruckverfahren vervielfältigt worden sind. Sie liegen Beckmanns Mappe *Gesichter* von 1918 voraus, deren Blätter ebenfalls nachträglich zusammengestellt worden sind und die in ähnlicher Weise ein Kaleidoskop modernen Großstadtlebens vermitteln sollen. Die einfachen Strichzeichnungen von Grosz, angeregt durch

Paul Klee, haben zwar Beckmanns Zyklus *Stadtnacht* beeinflußt, in der Mappe *Berliner Reise* hat er sich von diesem Einfluß jedoch wieder frei gemacht.

In einigen Darstellungen der *Kleinen Grosz Mappe* soll es Tag sein, in anderen Nacht. Darauf deuten die Zeichen von Sonne, Mond und Sternen hin; ansonsten kommen Tag und Nacht aber genausowenig zur Wirkung wie auf den Blättern ohne diese Zeichen. Das hat seine Ursache zum geringsten darin, daß es nicht dunkel beziehungsweise hell ist, sondern daß den Zeichen am Himmel die eigentliche Qualität, die Macht von Gestirnen fehlt wie sie — abgesehen von Beckmann — etwa Klee zur Anschauung zu bringen vermochte. So ist also in Hinsicht auf eine vorgebliche Unterscheidung von Tag und Nacht nur Vereinheitlichung festzustellen, innerhalb derer weder Tag noch Nacht zur Wirkung kommen. Vereinheitlicht sind nicht zuletzt die Menschen. Hat Grosz sie schon in ihrer Kleidung weitestgehend einander angeglichen, so sind auch Haltungen und Gebärden vereinfacht. Die Vereinheitlichung macht sich vor allem dort bemerkbar, wo größte Individualisierung gegeben sein könnte: in den Gesichtern. Augen sind häufig bloße Punkte, Nasen erscheinen als Striche oder Knollen, Münder als Schnuten, Strich oder Spalten, letztere immer mit gebleckten Zähnen. Die vereinheitlichende, verengende Art der Darstellung von Menschen, die nur dumm, gemein und bösartig sind, ist als Karikatur zu bezeichnen und zwar als eine Art von Karikatur, der nicht nur das Individuum, sondern die Vielfalt des Lebens überhaupt fremd ist. Sie begnügt sich mit dem Begriff eines einzigen Typus.

Von Grosz wird der Mensch in der Verherrlichung des Proletariats als Masse gesehen. Wie ihm die Vorstellung vom individuellen Künstler als überholt gilt, so ist ihm der Mensch überhaupt als Individuum nichts mehr wert. In seinen Arbeiten von 1920 sei — so seine eigenen Worte — der „Mensch nicht mehr individuell, mit feinschürfender Psychologie dargestellt, sondern als kollektivistischer, fast mechanischer Begriff", dessen „Einzelschicksal nicht mehr wichtig" sei. Entsprechend der kommunistischen Ideologie erfüllten sich Dasein und Ergehen der Masse ganz diesseitig, deshalb sei es für den Künstler „revolutionäre Pflicht (...), verdoppelte Propaganda zu treiben, um das Weltbild von den übernatürlichen Kräften, von Gott und den Engeln zu reinigen, um dem Menschen wieder den Blick zu schärfen für sein realistisches Verhältnis zur Umwelt."[6]

Auf Grosz ist deshalb ausführlicher eingegangen worden, weil seine Persönlichkeit und seine Werke Geltung haben, ohne daß die Widersprüche und das Zwiespältige dabei hinreichend offengelegt würden. Zweifellos hat sich Beckmann kurz nach dem Weltkrieg mit *Synagoge* 1919 und *Stadtnacht* 1920 auf entsprechende Werke von Grosz bezogen. Der nähere Vergleich mit den Werken wie auch der Vergleich mit den schriftlichen Äußerungen belegt jedoch, daß dennoch ganz grundsätzliche Unterschiede bestanden.

Wie Max Beckmann, so mußte auch Otto Dix, geboren 1891, den Krieg „unbedingt erleben: (...) Ich bin so ein Realist, wissen Sie, daß ich alles mit eigenen Augen sehen muß, um das zu bestätigen, daß es so ist"[7], äußerte er 1963. Einen vergleichbar bedeutenden Niederschlag wie im Werke Beckmanns hat der Krieg bei Dix aber nicht gefunden. Zu den im Krieg entstandenen Werken gehören zwei Selbstbildnisse, das *Selbstbildnis als Mars* 1915 und das in demselben Jahr entstandene *Selbstbildnis als Schießscheibe* — futuristische Heroisierung

26 Otto Dix
Selbstbildnis als Vizefeldwebel   1917
Schwarze Kreide
SMPK, Kupferstichkabinett, Berlin

einerseits und sarkastisch verbrämtes Selbstmitleid bis in die von Rousseau inspirierte ‚primitive‘ Attitüde andererseits. Diese Extreme, die zu gleicher Zeit auftreten, heben sich nicht nur gegenseitig auf, sondern lassen auch erkennen, daß Dix den Weltkrieg zu dieser Zeit nicht eigentlich ernst genommen hat. Er hat stattdessen zwei Rollen angenommen, die aber in ihrer Gegensätzlichkeit und Gleichzeitigkeit gar nicht – wie häufig bei Beckmann –Wesentliches zum Ausdruck bringen können. Dessen Selbstbildnisradierung von 1914 (Kat. 17) und das Straßburger *Selbstbildnis* von 1915 (Abb. 11), das ihn als ‚Stigmatisierten‘ zeigt, stehen, wie auch die Selbstbildniszeichnungen, nicht zwischen den Dix'schen Extremen, sondern in ihrem Ernst, ihrer Sachlichkeit, ihrer Betroffenheit und ihrer differenzierten Gestaltung über diesen. Dix hat sich bezeichnenderweise in seinem *Selbstbildnis als Vizefeldwebel* 1917 (Abb. 26) als eine Art Landsknecht, als brutaler Draufgänger gegeben, während Beckmann in dem *Selbstporträt beim Zeichnen* 1915 (Kat. 24) sich in mühsamer Selbstbehauptung gegen das Schicksal des Krieges dargestellt hat.

Die im Œuvre von Dix wichtigen Kriegsdarstellungen entstanden erst etliche Jahre nach dem Kriege, als Beckmann sich schon länger einer ganz anderen Thematik zugewandt hatte: 1923 *Der Schützengraben* und 1924 die Radierungen *Der Krieg* sowie 1929–1932 das Triptychon *Der Krieg.*

Zusammenfassend läßt sich also feststellen, daß Max Beckmann weder mit Otto Dix, noch mit George Grosz etwas Wesentliches gemein hat. Was schon die Auseinandersetzung mit dem Ersten Weltkrieg erweist, die bei Beckmann sofort einsetzt und eine Vielzahl verschiedenster Werke hervorbringt, in denen es immer um die ganze Spannweite des Lebens geht, bestätigt sich bei den Bildern sozialen Engagements und bei den Bildnissen: Beckmann war die reichere Natur, der größere Künstler, der eine Bilder-Welt „schwarz u n d weiß" geschaffen hat, während den beiden anderen nur ein enger Blickwinkel zur Verfügung stand.

Es ist auffallend, daß im Schaffen Max Beckmanns die Druckgraphik seit 1922 nachläßt. Am 23. Februar 1924 stellt er hinsichtlich der ehemals großen Auflagen Piper gegenüber fest: „Die von uns früher erhoffte Massenwirkung läßt sich auf diese Weise also leider nicht erzielen, da gerade meine »Kunst« nur von einem kleineren Kreis von Menschen geschätzt wird." Inzwischen hatte sich auch die wirtschaftliche Lage in Deutschland verschlechtert. Die Mark war 1922 nur noch ein Hundertstel ihres Vorkriegswertes wert, und zu Beginn des Jahres 1923 entsprachen einer alten Goldmark bereits 2 500 Papiermark. Die Inflation befand sich in rasanter Entwicklung. Im Juni 1923 stand der Dollarkurs bei 4.6 Millionen Papiermark. Am 4. Februar 1926 sieht sich Piper wegen des schlechten Absatzes genötigt, Beckmanns Graphik, die er in seinem Verlag hat, dem Künstler zu günstigen Bedingungen zum Rückkauf anzubieten. Es handelte sich um viertausend Blatt. Die größtenteils vorhandenen Steine und Platten würden ihm ebenfalls zur Verfügung stehen. Es würde sich jedoch nicht empfehlen, noch weitere Abzüge zu drucken, sondern ein Teil der Auflage sollte stattdessen vernichtet werden, um den Seltenheitswert und damit den Preis der Blätter zu erhöhen. Max Beckmann konnte mangels finanzieller Mittel auf das Angebot zur Übernahme der Graphik nicht eingehen, und so hat später Günther Franke alles übernommen. Für Beckmann war jedenfalls die Zeit der Druckgraphik 1926 weitestgehend vorbei. 1928 und 1929 hat er nur noch ganz wenige Radierungen geschaffen. Damit entfiel ein wichtiges Medium für Selbstbildnisse und andere Selbstdarstellungen. Entsprechendes gilt für die Zeichnungen, auch wenn diese nicht in dem Maße wie die Druckgraphik auslaufen.

Überblickt man rückschauend noch einmal die Selbstbildnisse, die auf beiden Gebieten zwischen 1901 und 1924 entstanden sind, so hat man ein paar einfache Tatsachen festzustellen und ein paar weniger einfache:
Die Anzahl der Selbstbildnisse ist, verglichen mit späteren Jahren, ungewöhnlich hoch. In dichter Folge entstehen diese Werke, wechselweise in beiden Gattungen und ergänzt noch um die Gemälde. Dabei gibt es mehrere Stufen von der kleinen, beiläufigen Skizze bis hin zum anspruchsvollen, bildmäßigen Selbstporträt. Ein öffentlicher Anspruch ist von vornherein mit der Druckgraphik verbunden: „Seht alle her, so bin ich!" An der Bedeutung seiner Person für die Öffentlichkeit hat Max Beckmann nie Zweifel gehabt. Nicht weniger wichtig als die Selbst-Darstellung der Öffentlichkeit gegenüber ist ihm jedoch die Auseinandersetzung mit sich selbst, die Erforschung, Klärung seiner Gedanken, Erfahrungen, Empfindungen im Zeichnen und Malen gewesen. Das hat nicht zuletzt seinen Grund darin, daß sich dieser Mann zutiefst rätselhaft geblieben ist. In manchen Fällen täuscht darüber eine Pose oder eine Rolle den Betrachter, gar den Künstler selbst, aber diese Täuschung ist schnell verflogen. Ernst, fragend, nicht selten unsicher, manchmal geradezu gepeinigt von dieser Unsicherheit — so nehmen wir den Künstler in vielen seiner Selbstbildnisse wahr. Schließlich zieht er sich zurück, erkaltet, erstarrt, verbirgt sich hinter einer Maske oder wird gar selbst zur Maske.
Dabei bleibt es allerdings nicht. Zahlreiche Facetten, in denen sich Max Beckmann während der ersten zwei Jahrzehnte zeigt, entsprechen derart seiner Natur, daß wir sie auch im späteren Werk wieder antreffen.

1 Die Briefe van Goghs werden zitiert nach Vincent van Gogh, Sämtliche Briefe. 6 Bände. In der Neuübersetzung von Eva Schumann, hrg. von Fritz Erpel. Zürich 1965–1968. – Vincent van Gogh, Briefe an die jüngste Schwester und an die Mutter. München 1961 (hier zit.: W und Nr.)

2 Nach Göpel 1976, zu G 780, sind in Beckmanns Bilderliste sechs Aquarelle zum *Verlorenen Sohn* erwähnt, ohne einzeln aufgeführt zu sein, während I.B. Neumanns Bilderhefte, Mai 1920 nur fünf ohne Titel, aber mit der hier übernommenen Numerierung abbilden. Indem ein sechstes 1920 bereits nicht mehr dabei ist, läßt sich vermuten, daß sich Beckmann entweder bei seiner Eintragung geirrt oder daß er das sechste Blatt vernichtet hat. Sehr unwahrscheinlich dagegen ist, daß es einzeln verschenkt oder verkauft worden wäre.
Die erhaltenen Blätter befinden sich im Museum of Modern Art, New York. Nach Angaben des Museums ist neben Gouache und Aquarell auch Bleistift für die Unterzeichnung verwendet worden. Die Maße werden wie folgt angegeben:
I   195 : 204 mm
III   210 : 203 mm
IV   202 : 202 mm
V   191 : 202 mm
Die Gouachen werden im Museum 1921 datiert und sind mit diesem Datum auch im Katalog Saint Louis 1948 und bei Selz 1964, Nr. 84 verzeichnet. Dasselbe Datum führt der Kat. A Century of Modern Drawing, London 1982, für die *Heimkehr des Verlorenen Sohnes* an. Abgesehen davon, daß die Gouachen mit Beckmanns Entwicklungsstand von 1921 nicht in Übereinstimmung zu bringen sind, ist bei Göpels Bemerkungen zum Gemälde von 1949 (G 780) die Datierung 1918 durch ein Zitat aus Beckmanns Bilderliste gesichert. In Göpels Bibliographie finden sich auch ältere Kataloge aufgeführt, in denen die Gouachen verzeichnet sind, so u.a. I.B. Neumanns Bilderhefte, Mai 1920. Ungeachtet dessen übernimmt G. Zankl-Wohlthat die falsche Datierung (Zum *Verlorenen Sohn* (1949). In: AK Hannover 1983, S. 24f.).

John Elderfield, The Modern Drawing. London 1983, S. 124 datiert richtig. Er behandelt das erste Bild und weist darauf hin, daß es auf die Rückseite des Blattes einer illuminierten Bibel gemalt sei, das die Eingangsworte des Gleichnisses aus Lukas 15, 11 trage. Elderfield führt Beckmanns Form auf Holzschnitte des 15. Jahrhunderts, auf die Gotik zurück. Die dicht gedrängten Köpfe und Hände, die mit der *Kriegserklärung* einsetzen, gehen jedoch auf Werke früher niederländischer Kunst, insbesondere von Bosch zurück.

3 Wieland Schmied, Neue Sachlichkeit und Magischer Realismus in Deutschland 1918–1933. Hannover 1969, S. 33

4 Carolyn Lauchner/William Rubin, Henri Rousseau and Modernism. In: Henri Rousseau. Ausst. Kat. New York 1985, S. 35ff.

5 Wilhelm Hausenstein, Die Kunst in diesem Augenblick. 1920. In: Die Kunst in diesem Augenblick, Aufsätze und Tagebuchblätter aus 50 Jahren. München 1960, S. 265

6 George Grosz, Zu meinen neuen Bildern. In: Das Kunstblatt 5, 1921, Nr. 1, S. 11

7 nach Dietrich Schubert, Otto Dix in Selbstzeugnissen und Bilddokumenten. Reinbek 1980, S. 25 f.
Zum Thema vgl. auch Birgit und Michael Viktor Schwarz, Dix und Beckmann, Stil als Opposition und Schicksal. Mainz 1996.

HINTER DEN SPIEGELN

Zu Max Beckmanns Selbstbildnissen auf Papier, 1925 bis 1950

Thomas Döring

Maskenspiele von Abschied und Liebe

„Eben spielen sie die ‚Serenade‘ ein Samelsurium komischer Erinnerungen von 1918–23. –
Schwer das zu halten was in den Jahren war."[1] Aus diesen Worten, die Max Beckmann im Sommer 1928 – vor einer Flasche Champagner im ‚Frankfurter Hof‘ sitzend – an seine zweite Frau
Mathilde, genannt Quappi, schreibt, spricht das Bewußtsein einer um die Mitte der 20er Jahre
erfolgten Wende in seinem Leben und seiner Kunst. Beckmann erlebt – und gestaltet in seinen
Selbstbildnissen – einen Umschwung, den er als Aufschwung begreift, als beglückende Steigerung
seines Daseins und seiner künstlerischen Potenz. Im Frühsommer 1925 spricht er von der Möglichkeit, die in ihm wohnende „furchtbare Kraft der Verneinung (...) in die Bejahung ganz umzu-
setzen", um „die letzten und echtesten Harmonien der Welt (zu) finden".[2] Und im August ist er
sich gewiß, den Wendepunkt bereits erreicht zu haben: „Mein Wille jetzt ganz frei geworden ballt
sich zu weiteren mir selbst fast unheimlichen Kräften zusamen. – <u>Meine Hauptwerke komen jetzt
erst!!!</u>"[3]

Dieser Umschwung hat verschiedene Ursachen und Aspekte. Da ist seine heftige und tiefe Liebe
zu der jungen Mathilde von Kaulbach, die er nach seiner Scheidung von Minna am 1. September
1925 heiratet. Und da ist, schon vorher eingeleitet, der Stilwandel in Beckmanns Kunst, hin zu
einer hochsinnlichen *Peinture* und einer Zeichenweise, in der die Integrität des Körperlichen im
Mittelpunkt steht: „Meine Form ist heiterer und freier geworden ohne dabei an Präzision einzu-
büßen".[4] Hinzu kommt die Konsolidierung seiner wirtschaftlichen Situation und seines Ruhms
durch Ausstellungserfolge (u. a. in Mannheim, *Neue Sachlichkeit*), einen lukrativen Vertrag mit seinem Kunsthändler I. B. Neumann, die Berufung als Leiter eines Meisterateliers an die Frankfurter Städelschule und seine Begehrtheit in der Frankfurter Gesellschaft, in die der einstige Außen-
seiter über seine freundschaftliche Verbindung zu Heinrich Simon, dem Herausgeber der *Frankfurter Zeitung*, inzwischen bestens eingeführt ist. Derart auf der Höhe seines Lebens und seiner
Kunst, gelangt Beckmann im Sommer 1925 während eines Parisaufenthaltes, des ersten seit 1909,
zu der Überzeugung, „daß Paris keine Concurenz mehr für uns ist."[5]

Gleichzeitig vollzieht sich innerhalb von Beckmanns Schaffen auf Papier eine bedeutsame Verlagerung vom gedruckten zum gezeichneten Bild. Die druckgraphische Produktion, in der er, wie
von Christian Lenz in diesem Katalog dargelegt, die künstlerische Selbstdarstellung unablässig
vorangetrieben hatte, geht 1924/25 stark zurück und kommt 1926 ganz zum Erliegen. 1927 lebt
sie wieder ein wenig auf, bleibt jedoch marginal, bis sie um 1933 vorerst erlischt. Allerdings sind
unter den Blättern dieser Nachblüte auch zwei Selbstbildnisse (Abb. 5, 7). Die Gründe für dieses
Verebben sind zum einen wirtschaftlicher Art, denn Reinhard Pipers Verkäufe von Beckmann-Graphik waren „schon seit langem gleich Null".[6] Zum anderen liegen sie in Beckmanns Kunst selbst
begründet. Wie seine letzten Kaltnadelradierungen deutlich werden lassen, vermag die schnei-
dende Schärfe des Strichs dieser von Beckmann bis dahin bevorzugten Technik seine gewandel-
te, freiere und heiterere Form nicht mehr in der gewohnten Kongenialität zu fassen. An die Stelle

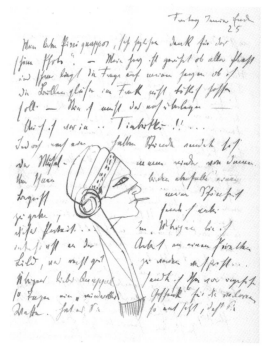

1 *Selbstbildnis mit Maske   1925*
Füllfeder, Brief an Marie-Louise von Motesiczky
und Mathilde von Kaulbach
Marie-Louise von Motesiczky Charitable Trust
London

der druckgraphischen Werke treten in Beckmanns Schaffen seit Mitte der 20er Jahre neue autonome Gattungen von Arbeiten auf Papier: großformatige Zeichnungen, zumeist mit Kohle ausgeführt und von bildmäßiger Vollendung, und − zuweilen über Kohlezeichnungen angelegt − Aquarelle, Gouachen und Pastelle von gemäldeartiger Erscheinung und Dimension.

So setzt Beckmann die Maskenspiele seines Ichs auf Papier zunächst in der Zeichnung und im Aquarell fort. Dabei knüpft er an seine fastnächtlich verfremdeten Selbstbildnisse der frühen 20er Jahre an, deutet jedoch zunehmend die mit der Maske zuvor verknüpfte Zwanghaftigkeit und Unfreiheit der Existenz in eine neue Souveränität des geheimnisvollen Ichs um. Anlaß einer hochbedeutenden Gruppe maskenhafter Selbst- und Doppelbildnisse sind der Abschied von Minna, die Werbung um

Quappi und die Legitimation seiner Beziehung zu ihr. Im übrigen steht bereits ganz am Anfang dieser Beziehung ein graphisches Selbstbildnis von eminent maskenhafter Qualität. Denn bevor die junge Frau den Künstler 1924 das erste Mal traf, hatte sie bei ihrer Freundin Marie-Louise von Motesiczky das Holzschnitt-*Selbstbildnis* von 1922 (Kat. 71) gesehen. „Ich fühlte mich sofort von dem Selbstbildnis merkwürdig angezogen"[7], berichtet sie darüber später. Während der Arbeit an dem Gemälde *Pierrette und Clown* (G 236), in dem Quappi von einem vermummten Beckmann umworben wird, entsteht ein gezeichnetes Gelegenheits-Selbstbildnis im Profil mit Halbmaske und Turban (Abb. 1). Dessen Bedeutung weist − wie so oft bei Beckmann − weit über die Gelegenheit, den Besuch eines Maskenfests, hinaus. „Max war gerne sein eigenes Symbol für das Rätsel der menschlichen Person, das verschleierte Bild des Ich", bemerkte Perry Rathbone über Beckmanns Vorliebe für Masken im Leben und in der Kunst.[8] Die zeichnerische Selbstbildnisformel im Brief von 1925 sollte Beckmann im folgenden noch weiter stilisieren und zur völligen Verschmelzung von Person und Maske im Sinne des umfassenden antiken Begriffs von der *Persona* bringen (Kat. 84, 85). Die Maske hat nun nicht mehr die Aufgabe, das ,wahre Gesicht' zu tarnen, sondern sie repräsentiert die *Person*, in die sich das geheimnisvolle Selbst gekleidet hat. Als Hieroglyphe solchen Selbst-Bewußtseins dient Beckmann sein Profil mit der schwarzer Halbmaske noch in den *Faust*-Illustrationen (Abb. 16). Seine vignettenhaften Maskenprofile mögen als Marginalien seines zeichnerischen und selbstbildnerischen Œuvre erscheinen, können aber zugleich als deren Essenz begriffen werden.

So kann Beckmann der schwarzen Halbmaske durchaus die Aufgabe zuweisen, ihn auch in physischer Abwesenheit zu repräsentieren und seine Auffassung von Kunst zu erläutern. Das ist etwa in der in zwei Fassungen bekannten Kreidezeichnung eines Atelierstillebens mit Staffelei von 1926 der Fall.[9] Über der Staffelei, auf der kein Bild, sondern ein Spiegel steht, hängt eine − *seine* −

Halbmaske. Damit macht er diese Allegorie der Kunst zu einer Allegorie *seiner* Kunst, die dem unergründbar Geheimnisvollen im Sichtbaren nachgeht.

Im Aquarell *Erster Teppichentwurf* (Abb. 2), entstanden am 13. Mai 1925 in Graz, wählt Beckmann – nicht zum ersten und nicht zum letzten Mal – Maske und Kostüm des Pierrot (vgl. Kat. 60).[10] Wiederum im Profil gegeben, schreitet er auf dem Banjo spielend mit unbewegtem weißen Gesicht dahin. Eine ebenfalls kostümierte und maskierte Frau geht an ihm vorüber, mit großen Augen über die Schulter zu Beckmann hinsehend und mit einer Geste ihrer linken Hand auf ihn weisend. Natürlich ist es Minna, die den zum Klang seiner eigenen Lebensmelodie unbeirrt weiterwandernden Pierrot nicht zurückzuhalten vermag. Die Geste ihrer Hand mag Entsagung oder Vorwurf bedeuten, Beckmann hat dafür keinen Blick. Das Aquarell ist ein faszinierendes, fast erschreckendes Zeugnis für Beckmanns Fähigkeit, einschneidenste persönliche Erlebnisse unverzüglich im Kunstwerk zu spiegeln und zu transzendieren. Denn aus einem Brief vom 8. Mai 1925 an Mathilde von Kaulbach läßt sich rekonstruieren, daß Beckmann am 9. Mai 1925 zu einer letzten Aussprache mit seiner Frau über die von ihm geforderte Scheidung nach Graz aufbrach.[11] Gemäß der Bezeichnung des Aquarells entstand es am Ende dieser letzten Begegnung der Eheleute als ein bildliches Fazit, in dem Beckmann die Bitterkeit des Abschieds in die Leichtigkeit der Commedia dell'Arte kleidet. Hier muß man unwillkürlich an Beckmanns Wertschätzung Watteaus denken, in dessen Werken er das „Verklammertsein von französischem Esprit und nördlicher Metaphysik"[12] bewunderte.

Etwa einen Monat später beginnt Beckmann das als *Doppelbildnis Karneval* berühmt gewordene Gemälde (Abb. 4), in dem er sich zusammen mit der im Reiterkostüm gezeigten Quappi auf einer Bühne präsentiert. Für Beckmann ist es, wie er in einem Brief an Quappi bekennt, „unser Brautbild". Hans Belting hat bemerkt, daß die beiden Doppelporträts mit Quappi „wie Frage und Antwort, Problem und Lösung aufeinander bezogen"[13] seien. Doch ist die Konstellation noch komplexer, denn dieses Bild antwortet nicht nur auf das erste, ihn selbst noch bis zur Unkenntlichkeit verbergende Doppelbildnis mit Quappi (G 236), sondern ebenso auf das zweite Problem, den bildlichen Scheidebrief an Minna in Gestalt des Aquarells. So nimmt die Selbstdarstellung als Pierrot mit zusammengekniffenen Augen und Mund deutlich auf das Aquarell Bezug, das im dialektischen Verhältnis der beiden Porträts mit Quappi offenbar die Rolle eines Katalysators spielt. Wie im Aquarell wird Beckmann auch im Gemälde von der Frau ein inniger Blick aus dunklen Augen geschenkt. Ist das Thema des Teppichentwurfs die bildlich genommene Trennung der Wege, veranschaulicht das *Doppelbildnis Karneval* ihr Zusammenfinden, symbolhaft dargestellt in dem Verlauf der auffällig roten Vorhangbordüren, die in Kopfhöhe des Paares zur Deckung gelangen.

Eine weitere Voraussetzung für das erst am 20. Juni 1925 begonnene „Brautbild" ist die Bleistiftzeichnung *Hochzeit bei Kaulbachs* (Abb. 3), die wie die Kompositionsstudie für ein nicht ausgeführtes Ereignisbild wirkt.[14] Sie dürfte bald nach der hier dargestellten Hochzeit von Quappis Schwester Henriette mit dem Bildhauer Toni Stadler entstanden sein, die am 17. April 1925 stattfand.[15] Der im Vordergrund mit der Mutter und Schwester Quappis konversierende Mann mit dem Raubvogelprofil ist als Max Beckmann identifiziert worden. Sollte dies zutreffend sein, hätte Beckmann – was freilich kein Einzelfall wäre – seine Physiognomie bewußt verfremdet. Deren Maskenhaftigkeit spräche eher für als gegen Beckmann. Auffallend ist jedenfalls seine kompositionel-

2 Erster Teppichentwurf 1925
Aquarell über Bleistift, Privatbesitz

3 Hochzeit bei Kaulbachs 1925
Bleistift, Nachlaß Mathilde Q. Beckmann
im Museum der bildenden Künste Leipzig

4 Doppelbildnis Karneval 1925
Ölfarbe auf Leinwand, Kunstmuseum Düsseldorf

5 Das Lachen 1928
Kaltnadel

le Zuordung zu der triumphal im Reiterkostüm auftretenden Quappi, die ihn auf diese Weise zu bekrönen scheint und seinerseits wie von ihm getragen wirkt. Drei Jahre später bedarf das Glück Beckmanns und Quappis weder der Verhüllung noch der Proklamation. In der 1928 entstandenen Kaltnadelradierung *Das Lachen* (Abb. 5) zeigt Beckmann Quappi und – nur durch den Zusammenhang erschließbar – sich selbst im verlorenen Profil in heiterer Begegnung mit zwei in einem Auto sitzenden Freundinnen, offenbar Annette Kolb und Anna Schickele, die Frau René Schickeles.[16] Die gegensätzlichen Physiognomien der wie miteinander verwachsen erscheinenden Freundinnen, die Beckmann bis an die Grenze des Grotesken steigert, scheinen überhaupt den Anlaß für die Arbeit geboten zu haben und verleihen der ansonsten betont harmlosen Darstellung einen latent dämonischen Akzent, ohne den das Thema des Lachens bei Beckmann nicht vorstellbar ist.

Selbstverantwortung und Selbstvergottung

Der Kategorie des ‚zuende gezeichneten' Bildes gehört das 1929 geschaffene, doch leider 1953 verbrannte *Selbstbildnis mit Strandmütze vor der Staffelei* an (Abb. 6).[17] Es ist das erste Selbstbildnis Beckmanns bei künstlerischer Arbeit seit 1922 (Kat. 69) und die erste Selbstdarstellung vor der Staffelei seit dem *Selbstbildnis mit rotem Schal* von 1917 (G 194). Zu dessen Zerquältheit steht die Zeichnung in denkbar größtem Kontrast. Beckmann zeigt sich von niedrigem Augenpunkt mit entblößtem Oberkörper malend in seinem Frankfurter Atelier mit dem großem Oberlicht.[18] Letzteres hinterfängt seinen mächtigen Schädel als vergitterte Trapezform wie ein nüchterner Nimbus und bindet die eminent betonte Körperlichkeit wieder in die Fläche. Überhaupt ist die Zeichenweise betont sachlich, treibt die in kühner Verkürzung gesehenen expansiven Rundungen seines athletischen Körpers mit rasterartigen Schraffuren hervor. So steht bereits der Zeichenstil für die „straffe, klare, disziplinierte Romantik", die Beckmann gemäß dieser von ihm 1927 erhobenen Forderung hier vorlebt. Dabei strahlt er ein aggressives Selbstbewußtsein aus. Das Antlitz mit den verengten Augenschlitzen ist geschützt hinter dem Bollwerk der mächtigen Schulter, der Ellenbogen ist gefährlich gegen den Betrachter ausgefahren, über den der Blick des Künstlers freilich hinwegzugehen scheint. Gekrönt ist dieser kraftstrotzende Champion der Malerei mit einer weißen Strandmütze, die – wie der in die Hüfte gestemmte Arm – aus dem Selbstbildnisgemälde von 1926 (G 262) bekannt ist.

Beckmann ist hier sichtlich auf dem Höhepunkt seiner Kraft und seiner Selbstsicherheit: „Ich weiß genau daß meine Sache enorm im Steigen ist", schreibt er am 10. April 1929 an Günther Franke.[19] Er ist auf dem Sprung nach Paris, um es dort mit dem einzigen Konkurrenten aufzunehmen, den er ernst nehmen kann: Picasso. Ich möchte vermuten, daß sich in der Formulierung der Selbstbildniszeichnung auch jene bedeutsamen Worte spiegeln, die Julius Meier-Graefe im Januar 1929 über Beckmann veröffentlichte: „Wir haben noch einmal einen Meister unter uns (...). Er hat das Seine dazu getan, hat sich wie ein Boxer, ein stallreinigender Herkules durchgeschlagen"[20]. Wie das berühmte *Selbstbildnis im Smoking* (G 274) atmet auch das *Selbstbildnis mit Strandmütze vor der Staffelei* den Geist von Beckmanns Manifest *Der Künstler im Staat* von 1927. Dort hatte Beckmann „Selbstverantwortung" und „endgültige Vergottung des Menschen" gefordert: „der Künstler im neuen Sinn ist der eigentliche Schöpfer der Welt, die vor ihm nicht existierte."[21] Demonstrierte Beckmann im *Selbstbildnis mit Smoking* als einer der in Frack oder Smoking zu

6 *Selbstbildnis mit Strandmütze vor der*
Staffelei 1929
Kreide, zerstört

7 *Selbstbildnis um 1930*
Kaltnadel, verschollen

kleidenden „neuen Priester" die „elegante Beherrschung des Metaphysischen", gibt er in der
Zeichnung hingegen einen Einblick in die Werkstatt des „Former(s) der transzendenten Idee" und
zeigt diesen bei der schweißtreibenden Arbeit am Bild des zur Autonomie befreiten Selbst – eine
Arbeit, die neben spiritueller Kraft die körperliche Kondition eines Boxers oder eines Herkules
erfordert.

Beckmanns waches Bewußtsein für die Funktion künstlerischer Medien ließ ihn diesen Werkstatt-
einblick nicht als Gemälde, sondern als Zeichnung ausführen. So besitzt die Darstellung durchaus
dokumentarische Züge, die sich in der Wiedergabe eines konkreten Raumes und, vor allem, in der
auffälligen Spiegelverkehrung der Gestalt manifestieren, die den Pinsel in der linken Hand hält.
Anders als in seinen Gemälden sah Beckmann hier also keinen Anlaß, das zugrundeliegende Spiegelbild nachträglich zu manipulieren. Diese Beobachtung scheint im Widerspruch zu einer
Erklärung Mathilde Q. Beckmanns zu stehen: „Viele Menschen haben mich gefragt, ob Max, wenn
er sich selbst porträtierte, einen Spiegel neben der Staffelei stehen gehabt habe. Das war niemals
der Fall. Im Atelier gab es wohl einen Spiegel, aber nicht da, wo er stand und malte, und nicht an
einem Platz, wo er sich etwa beim Malen hätte sehen können."[22] Ob wirklich sämtliche seit 1925
gemalten Selbstbildnisse Beckmanns ohne anfänglichen oder zwischenzeitlichen Blick in den
Spiegel entstanden, erscheint zumindest fraglich und ist auch zuweilen angezweifelt worden.[23] Der
Widerspruch zwischen dem Zeugnis Quappis und dem anderslautenden Befund beim *Selbstbild-*
nis mit Strandmütze vor der Staffelei läßt sich freilich auflösen: Beckmann stellt sich hier zwar
malend dar, doch malt er dies nicht, sondern zeichnet es. Für *diese* stärker der sichtbaren Wirklichkeit verpflichtete Stufe der Wirklichkeitsaneignung schien ihm der Spiegel legitimes Werkzeug,
dessen Gebrauch im Werk selbst nicht zu leugnen sei.

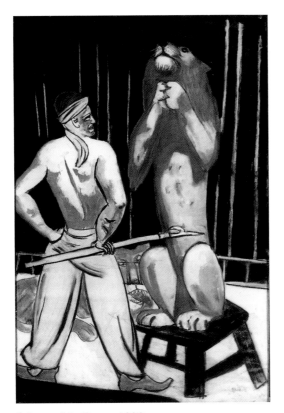

8 Löwenbändiger   1930
Gouache und Pastell, Privatbesitz

Das dürfte auch für Beckmanns letztes in Kalt-
nadeltechnik geschaffenes *Selbstbildnis* gelten
(Abb. 7). Entstanden wohl erst 1930 oder noch
später in Paris, ist es nur in einem einzigen
Probedruck bekannt (H 321).[24] Das Blatt ist
kein vollendetes gedrucktes Bild, sondern eher
eine Skizze, wie sie vor dem Spiegel auch mit
Bleistift oder Feder hätte ausgeführt werden
können. Bei aller Suche nach großer Form
spürt Beckmann hier den subtilen Asymmetri-
en seines alterslos erfaßten Gesichts nach,
neben dem die Andeutung einer (weiblichen?)
Halbfigur sichtbar wird, ohne jedoch zu einem
Bedeutungsträger zu werden. Das offen-ver-
träumte Sichentgegensehen, die Abwesenheit
des Ausdrucks willensmäßiger Gespanntheit
oder maskenhafter Stilisierung – all dies unterscheidet dieses Blatt sowohl von den gleichzei-
tigen bildmäßig vollendeten Selbstbildniszeichnungen und -gemälden als auch von den
Kaltnadelselbstbildnissen der frühen Frankfurter Jahre.

Mehr als die Hälfte des Jahres verbringt Beckmann in Paris und steht dort, gleichsam in der Höh-
le des Löwen, nach seinen eigenen Worten vom Herbst 1929 „im wildesten Kampf"[25]. Dieser
Kampf galt der Kunst und dem Einfluß der École de Paris, vor allem natürlich ihrem Protagonisten Picasso, richtete sich aber auch bereits gegen Anfeindungen der Nationalsozialisten, war
zuerst und zuletzt aber Beckmanns fundamentaler „Kampf um die Bejahung des Lebens"[26]. Dieser innere und äußere Kampf Beckmanns ist Gegenstand des *Löwenbändigers* (Abb. 8), eines als
Gouache und Pastell ausgeführten großformatigen Blattes.[27] Die von latenter Aggressivität erfüll-
te Darstellung kann gleichsam als extrovertiertes Gegenstück zu dem introvertierten Gemälde
Selbstbildnis mit Saxophon (G 320) begriffen werden, das etwa gleichzeitig entstand. Hier wie dort
präsentiert sich ein Angehöriger des Zirkusmilieus, vor allem aber zeigt Beckmann jeweils, wie
Fischer über das Gemälde schrieb, „das Selbst in seiner größten Spannung und seiner größten
Ruhe"[28]. Im *Löwenbändiger* nimmt Beckmann die überselbstbewußte und kraftstrotzende Haltung des *Selbstbildnisses mit Strandmütze vor der Staffelei* auf, um sie, szenisch motiviert, noch
einmal zu steigern. Wenn dies auch kein Selbst*bildnis* ist, lassen sich in der brutalen Physiognomie des Bändigers doch die ins Orientalische verfremdeten Züge Beckmanns entdecken (wie sie
viel später auch den Mephisto der *Faust*-Illustrationen charakterisieren werden). Der Löwe als
königlicher Inbegriff der Dämonie des Lebens – für die im *Selbstbildnis mit Saxophon* das fest
umfaßte, fischartig stilisierte Instrument steht – wird hier in theatralisch-todesverachtendem Dres-
surakt auf eine Weise beherrscht, die Beckmann 1926 in saloppen Worten beschrieb: „Lustig ist
es die Dämonen zu dressiren", bis sie als „wohl dressirte Pagoden (...) co-tau machen"[29]. Beson-

dere Spannung aber gewinnt der lebensgefährliche Kampf zwischen dem gottähnlichen Beherrscher und dem virtuell übermächtigen Tier durch die kompositionell suggerierte Affinität zwischen Bändiger zu der Bestie, ausgedrückt in der dialogischen Gegenüberstellung und dem Band der gleichsam von Lende zu Lende sich erstreckenden Pike. Noch in Amerika bemerkte Beckmann, der sich in seinen frühen Briefen an Quappi gern als „Tigretto" titulierte: „Komisch, daß ich immer in allen Städten die Löwen brüllen höre!" (Tagebücher, 23. Oktober 1947).[30]

Innere Emigration des Selbst

Die beiden Selbstbildnisse des Jahres 1932 – das zu Beginn des Jahres entstandene Gemälde *Selbstbildnis im Hotel* (Abb. S. 266) und das Aquarell *Selbstbildnis mit Zigarette vor der Staffelei* (Kat. 86) – lassen auch ohne Kenntnis des biographischen Hintergrundes erkennen, daß sich Beckmanns Situation und Selbstgefühl gegenüber 1929/30 grundlegend gewandelt haben. Anstelle der herausfordernden Feier des Selbst treten Ernüchterung und Wille zum Standhalten. Tatsächlich hat Beckmann den Herbst des Jahres 1932 später als existentielle Zäsur empfunden, als Beginn seines Weges in die „'Eins'amkeit", in die „große Linie des alten allein Leidens" (Tagebücher, 27. August 1949). Der von der Weltwirtschaftskrise erzwungenen Aufgabe des Pariser Wohnsitzes und der Übersiedlung nach Berlin Anfang 1933 folgte die endgültige Machtergreifung der Nationalsozialisten und mit ihr Beckmanns Entlassung aus dem Frankfurter Lehramt und die nahezu vollständige Beschneidung seiner Ausstellungsmöglichkeiten. Der arrivierte Erfolgskünstler war innerhalb weniger Monate zum Verfemten geworden. Darauf reagierte er zunächst nicht weniger ratlos als die meisten anderen: „Er selbst, mit bedeutendem Kopf, etwas laut, zerstreut, oft ungezogen (...). Fast die ganze Zeit die unvermeidliche Politik (...). Beckmann meint: 3 Monate abwarten"[31]. So erlebte Klaus Mann den Künstler bei einem Empfang bei Käthe von Porada am 21. März 1933 in Paris.

In seiner künstlerischen Selbstdarstellung dieser Zeit aber reflektiert Beckmann seine Situation vor weitestem Horizont, jenseits aller aufgeregten Selbsttäuschung. Vielmehr eröffnet Beckmann mit dem von strahlend-klarer Farbigkeit erfüllten Aquarell *Odysseus und Sirene* (Abb. 9) eine neue Dimension seiner Selbstdarstellung.[32] Nun fängt Beckmann das Bild seines Selbst und der Welt im zeitlosen Spiegel des Mythos ein, in den er mit der 1932 begonnenen Arbeit an seinem ersten Triptychon *Abfahrt* eingetaucht war. „Einen Mythos aus dem gegenwärtigen Leben heraus zu schaffen: das ist der Sinn", sagt er Mitte der 30er Jahre gegenüber Stephan Lackner.[33] Unverkennbar läßt sich unter dem netzartigen Schleier des Odysseus das dunkle Profil Beckmanns erkennen. Die Selbstidentifikation mit dem großen Irrfahrer sollte Beckmann bis ans Ende seiner eigenen Lebensreise begleiten.[34]

Doch Beckmann illustriert den Mythos nicht etwa, sondern erfindet ihn weitgehend neu. In seiner Version schweigt die Sirene. „Nun haben aber die Sirenen eine noch schrecklichere Waffe als den Gesang, nämlich ihr Schweigen", heißt es auch in Kafkas 1931 veröffentlichter Erzählung *Das Schweigen der Sirenen*, in der die Sirenen zudem wie bei Beckmann „das schaurige Haar offen im Winde wehen"[35] lassen. Bei Beckmann betört die Sirene den Odysseus, der sich an seinen Fesseln schon wundgerieben und die Fußfessel gar gesprengt hat, durch ihren Anblick. Folgerichtig verstopft sich Odysseus nicht die Ohren, sondern bedeckt sein Gesicht, um der Verführung zu widerstehen. Damit interpretiert Beckmann den mythischen Stoff im Sinne seines großen Themas, das nun gleichermaßen im Doppelspiegel von Mythos und Selbstdarstellung reflektiert und beglaubigt wird: die von Beckmann zunehmend negativ gezeichnete erotische Anziehungskraft zwischen Mann und Frau, im besonderen die Verführungsmacht der Frau, hinter deren Lockung sich hier ganz explizit Grausamkeit verbirgt.

Die Selbstdarstellung läßt keinen Zweifel daran, daß Odysseus hier für den Künstler steht, der dieser Versuchung um seiner Wahrheitssuche willen zu widerstehen hat. Durch die Verdeckung seines äußeren Gesichts findet er sich auf seine inneren Gesichte verwiesen. Doch scheint das übergeworfene Netz für ihn eine doppelte Funktion zu haben. Zugleich Augenbinde und Maske, läßt es auch fremde Blicke und mörderische Zudringlichkeit abprallen. Es dient dem Träger als Tarnkappe, ermöglicht

9 *Odysseus und Sirene* 1933
Aquarell, Privatbesitz

seinen Rückzug in die Anonymität, wie ihn Beckmann in der Zeit seiner inneren Emigration anstrebte. So ermöglicht das Blatt auch eine politische Lesart: als Verweigerung eines opportunistischen Zugehens auf das mit Drohungen und Lockungen arbeitende Gewaltregime.[36]

Das Aquarell *Odysseus und Sirene* steht nicht nur von seiner Entstehungszeit her in engem Zusammenhang mit dem Triptychon *Abfahrt* (G 412). In der Motivik von Meer, Boot und Mann mit verhülltem Kopf, in Komposition und Stil verbindet es sich vor allem mit der *Rückkehr* betitelten Mitteltafel, an der Beckmann zwischen Mai 1932 und November 1933 malte. Bedrohung, Fesselung und Tortur des Odysseus dagegen finden Parallelen in den grausamen Szenen auf den Seitentafeln des Triptychons. Die Schlüsselmotive von *Odysseus und Sirene* griff Beckmann 1936/37 für sein zweites Triptychon *Versuchung* (G 439) auf, wo sowohl die Fesselung an den Mastbaum, die Konfrontation von gefesseltem Künstler und betörender Frau sowie die Bedrohung durch ein phantastisches Vogelwesen wiederbegegnen. Der offene Selbstbezug in Form einer Selbstdarstellung aber schien Beckmann mit dem Anspruch eines Triptychons zu diesem Zeitpunkt noch nicht vereinbar zu sein.

Doch welcher Art ist das Selbst, das hier – wie auch zehn Jahre später im Gemälde *Odysseus und Kalypso* (G 646) – in die Gestalt des mythischen Königs eingeht? An dieser Stelle ist auf Beckmanns seit Mitte der 20er Jahre verstärktes Interesse für vedische, buddhistische, gnostische, kabbalistische und theosophische Lehren zu verweisen, die er seit seiner Übersiedlung nach Berlin auch und nicht zuletzt in der *Geheimlehre* der Helene Petrowna Blavatsky immer wieder studierte: Den von Blavatsky zu einem phantastischen Ideengebäude synkretisierten Lehren ist gemeinsam der Glaube an Reinkarnation und demzufolge an „die zwei Egos", die unter immer wieder

10 Selbstbildnis mit Kerze   1934
Bleistift, National Gallery of Art, Washington

11 Selbstportrait mit Dämon   1934/35
Bleistift, National Gallery of Art, Washington

neuen Namen auftauchen: das „göttliche Ego" gegenüber dem in der leiblich-materiellen Sphäre befangenen „niederen Selbst", oder das „wirkliche unsterbliche Ego" gegenüber der „falschen und vergänglichen Persönlichkeit",[37] um nur einige Beispiele zu geben. Überwölbt wird diese dualistische Auffassung vom Selbst von dem aus den Veden stammenden Begriff des ‚Atman', der Weltseele. Von Bedeutung für Beckmanns Selbstprojektionen – die mit Rollenporträts im *herkömmlichen* Sinn nichts mehr gemein haben – ist die im Zusammenhang mit der Reinkarnationslehre ebenfalls bei Blavatsky zu findende Schauspieler-Metapher, die Beckmann wie folgt verstand: „(…) eine Kette von Etappen, die sich über viele Millionen Jahre erstreckt und in denen wir einen sicher sehr individualisirten aber unendlich wandelbaren Schauspieler darstellen, der die jeweilige Lebensetappe, schicksalhaft zu repräsentiren hat."[38]

Es mag zunächst irritieren, daß Beckmann – der sich in Leben und Kunst fast immer tiefernst gab – ausgerechnet in dunkelster Zeit lächelnd zeichnet. Der Fall ist dies auf einer bisher unpublizierten Skizzenbuchseite (Abb. 10) vom Heiligen Abend des Jahres 1934[39], die wie ein satyrhafter Nachgedanke zu dem früher im Jahr 1934 entstandenen Gemälde *Selbstbildnis mit schwarzer Kappe* (G 391) anmutet. Beckmann zeigt sich in der Skizze im Morgenmantel, eine brennende Kerze in der Hand. Allerdings ist das ‚Lächeln' hier – wie schon im *Selbstbildnis (lachend)* von 1911 (G 138) – eher ein Grinsen, eine gewaltsame Grimasse, die durch den Beleuchtungseffekt von unten eine dämonische Note erhält. Angesichts des bedeutungsvollen Entstehungsdatums ließen sich Kerze und Lächeln zunächst auf die Heilige Nacht beziehen, wenn auch eher als ironisch-distanzierter Kommentar zur Geburt des Erlösers.[40] Auch wäre denkbar, daß Beckmann, dessen Sinn für das ‚zweite Gesicht' sein Freund Erhard Göpel nicht zuletzt in der braunschweigischen Herkunft des Künstlers begründet sah,[41] sich hier an einen Brauch seiner Heimat erinnerte: Wenn man in der Weihnachtszeit um Mitternacht allein mit einer Kerze vor den Spiegel tritt und dabei auflacht, kann man in die Zukunft blicken.[42] Wie sehr Beckmann sich für mantische Praktiken interessierte, belegt etwa sein *Selbstbildnis mit Glaskugel* von 1936 (G 434).

In der Bleistiftskizze dient die Kerzenflamme ganz unmittelbar der Durchdringung des Dunkels, das in jenen Jahren bei Beckmann auch — aber nicht nur — politisch verstanden werden kann. Man denke an die mit einer Petroleumlampe den Weg suchende Frau im rechten Flügel des Triptychons *Abfahrt* oder an den mit ausgestreckten Armen tastenden *Mann im Dunkeln*, Beckmanns erste, 1934 geschaffene Skulptur.[43] Sicher nicht zufällig befindet sich eine erste, auf den November 1933 datierte Skizze für diese Gestalt im selben Skizzenbuch wie das *Selbstbildnis mit Kerze*. Überhaupt durchzieht Düsterkeit die Blätter dieses Skizzenbuches, das im Oktober 1933 geradezu programmatisch mit der Zeichnung *Die Wahnsinnige* (mit einer brennenden Fackel in der Hand) eröffnet wird. Unter weiteren, zum Teil ganz unleserlichen Selbstbildnisskizzen befindet sich auch eine, die als „Selbstport(rait) mit Dämon" (Abb. 11) beschriftet ist. Will man die Kerze in Beckmanns Hand symbolisch deuten, so könnte sie als Sinnbild der Erleuchtung, des mit dem Willen zur Erkenntnis bewehrten Bewußtseins verstanden werden: „Ja, noch nicht erloschen: das Bewußtsein bleibt schön", notierte Beckmann im Oktober 1933 in seinem Exemplar der *Reden Gotamo Buddhos*.[44] Auch in der Zeichnung vom Heiligen Abend 1934 ist die Flamme noch nicht erloschen. Darauf weist Beckmann mit einem trotzigen Lächeln hin, das wohl nicht frei ist von Sarkasmus und Verzweiflung.

Die maskenhafte Stilisierung seines Antlitzes hatte Beckmann bereits in den 20er Jahren gepflegt, nun aber, in den Jahren der inneren Emigration wird sie von der frei gewählten Attitüde zur lebenssichernden Angewohnheit. Während er sich in seinen gemalten Selbstbildnissen dieser Zeit — etwa im *Selbstbildnis mit Glaskugel* (G 434) — in der Welt der Transzendenz spiegelt, geben die gezeichneten Selbstdarstellungen einen Eindruck von seiner realen Existenz in dieser Zeit, von dem stetig wachsenden psychischen Druck, der auf ihm lastete. Dieser führte zu immer rascher wiederkehrenden Zuständen der Erschöpfung und Depression, die Beckmann mit Kuren in Baden-Baden zu lindern suchte. Diese Zermürbtheit spricht etwa aus einer 1936 in Baden-Baden entstandenen Selbstbildnisskizze (Kat. 87), die jenen „Zug von Verbitterung, ja Verachtung"[45] zeigt, den Erhard Göpel in Beckmanns Antlitz während der zweiten Berliner Periode wahrnahm. 1939 schrieb Beckmann im Amsterdamer Exil über diese Zeit: „Die letzten 5 Jahre waren eine furchtbare Anstrengung für mich und ich hatte eigentlich nicht erwartet sie zu überleben, da sie schon ein bedenkliches Va banque spiel waren"[46].

Der Seher im Dunkeln

Mit der Schandausstellung *Entartete Kunst*, auf der auch zahlreiche Werke Beckmanns diffamierend zur Schau gestellt wurden, hatte der auf ihm lastende Druck das Maß des Erträglichen endgültig überschritten. Der Weg ins Exil nach Amsterdam wurde unabweisbare Notwendigkeit. Im Amsterdamer Exil wurde ihm sein junger Bewunderer und Sammler, der damals als Emigrant in Paris lebende Schriftsteller Stephan Lackner, zu einer wichtigen Stütze — ideell wie materiell. Lackner war es auch, der Beckmann bereits vor dem Schritt in die Emigration und nach Jahren

12 Der Befreite 1937
Ölfarbe auf Leinwand, Privatbesitz

des Brachliegens seiner druckgraphischen Produktion zu einer kleinen Suite lithographischer Selbstdarstellungen inspirierte. Diese finden sich in Beckmanns Darstellungen des Peter Giel in den Illustrationen zu Lackners Drama *Der Mensch ist kein Haustier*, das mit sieben Kreidelithographien Beckmanns 1937 in Paris erschien (Kat. 88–90). Das Stück handelt, in den Worten des Autors, vom „Widerstreit zwischen den ungezähmten Trieben und der rechnenden Ratio"[47], vom Konflikt zwischen Individualismus und Kollektivismus. Unter den Selbstdarstellungen der lithographischen Folge sind zwei Blätter ungeachtet ihrer geringen Größe von geradezu monumentaler Wirkung. Das erste ist ein berührendes Doppelbildnis mit Quappi (Kat. 88). Im Schlußbild aber (Kat. 90) zeichnete Beckmann eine Apotheose seines eigenen Abschieds von Deutschland. Insofern ist diese Lithographie das − qua Funktion − auf realistischere Weise formulierte Pendant zu dem ebenfalls 1937 entstandenen hochsymbolischen Selbstbildnisgemälde *Der Befreite* (Abb. 12). Dort blickt der seine Ketten abstreifende Beckmann bereits über die diesseitige Dimension der Gefangenschaft hinaus.

Ohne Deutschland beim Namen zu nennen, faßte Beckmann die Notwendigkeit dieses Abschieds ohne Bedauern ein Jahr später in Worte, die auch Lackners Kunstfigur Peter Giel hätte sagen können: „Die größte Gefahr die uns allen Menschen droht, ist der Collectivismus. Überall wird versucht, das Glück oder die Lebensmöglichkeiten der Menschen auf das Niveau eines Termitenstaates herabzuschrauben. − Dem widersetze ich mich mit der ganzen Kraft meiner Seele." Dieses Bekenntnis findet sich in Beckmanns kunsttheoretisch und dichterisch anspruchsvollstem Text, der Rede *Über meine Malerei*, gehalten am 21. Juli 1938 im Rahmen der Ausstellung *Exhibition of 20th Century German Art* in den New Burlington Galleries, London. Wenn auch unter Beckmanns Werken auf dieser Londoner Gegenausstellung zur *Entarteten Kunst* keine Selbstbildnisse waren, stellt er in diesem Vortrag in eindringlichster Weise die Bedeutung des „Selbst" oder „Ich" (deren Bedeutung er nicht konsequent differenzierte), oder genauer: der „Suche nach dem Selbst" in das Zentrum seiner Kunst, ja der Kunst überhaupt: „Denn das ‚Ich' ist das größte und verschleiertste Geheimnis der Welt". Formulierungen wie „dieses ‚Ich' welches im ich und Du in seinen verschiedenen Emanationen zum Ausdruck kommt" lassen ahnen, daß seine Suche in Anlehnung an indisch-gnostisch-theosophische Vorstellungen jenes „einmalige und unsterbliche Ego" zum Ziel hat, zu finden „in Tieren und Menschen − in Himmel und Hölle".[48] So dürfte für Beckmann in der Vortragsbemerkung „Ich bin oft − sehr oft allein" wohl bereits die Schreib- und Denkweise „all-ein" enthalten gewesen sein, die sich später in einer Tagebucheintragung (20. Januar 1942) findet.

Das Alleinsein im Amsterdamer Exil sollte sich für Beckmann bald schon in ungeahnte und bedrohliche Dimensionen steigern – und so sein Selbstgefühl des „all-ein"-Seins noch stärken und vertiefen. Mit dem Einmarsch der deutschen Truppen in den Niederlanden am 10. Mai 1940 zerschlugen sich alle Bemühungen, vor dem Weltkrieg in die USA zu entkommen. Beckmanns äußere Welt war nun so eng wie noch nie geworden. „Internirt in meiner eigenen Wohnung", notiert er Pfingsten 1940, zwei Tage nach dem Beginn des deutschen Blitzkrieges im Westen, bei abermaliger Blavatsky-Lektüre an den Rand des Buches.[49] Über diese Worte setzt er das Bekenntnis: „Niemals aber habe ich mich selbst verloren und das wird auch nicht mehr geschehen trotz aller Greule oder Verzückungen".

13 Der Zeichner im Spiegel (Manon) 1940
Feder, Privatbesitz

Diese Bedrohtheit seiner äußeren und inneren Existenz spiegelt Beckmann 1940 in einer Federzeichnung (Abb. 13). „Wüst liegen die Gemächer meiner Seele" – an diese im Juni 1940 notierte Randbemerkung zu Blavatsky[50] fühlt man sich bei der Betrachtung von Beckmanns Spiegelbild inmitten der verschachtelt-vollgestopften Ansicht vom kleinen Wohnzimmer des Ehepaars Beckmann im Haus Rokin 85 in Amsterdam erinnert. Angestrengt fixiert sich Beckmann, der sich hier ausnahmsweise mit aufgesetzter Brille zeigt – was er sich in Selbstbildnisgemälden und auch in Photographien nie gestattete – in einem Spiegel von schlüssellochförmiger Gestalt. Doch entzieht sich sein Selbst dabei gleich zweifach: es ist durch mannigfache Federzüge bis zur Unkenntlichkeit verschattet und wird überhaupt nur zur Hälfte vom Spiegel erfaßt. Angesichts des konkaven Einzugs der Spiegelform scheint der dunkle Kopf geradezu vom Raum gefressen zu werden. Das Sichzeichnen wird so als Kampf gegen das Sichverlieren erkennbar. Um das zu entgleiten drohende Spiegel-Selbst ist das Handwerkszeug des Zeichners arrangiert: Zeichenbrett, Federn, Tusche, eine weitere Brille als Instrument des Erkennens – und eine Streichholzschachtel (?) mit der prominenten Aufschrift MANON.

Im Einklang mit Beckmanns grundsätzlich unterschiedlicher Verwendung des Spiegels in Zeichnung und Gemälde reflektiert derselbe Spiegel (der sich im Nachlaß von Mathilde Q. Beckmann bis heute erhalten hat[51]) in dem ebenfalls 1940 vollendeten Gemälde *Stilleben mit Toilettentisch* (G 561) nicht das Gesicht des Künstlers. Vielmehr erscheint dort das Bild eines Frauenkopfes in Rückansicht vor dem Meer als Projektion einer Utopie der Freiheit und Schönheit in bedrückende und bedrohte Verhältnisse. Das im gezeichneten Spiegel aufgefangene angespannte und düstere Gesicht Beckmanns aber erfährt ausdruckshafte Vertiefung im *Selbstbildnis mit grünem Vorhang* (G 554), das Beckmann in der Nacht zum 14. Mai 1940 gemalt haben soll, als die deutsche Luftwaffe Rotterdam bombardierte.[52] Trauer und Hoffnungslosigkeit lassen sein Antlitz in diesem Bild, dessen Pentimenti auf eine zunächst geplante Frontalansicht schließen lassen, wie erloschen wirken.

Erst ganz am Ende des Jahres fühlt Beckmann wieder die Kraft, sich selbstbewußt über die niederdrückende Kriegsrealität zu erheben und „neue Coulissen zu produziren mit denen weiter agirt werden kann", wie er ein Jahr zuvor selbstbewußt an Stephan Lackner geschrieben hatte.[53] „Fühle seit langem zum ersten Mal wieder Kraft in der Erleuchtung", notiert er am 13. Dezember 1940 ins Tagebuch, um zwei Tage später eine erste Bleistiftskizze zur späteren Mitteltafel des Triptychons *Schauspieler* (G 604) zu zeichnen (Abb. 14).[54] Hier deutet Beckmann das Dasein wieder explizit als ‚Welt-Theater', in dem er — nicht zum ersten Mal — die seinem ‚monarchischen' Verständnis der Persönlichkeit angemessene Rolle des Königs spielt.[55] Bei aller Flüchtigkeit des Strichs ver-leiht Beckmann dem auf der Bühne über einem

14 Schauspieler 1940
Bleistift, Privatbesitz

düsteren Orkus agierenden König ein Gesichtsprofil, das unverkennbar seine eigenen Züge trägt. Ein Echo findet diese herrscherlich-theatralische Selbstdarstellung im Tagebucheintrag vom 18. Dezember: „Die Rolle die Du zur Zeit spielst ist die schwierigste aber auch großartigste die Dir das Leben bieten konnte — vergiß das nicht — Max Beckmann — und gerade so wie sie ist." Im Gemälde (Abb. 15) erdolcht der König sich auf der Bühne, wobei offen bleibt, ob er einen Thea-tertod stirbt oder sich — wie Roquairol in Beckmanns Lieblingsroman *Titan* von Jean Paul — tatsächlich auf offener Bühne entleibt. Allerdings gleicht der König im Gemälde, das Beckmann erst am 17. Mai 1941 auf Leinwand entwirft, nur noch bedingt Max Beckmann, dessen Physio-gnomie hier gegenüber der Skizze idealisiert erscheint. Stattdessen erscheint das Beckmannsche Profil nun im rechten Flügel als dunkles rückwärtiges Gesicht des skulpturalen Januskopfes, der hier als Herr des Ein- und Ausgangs wohl über den Durchgang von der sichtbaren zur unsichtba-ren Welt wacht.[56] Diese Selbstmythisierung ist eng mit dem graphischen Hauptwerk des ‚Sehers' Beckmann verbunden, der noch im selben Jahr die Bühne betritt.

Die Schrecken des Krieges, die ihn nun unmittelbar erreicht hatten, sucht Beckmann im Winter 1940–41 in seinem vierten Triptychon *Perseus* (G 570) zu gestalten und zu bannen (wobei in dem entsetzten Zeugen der Greuel in der äußersten Ecke der rechten Tafel Beckmann selbst zwar nicht zu erkennen, aber doch zu ahnen ist). In der Endphase der Arbeit an diesem Werk wird ihm, der sich „ausgepumpt und hoffnungslos" fühlt (Tagebücher, 24. April 1941), im Frühjahr 1941 aus Frankfurt der Auftrag des Verlegers Georg Hartmann überbracht, die *Apokalypse* zu illustrieren. Beckmanns 27 Kreidelithographien zur *Apokalypse* (Kat. 91–94) zeichnen sich durch einen Kreide-deduktus von geradezu skizzenhafter Offenheit aus, der manch elaborierte Motivfindung kaum mehr lesbar werden läßt. Diese Offenheit der zeichnerischen Form dürfte wenigstens zum Teil der Absicht geschuldet sein, die Lithographien nach dem Druck zu aquarellieren, was auch geschah. Auf diese Weise finden sich Beckmanns Illustrationen in die große Tradition der illuminierten mit-

15 Schauspieler   1941/42
Ölfarbe auf Leinwand
Fogg Art Museum, Cambridge, Mass.

telalterlichen *Apokalypse*-Handschriften gerückt und lassen sich zugleich Beckmanns druckgraphischem *und* aquarelliertem Œuvre zuordnen. Wie seine vorausgegangenen druckgraphischen Zyklen wird auch dieser durch Selbstbildnisse verklammert. In ihnen vollzieht sich die Beglaubigung des Gesehenen durch den Künstler, der hier zum Seher und Autor Johannes wird. Im Dunkel empfängt er, dessen Patmos sein Atelier im alten Tabakspeicher unter dem Dach war, mit geschlossenen Augen seine gleißenden Visionen. Doch beschränkt sich Beckmanns Selbstidentifikation nicht auf den Apostel. Sie greift auf anonyme Schicksale aus, in die er sich nicht nur physiognomisch versetzt: Selbste, die Leid und Tod erlitten und überwunden haben und dadurch vor der Wandlung zum höheren, ewigen Selbst stehen. Wie tief Beckmann von den Gesichten und Gestalten der *Apokalypse* berührt worden ist, läßt seine Tagebuchnotiz der Sylvesternacht 1941 ermessen: „Besuch des Todesengels – Hab ich noch immer Angst?"

Es ist bezeichnend für Beckmanns beständigen Dialog mit seinen zur Realität des Bildes gebrachten Selbsten, daß er sich die *Apokalypse* im März 1944 erneut vornimmt, um sie nochmals mit dem Pinsel zu überarbeiten. Auf dem Titelblatt gibt er jetzt nurmehr eine Hieroglyphe seines inmitten völliger Dunkelheit ‚erleuchteten' Profils (Abb. S. 283). Legt man es mit der letzten ganzseitigen Illustration (Kat. 94) zusammen, ergibt sich – erinnernd an den rechten Flügel der *Schauspieler* – gleichsam ein Beckmannscher Januskopf, der eingangs die erste unvollkommene und ausgangs die erneuerte ewige Schöpfung erschaut.

Selbstdarstellungen in den Zeichnungen zu *Faust – Zweiter Teil*

Von einem Strom metamorphotischer Realisationen des Beckmannschen Ichs durchzogen ist schließlich sein zeichnerisches Hauptwerk, „zugleich einer der bedeutendsten Werkkomplexe in der Kunst des 20. Jahrhunderts"[57]: die Illustrationen zu Goethes *Faust, der Tragödie zweiter Teil.*

Diese Blätter, die in unserer Ausstellung fehlen müssen, bilden einen Höhepunkt auch im Hinblick auf Beckmanns künstlerische Selbstdarstellung.[58] Ihre Betrachtung hat deshalb unsere besondere Aufmerksamkeit zu beanspruchen.

Sehr bald nach der Vollendung der *Apokalypse* wurde Beckmann zu Anfang des Jahres 1943 durch Erhard Göpel ein weiterer Illustrationsauftrag Georg Hartmanns unterbreitet. Vor die Wahl gestellt, den *Don Quijote* oder den *Faust II* zu illustrieren, entschied sich Beckmann für letzteres. Am 15. April 1943 begann er mit Bleistift in ein mit Leerseiten durchschossenes Exemplar des *Faust II* der Bremer Presse von 1925 zu skizzieren. Am 17. Juni entstand die erste der 143 endgültigen Federzeichnungen. Am 15. Februar schließlich heißt es im Tagebuch: „,Faust' beendet!" Die Tagebücher spiegeln den „Zustand der größten Hoffnungslosigkeit" (15. März 1943), in dem Beckmann diese ungeheure Arbeit vollbrachte. In wenigen Fällen nur, dann aber nachdrücklich, ließ er Aspekte von Krieg und Zwangsherrschaft in die klassisch empfundene Bildwelt seines *Faust* einfließen.

Klassische Empfindung prägt auch den unnachahmlichen Federduktus, der in seiner Prägnanz von der malerischen Weichheit der Kreidelithographien zur *Apokalypse* so weit entfernt scheint wie der Geist des *Faust II* von dem der Offenbarung. Dennoch gibt es Parallelen, ja Verbindungen zwischen den beiden Zyklen, auf die Christian Lenz hingewiesen hat.[59] Besonders augenfällig werden diese Zusammenhänge im emblematisch konzipierten Schlußblatt zum *Faust* mit dem *Sündenfall*, der thematisch und formal an das Titelblatt der *Apokalypse* anknüpft. Die Maße der *Faust*-Zeichnungen wechseln zwischen Vignettengröße, halbseitigem und ganzseitigem Bild. Mit souveräner Sicherheit über Bleistiftvorzeichnung gezogene Konturen verbinden sich mit Skizzenhaftem. Schlingernde Schraffuren dienen der unterschiedlich fein abgestuften Modellierung. Vibrierende Energie atmet noch der diszipliniertste Umriß, was auch dem widerständigen Relief des verwendeten gerippten Büttenpapiers geschuldet ist. Erst 1970 sind die Zeichnungen erstmals vollständig reproduziert worden.[60] Auf diese Ausgabe beziehen sich die im folgenden zur Identifizierung der einzelnen Zeichnungen genannten Seitenangaben.

Beckmann war der *Faust* – wenigstens in seinem ersten Teil – nicht unvertraut.[61] Ungeachtet aller Differenzen zum Goetheschen Idealismus kann sich Beckmann „in diesem einzigen Buch von Göthe noch mit manchen selbst identifizren"[62], wie er im Sommer 1943 vieldeutig an Lilly von Schnitzler schreibt. In der Tat ist das Thema des *Faust II* auch Beckmanns Thema: rastlose Suche nach absoluter Erkenntnis, Überwindung der Beschränkung des Ichs, ewiger Kreislauf von Entstehung und Verwandlung, Möglichkeit einer Erlösung, nicht zuletzt der ungeheure Anspruch, das ganze Dasein in der Form eines ,Welttheaters' zur Anschauung zu bringen. Parallelen mit der eigenen Bild-Sprache mag Beckmann auch in den von Goethe eingesetzten künstlerischen Mitteln erkannt haben. Das gilt für die leitmotivisch und nicht selten verdeckt gehandhabte Bild-Symbolik ebenso wie für die Übernahme und ,Umartung' mythischer Gestalten und den kühnen Wechsel zwischen altdeutschen und altgriechischen Sprechversen und Schauplätzen. Beckmanns Zeichnungen zum *Faust* bieten – allerdings stets auf der Grundlage sorgfältiger Lektüre – oft höchst eigenwillige, manchmal ingeniöse Interpretationen des Stoffes, nicht zuletzt durch demonstrative Hereinnahme seines Ichs. In diesem Zusammenhang ist Beckmanns bewußt provokante Äußerung über sein Verhältnis zu Goethe zu verstehen: „Glauben Sie nur nicht, daß ich den alten Optimisten für diese Zeichnungen gebraucht hätte. Ich bewege mich in den gleichen Regionen, dort bin ich auch zu Hause."[63]

Beckmanns Selbstdarstellung in seiner Illustration des *Faust* ist eine mehrdimensionale, der Vorlage gemäß weitergespannt und subtiler noch als in der *Apokalypse*. Sie ist, um ein Wort Göpels über Beckmann aufzugreifen, „Metamorphose im höchsten Sinn"[64]. Die Geschichte dieser Anverwandlungen vollzieht sich in den Illustrationen wie ein Drama im Drama, das Beckmann im 1. Akt fast unmerklich eröffnet, erst im 3. Akt unmißverständlich hervortreten läßt und im 5. Akt mit einer Folge großgesehener Selbst-Bilder zu gewaltiger Wucht steigert. Zuvörderst rankt sich seine bildliche Selbstidentifikation um die Gestalt des Faust selbst, der im Verlauf der Tragödie als Prototyp des Künstlers, des Liebenden und des Herrschers auftritt und den uns Beckmann im Verlauf der Tragödie in allen Lebensaltern vor Augen führt. Im 1. und vor allem im 5. Akt aber begegnet dieser Anverwandlung des Faust jene des Mephisto, dem nihilistisch-luziferischen Antipoden Fausts, in dem Beckmann physiognomisch Fausts Alter ego sichtbar werden läßt. Diese doppelte Selbstidentifikation wird umrankt von manch weiterer Verwandlung in die eine oder andere Nebenfigur, wenn der Künstler eine innere Affinität zu ihr verspürt. So läßt es sich Beckmann, der einmal geschrieben hat: „in der Verwandlung ist die Seele der Welt"[65], nicht nehmen, seine Züge in der *Klassischen Walpurgisnacht* des 2. Aktes einem der beiden Köpfe des Proteus zu verleihen (S. 196), im *Faust* eine Allegorie für das Gestalten und Umgestalten alles Lebendigen.

Eine zusätzliche Dimension von Beckmanns prozeßhafter Selbstidentifikation innerhalb des Dramas eröffnet schließlich die Einbeziehung der Bleistiftskizzen in seinem Handexemplar des Buches.[66] Denn einen Dialog führen die Federzeichnungen nicht nur mit dem Text, sondern auch mit den vorangehenden Bleistiftskizzen. So gibt es Fälle, in denen Beckmann bereits die Skizze mit deutlichen oder gar überdeutlichen selbstbildnishaften Zügen versah, die in der Federzeichnung wieder aufgehoben sein können. Umgekehrt läßt sich zuweilen beobachten, daß Beckmann sich bei einer zunächst ‚unpersönlich' skizzierten Gestalt erst in der endgültigen Version für eine Selbstdarstellung entschied.

In den *Faust*-Zeichnungen sind die Grenzen zwischen Beckmanns Ich und Nicht-Ich mithin fließend, weshalb es kaum möglich und sinnvoll ist, seine darin gegebenen Selbstdarstellungen zu quantifizieren (nach Wankmüller/Zeise 1984 allein in den Federzeichnungen 16, nach Erpel 1985 elf). Ein Beispiel für diese Schwierigkeit bietet bereits die Eröffnungsvignette (S. 7) mit dem seine Hände vor das Gesicht schlagenden Faust („Ariel. Entfernt des Vorwurfs glühend-bittre Pfeile", V. 4624). Will man hier Beckmann sehen — was allgemein der Fall ist —, so kann dies nur vom Ende her, nicht aber durch Augenschein erschlossen werden. In der ersten ganzseitigen Zeichnung (S. 8) jedenfalls ist der schlafende Faust ein ideal gebildeter Jüngling ohne jeden Beckmannschen Zug. Das erste unbezweifelbare Selbstbildnis aber ist, gleichsam als heiter-unheimliches Vorspiel zu der substantiellen Identifikation mit Faust und Mephisto, der mit Maske und Pritsche bewehrte Kaiser, der im 1. Akt den Mummenschanz eröffnet (Abb. 16). Wer Beckmanns Affinität zum fastnächtlichen Maskenspiel einerseits und zur mythischen Figur des Königs andererseits kennt, wird kaum überrascht sein, hier auf eine Selbstdarstellung zu stoßen. Indem er sich als souveräner Schirmherr des Mummenschanz darstellt, macht er die folgenden, immer mehr ins Magische spielenden Aufzüge des Maskenfestes zu Szenen seines eigenen Welttheaters.

In Fausts und Mephistopheles' Gespräch über die Mütter schließlich („In deinem Nichts hoff ich das All zu finden", V. 6255) zeigt Beckmann die beiden Protagonisten in programmatischer Gegenüberstellung von Profil- und En face-Ansicht (S. 85). Den Kopf Mephistos hatte er in der Bleistiftskizze zunächst mit eigenen, ins Magere und Nervöse karikierten Zügen gegeben. Diese

16 *Faust II, Kaiser. So sei die Zeit in Fröhlich-*
keit vertan! 1943
Feder über Bleistift, Freies Deutsches Hochstift -
Frankfurter Goethe-Museum, Frankfurt a. M.

Charakterisierung aber befriedigte ihn für die Federzeichnung nicht mehr. Hier „erscheint Mephisto als der piratenhafte Kahlkopf mit den edel-sinnlichen Zügen, der an Beckmann selbst erinnert."[67] Es ist dies freilich eine entfernte, vielfach gebrochene Erinnerung, untrennbar vermischt mit androgynen und mit orientalisierenden Zügen. Letztere hatte sich Beckmann bereits im *Löwenbändiger* von 1930 (Abb. 8) anverwandelt. Auf die Findung dieses eigentümlichen Typus ist offenbar die Tagebuchnotiz vom 14. Juli 1943 gemünzt: „Mephisto im Faust erstmalig für mich richtig." Faust hingegen ist hier als ein junger Mann charakterisiert, in dessen idealisierten Zügen ebenfalls Spurenelemente der Beckmannschen Physiognomie wiederzuerkennen sind. Ähnliches gilt für den hingestreckten Faust (S. 109) am Beginn des 2. Aktes (,,Hier lieg, Unseliger!", V. 6566), dem Beckmann in großer Freiheit gegenüber dem Text die Gestalt Helenas erscheinen läßt.

Für den weiteren Verlauf des in klassischen Gefilden angesiedelten 2. Aktes gilt: „Die Faust-Handlung ist kurz; das symbolische Spiel der übrigen Gestalten ist breit."[68] Im Verlauf der *Klassischen Walpurgisnacht* mit ihrer Zusammenführung von Göttern, Fabelwesen und Philosophen entfernt sich Beckmanns Ich vorübergehend von Faust, um sich, mit jeweils leicht verfremdeten Zügen, Gestalten des Mythos anzuverwandeln: zunächst in einem grotesken Zwischenspiel die Pygmäenälteste (S. 163), dann den mit der Kraft des Wahrsagens begabten Nereus (S. 187), in dem sich – als bedeutsame Andeutung – die Züge Beckmanns mit den orientalisierenden Charakteristika Mephistos zu kreuzen scheinen, und, wie erwähnt, den wandlungsfähigen Proteus – dessen Köpfe in der nächsten Darstellung (,,Komm geistig mit in feuchte Weite", V. 8327) folgerichtig wieder andere Züge zeigen (S. 198).

Erst im dritten, dem Helena-Akt, tritt Beckmanns Selbstidentifikation mit Faust im Sinne unbezweifelbarer Selbstdarstellung hervor. Nun steht Beckmann/Faust im Mannesalter. Anlaß ist das hier aufgerufene Thema der Liebe zwischen Mann und Frau, namentlich die beiden großen Umarmungsszenen von Faust und Helena. Der ersten sinnlichen Liebesbegegnung (S. 251) folgt, nach dem Tod des Sohnes Euphorion, die Abschiedsszene zwischen Faust und Helena (Abb. 17): „Helena zu Faust. / Ein altes Wort bewährt sich leider auch an mir: / Daß Glück und Schönheit dauerhaft sich nicht vereint. / Zerrissen ist des Lebens wie der Liebe Band; / Bejammernd beide, sag ich schmerzlich Lebewohl / Und werfe mich noch einmal in die Arme dir." (V. 9939 ff.). Sie ist nach Komposition und Zeichenweise wohl das klassizistischste Blatt des ganzen Zyklus. Beckmann

zeigt sich mit trauernd verdunkeltem ‚griechi-
schen‘ Profil in der gespannten Formgebung
eines frühklassischen Bronzekopfs. Diese
Komposition basiert auf der 1937 als Illustration zu Stephan Lackners Drama *Der Mensch ist
kein Haustier* gezeichneten Abschiedsszene
zwischen Peter Giel und Louise Hall (Kat. 88),
allein die Zuordnung von Dreiviertelansicht
und Profil ist nun vertauscht. In der medaillon-
artigen Zusammenfassung der beiden Büsten
aber erinnert die Zeichnung zugleich an die
Lithographie *Liebespaar* von 1922 (H 241). Im
übrigen vermeidet es Beckmann, der von
Goethe als weibliches Idealbild imaginierten
Helena Züge Quappis zu verleihen.[69] Wo
Helena jedoch im 2. Akt noch als Chimäre aus
Chirons Erinnerung und Fausts Begehren
erscheint (S. 153), stattet Beckmann sie mit den
Zügen ‚Nailas‘ aus, die für ihn selbst ein solches
Trugbild war.

17 *Faust II, Helena. Ein altes Wort bewährt
sich leider auch an mir   1943
Feder über Bleistift, Freies Deutsches Hochstift
– Frankfurter Goethe-Museum, Frankfurt a. M.*

Noch in der letzten Umarmung aber entschwindet Helena, nur Kleid und Schleier bleiben Faust
zurück: „Helenens Gewande lösen sich in Wolken auf, umgeben Faust, heben ihn in die Höhe und
ziehen mit ihm vorüber.“ Die von Mephisto in der Maske der Phorkyas zu Faust geprochenen
Worte: „Es trägt dich über alles Gemeine rasch / Am Äther hin, solange du dauern kannst“
(V. 9952 f.) inspirierten Beckmann zu einer seiner großartigsten Selbstdarstellungen. Sie gibt in
ihrer Utopie zugleich ein kühnes Bild seines Selbstverständnisses: Der erdrückenden Enge und
Bedrohtheit seiner Lebensumstände entrückt, schweift er schauend und sinnend über die Unendlichkeit des geliebten Meeres und über die Unterwelt, in der Helena verschwindet.[70]

Der vierte Akt führt Faust in die Welt politischer Ränkespiele, der Gewalt und des Krieges – eine
Welt, durch die Max Beckmann seit Jahren in seiner Existenz bedroht war und gegen die er sich
mit seinem unter verzweifelten Umständen vorangetriebenen Werk zu behaupten suchte. Zu den
Gegenwartsbezügen seiner Illustration gehört die nicht mißzuverstehende Charakterisierung der
Drei Gewaltigen mit den sprechenden Namen Habebald, Haltefest und Raufebold als Hitler,
Göring und als den Prototyp eines hörigen Hitlerjungen. Nicht weniger deutlich gibt Beckmann
dem sich an die Spitze dieser ‚allegorischen Lumpe‘ setzenden „Faust, geharnischt, mit halbge-
schloßnem Helme“ in der Bleistiftskizze die eigenen, verwegen brutalisierten Züge (Abb. 18).
Dafür greift er auf seine 20 Jahre zurückliegende – ebenfalls mit Selbstbildniszügen ausgestatte-
te – Darstellung des Verbrechers Jakob Nipsel in der Illustration seines eigenen Dramas *Ebbi*
zurück (Abb. S. 261). In der Federzeichnung aber ersetzt er diese Konstellation durch eine diffe-
renziertere und ‚objektivere‘ Version (Abb. 19). Die Beckmannschen Züge des Faust sind nun
idealisiert, und in der veränderten Komposition mit dem jetzt bedrohlich eingekreisten Faust wird
die Zweischneidigkeit seines Paktes mit den gewissenlosen Söldnern sinnfällig.

*19 Faust II, Faust, geharnischt, mit halbge-
schloßnem Helme   1943
Feder über Bleistift, Freies Deutsches Hochstift –
Frankfurter Goethe-Museum, Frankfurt a.M.*

*18 Faust II, Faust, geharnischt, mit halb-
geschloßnem Helme   1943
Bleistift, National Gallery of Art, Washington*

Als zweite Illustration des fünften Akts begegnet das wohl berühmteste Blatt des Zyklus,
zugleich das einzige, das als wirkliches Selbstbildnis im engeren Sinne gelten kann. In der
Gestalt des *Faust, im höchsten Alter wandelnd,
nachdenkend* stellt sich Beckmann als Greis
mit eingefallenen Wangen und verhangenem
Blick dar (Abb. 20). Christian Lenz hat darauf
hingewiesen, daß der melancholisch-ergriffen
lauschende Faust hier nicht der durch „Ver-
dammtes Läuten!" (V. 11151) Erzürnte sein
kann, der offenbar noch in der zugehörigen
Bleistiftskizze gemeint ist. Vielmehr habe
Beckmann sich hier im Vorgriff auf die
übernächste Illustration „als der an den Tod
Gemahnte"[71] verstanden, im Sinne jener wenig
später von Mephisto zu Faust gesprochenen
Worte: „Und das verfluchte Bim-Baum-Bim-
mel, / Umnebelnd heitern Abendhimmel, /
Mischt sich in jegliches Begebnis / Vom ersten

*20 Faust II, Faust im höchsten Alter wandelnd,
nachdenkend   1944
Feder über Bleistift, Freies Deutsches Hochstift –
Frankfurter Goethe-Museum, Frankfurt a.M.*

21 *Faust II, Faust auf dem Balkon. Die Sterne*
bergen Blick und Schein   1944
Feder über Bleistift, Freies Deutsches Hochstift –
Frankfurter Goethe-Museum, Frankfurt a. M.

22 *Rembrandt, Faust   um 1652*
Radierung, Kaltnadel, Grabstichel
Herzog Anton Ulrich-Museum Braunschweig

Bad bis zum Begräbnis, / Als wäre zwischen Bim und Baum / Das Leben ein verschollner Traum."(V. 11263 ff.)

Nach der von Faust nicht gewollten, doch verschuldeten Ermordung von Philemon und Baucis nähern sich ihm die *Vier grauen Weiber:* Mangel, Schuld, Sorge und Not. Fausts Gewahrwerden ihres Heranschwebens und sein anschließendes Gespräch mit der Sorge (S. 364) – die auch Beckmanns stete Begleiterin war – gibt Beckmann Anlaß zu zwei weiteren großen Selbstdarstellungen. Bisher ist offenbar unbemerkt geblieben, daß die Federzeichnung zu *Faust auf dem Balkon. Die Sterne bergen Blick und Schein* (Abb. 21) nicht nur dem Text und der Vorstellungskraft Beckmanns verpflichtet ist, sondern auch und nicht zuletzt der als *Faust* bekannten Radierung Rembrandts (Abb. 22). Beckmanns Rezeption dieses graphischen Inbildes des mit magischen Mitteln nach Erkenntnis strebenden Gelehrten geht – was für Beckmann ungewöhnlich ist – bis in Einzelheiten. Für die ganz anders konzipierte Bleistiftskizze hatte Rembrandts *Faust* dagegen noch keine Rolle gespielt. Die Radierung mußte bei Beckmann, der Rembrandt lebenslang hoch verehrte[72], besonderes Interesse wecken. Beckmann dürfte die Verwendung von Lips' Kopie der Radierung für die erste Ausgabe von Goethes *Faust* ebenso bekannt gewesen sein wie der für ihn sicherlich besonders relevante Umstand, daß Rembrandt in seiner Radierung kabbalistische Motive aufgenommen hatte, die bis heute nicht entschlüsselt werden konnten.[73] Mit seiner Selbstprojektion in den *Faust* Rembrandts aber spielt Beckmann zweifellos auch auf Rembrandts berühmte Altersselbstbildnisse mit Turban an.[74] So beruht diese Selbstdarstellung Beckmanns auf einer dreifach sich durchdringenden Anverwandlung höchster Beispiele für die schöpferische Annäherung an das Mysterium des Daseins: Goethes *Faust*, Rembrandts *Faust* und Rembrandt selbst.

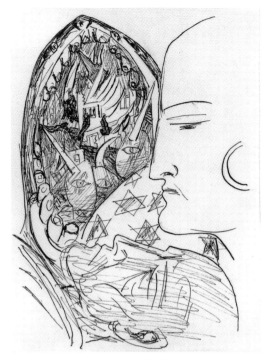 

23 *Faust II, Mephistopheles. Der Körper liegt,*
und will der Geist entfliehen *1944*
Feder über Bleistift, Freies Deutsches Hochstift –
Frankfurter Goethe-Museum, Frankfurt a. M.

24 *Faust II, Mephistopheles. Wie wird mir! –*
Hiobsartig, Beul an Beule *1944*
Feder über Bleistift, Freies Deutsches Hochstift –
Frankfurter Goethe-Museum, Frankfurt a. M.

In der *Grablegungs*szene vor geöffnetem Höllenrachen schließlich erscheinen die Profile Fausts und Mephistos unmittelbar übereinander und aufeinander bezogen (Abb. 23). Die gemeinsamen Züge sind augenfälliger denn je: Hier findet jene brüderliche Ähnlichkeit der beiden, die erstmals im *Gespräch über die Mütter* aufschien, nach Ablauf eines Menschenalters ihre letzte und überzeugendste Ausformung. In der letzten Darstellung Mephistos treten dessen Beckmannsche Züge ganz unbezweifelbar hervor (Abb. 24). Da Fausts ‚Unsterbliches' gen Himmel entführt wird, ist Mephisto ein Leidender, Verzweifelter geworden: „Wie wird mir! – Hiobsartig, Beul an Beule / Der ganze Kerl, dems vor sich selber graut" (V. 11809), und: „Du bist getäuscht in deinen alten Tagen, / Du hasts verdient, es geht dir grimmig schlecht! / Ich habe schimpflich mißgehandelt, / Ein großer Aufwand, schmählich! ist vertan" (V. 11834 ff.). Beckmann kann diese Verzweiflung Mephistos mit seinem eigenen Ich verbinden, weil er auch um die mephistophelischen Züge seines eigenen Erkenntnisstrebens weiß. Das belegt ein Tagebucheintrag vom 16. Juli 1943, nach dem Zeichnen des *Gesprächs über die Mütter*: „Irrsinniges Verlangen nach Aufklärung quälte sich in den Augen des Abendsterns. Des leibhaftigen Bösen – o wo ist Geist". Der letzte Satz dieses Eintrages – „Meine alte Mutter ich traure Dir nach" – aber ist Beckmanns bewegendster Kommentar zum Grad seiner Identifikation mit Goethes Weltgedicht.

Vom Untergang bedroht

Die *Faust*-Illustrationen bilden das Fundament und eine wichtige Quelle für Beckmanns weiteres zeichnerisches Schaffen. Das gilt für Technik und Stil – Beckmann zeichnet fortan fast nur noch mit der Feder –, die weiterhin hervorgehobene Rolle der Selbstdarstellung und, nicht zuletzt, die

25 Im Atelier (Holländische Frauen)   1944
Feder über Bleistift
Ehem. Catherine Viviano Gallery, New York

26 Pablo Picasso, Sculpteur et trois danseuses
sculptées   1934
Radierung

Funktion als autonomes Kunstwerk. Über den letzten Aspekt seiner 1944/45 entstandenen Zeichnungen schrieb Beckmann an Curt Valentin: „Ich betrachte sie nicht so wie das früher Sitte war als irgend eine Zeichnung − quasi − Studie oder so etwas sonder(n) als ‚allerdings kleine‘, aber in <u>sich abgeschlossene Werke</u>, die mit viel Mühe entstanden sind".[75] An anderer Stelle bezeichnete Beckmann diese Blätter als „die Parerga u. Paralipomena zur Welt (meiner Welt) als Wille und Vorstellung"[76], womit er andeutungsweise auch das Verhältnis der gezeichneten zu den gemalten Selbstbildnissen charakterisiert.

Motivisch und stilistisch noch den Geist der *Faust*-Illustrationen atmend, präsentiert sich eine in zwei gleichgroßen, wohl 1944 entstandenen Federzeichnungen überlieferte Komposition, die im Zusammenhang mit Beckmanns Selbstdarstellung noch keine Beachtung gefunden hat.[77] Ähnlich der Genese mancher *Faust*-Zeichnungen verläuft hier zwischen temperamentvoll gezeichneter Erst- und diszipliniert konturierter Zweitfassung (Abb. 25) eine Wandlung des männlichen Protagonisten vom Nicht-Ich zum Ich Beckmanns. Hingestreckt wie Faust zu Beginn des zweiten Aktes erscheinen ihm im Typus der Drei Grazien verführerisch entblößte Frauen, halb griechische Göttinnen (darunter in der Erstfassung die vielbrüstige Diana von Ephesus), halb holländische Bauernmädchen. Sie versuchen den Schlafenden gleich zweifach: neben ihren eigenen körperlichen Reizen bieten sie in Körben nahrhafte (Opfer)Gaben dar. Den nackt daliegenden Künstler, der sich zu dieser Zeit vor Sorge und Krankheit dem Tod nahe fühlte, mustern sie mit unverhohlener Neugierde, ja Erschütterung. Beckmann knüpft in dieser Zeichnung ein Geflecht von Vorstellungen ganz unterschiedlicher Provenienz: Da ist das schon im Triptychon *Versuchung* von 1935/36 behandelte Thema der erotisch-materiellen Verführung des Künstlers (dort wie offenbar auch hier in Anlehnung an Flauberts *Versuchung des Hl. Antonius*), Beckmanns Vorstellung seines ohnmächtigen Schöpfertums, konfrontiert mit der Macht der selbstgeschaffenen Götter[78], und schließlich die ins Mythische transponierte Realität des holländischen ‚Hungerwinters‘ 1944/45 mit seiner täglichen Sorge um die Beschaffung notwendigster Lebensmittel und seinen Hungerphantasien. Künstlerischer Katalysator dieser mythologisierenden Zusammenschau aber dürfte die

27 *Doppelbildnis Max und Quappi*
Beckmann 1944
Feder, Privatbesitz

erneut gesuchte Auseinandersetzung mit Picasso gewesen sein, auf dessen Werk Beckmann hier gleich zweifach anspielt: in der Verbindung des Drei-Grazien-Topos mit korbtragenden holländischen Bäuerinnen[79] und wohl auch mit dem ruhenden Künstler, dem die drei Göttinnen als seine eigenen Werke entgegentreten (Abb. 26)[80]. Picassos bildlicher Behauptung eines sinnlich-vitalen Einklangs zwischen dem Künstler und seinen göttlichen Geschöpfen stellt Beckmann eine nur im Transzendenten aufhebbare Scheidung der beiden Sphären gegenüber.

In schwerster Zeit entstehen aber auch wieder gezeichnete Selbstbildnisse im eigentlichen Sinn, in denen Beckmann jeweils die eigene bedrängte existentielle Situation in drastischen und zugleich vieldeutigen Metaphern spiegelt und im Hinblick auf das „ewige Selbst" überhöht und deutet. An dieser Stelle ist darauf hinzuweisen, daß es die Verbindung eines echten Selbstbildnisses mit einem phantastischen Sujet beim späten Beckmann nur im Medium der Zeichnung gibt. Die Zeichnung schien ihm aufgrund ihrer größeren Freiheit in der Andeutung − oder Nichtandeutung − von Raum der einzig mögliche Ort für die Begegnung so unterschiedlicher Realitäten und Genres zu sein. Das Gemälde dagegen ist *entweder* bildfüllendes Selbstporträt, vielleicht mit Attribut, *oder* aber eine komplexe ‚metaphysische' Komposition. So wären surreal aufgefaßte Selbstbildnisse wie *Unter Wasser* (Kat. 95), *Selbstbildnis, den Kopf unter dem Arm* (Kat. 96) oder *Begegnung* (Kat. 101) in Beckmanns Schaffen als Gemälde genauso undenkbar wie jene Selbstdarstellungen, in denen er in rücksichtsloser Wahrhaftigkeit sein Selbst in den Bindungen von Ehe und Geschlecht problematisiert (Abb. 27, Kat. 100).

Im letzten Jahr des Krieges zeichnete Beckmann, inzwischen 60jährig und von schwerer Herzkrankheit heimgesucht, zwei düstere Selbstbildnisse, die fast wie Urteilsspruch und Exekution aufeinander bezogen scheinen: das rückseitig auf den 21. Mai 1944 datierte *Doppelbildnis Max und Quappi Beckmann*[81] (Abb. 27), geschaffen in Erwartung des Schlimmsten unmittelbar vor einer Musterung, die für ihn das Ende seiner Existenz als Künstler und Individuum hätte bedeuten können, und das 1945 datierte *Selbstbildnis, den Kopf unter dem Arm* (Kat. 96). Seine innere Verfassung spiegelt sich in dem jeweils tiefernsten, bitteren Ausdruck seines Gesichts, vergleichbar dem im Januar 1944 vollendeten Gemälde *Selbstbildnis in Schwarz* (G 655), und in den symbolischen Motiven der nach unten, will sagen: auf den Untergang weisenden Hand und des abgeschlagenen Kopfes. Gemeinsam ist den beiden Selbstbildnissen schließlich Gewandung und Mütze, die − je nach Lesart − alltäglich als Morgenmantel und Schlafmütze (wie sie der mit seiner Ehefrau streitende Mann im 1. Akt des *Faust II*, S. 45, trägt) oder mythisch als Mantel etwa des Attis und phrygische Mütze aufgefaßt werden können.

Der Federduktus führt den Stil der *Faust*-Illustrationen zu einer größeren Feinheit und Brüchigkeit des Strichs weiter. Zum Doppelbildnis hat Jedlicka bemerkt, die Zeichnung sei „mit der Feder mehr auf das Papier gekratzt als gezeichnet".[82] In der kontrapunktischen Verteilung von solcherart schraffierten und anderen, lediglich umrissenen Partien gewinnt die Komposition eine angesichts des kleinen Formats erstaunlich monumentale Wirkung. So läßt sich das Blatt durchaus mit dem lebensgroßen *Doppelbildnis Max Beckmann und Quappi* (G 564) von 1941 vergleichen. Das Gemälde gibt ein repräsentatives Bild des in Ausgehkleidung vor den Betrachter tretenden Paares, dessen innere Zusammengehörigkeit durch vielfältige formale Verschränkungen suggeriert wird. In der Zeichnung stehen Mann und Frau dagegen voneinander abgewandt. Die Andeutung beengter Räumlichkeit (die Jedlicka gar an einen „Doppelsarg" erinnert hat)[83] macht diese Isoliertheit geradezu körperlich spürbar. Es wäre freilich kurzsichtig und irrig, diese pessimistische Darstellung auf Ehekräche zu beziehen (wie sie das Tagebuch zuweilen verzeichnet) oder gar auf eine Ehekrise, die es nicht gab. Es ist eine existentielle Einsamkeit im Sinne jenes oben zitierten „all-ein"-Seins, die Mann und Frau umfängt und voneinander trennt. In ihren verschränkten Armen hält Quappi den geliebten Pekinesen Butshy, der — wie im Gemälde die Blume in ihrer Hand — die Frau als Hüterin des Lebens kennzeichnet, von dem sich Beckmann offenbar schon verabschiedet hat. Wenn es auch weder Berührung noch Blick zwischen den beiden gibt, ist doch zu bemerken, daß Quappi im Hintergrund wie ein Stützpfeiler aufragt, um Beckmanns Gestalt so auf subtile Weise Halt und Abschirmung zu gewähren.

Einen Untergang anderer Art imaginiert Beckmann in dem Selbstbildnis *Unter Wasser* von 1945 (Kat. 95). Ebenso wie Wand- und Handspiegel oder Glaskugeln ermöglichte ihm auch der Wasserspiegel als archaischstes aller mantischen Hilfsmittel einen Blick auf — und hinter — sein eigenes Selbst. Wie so oft verwandelt Beckmann eine alltägliche Situation seines Lebens in Amsterdam in ein ebenso rätselhaftes wie suggestives Bild seines zerfließenden und sich dabei verdoppelnden Selbst. Die Durchsicht des Skizzenbuches, in dem Beckmann diese Bildidee bereits am 9. Oktober 1944 fixierte, läßt uns verfolgen, wie Beckmann das Thema noch am selben Tag skizzierend durch allerlei Permutationen führt (vgl. Abbn. S. 292), um sie schließlich in den auf diese Gruppe folgenden beiden Skizzen dialektisch zu wenden: aus dem im Wasser sich gen Himmel reckenden Mann wird nun ein aus dem Himmel zur Erde Stürzender[84], aus der Grachtenbrücke der Eiffelturm — auch im Topographischen also bleibt der autobiographische Bezug gewahrt. Somit entwickelte Beckmann aus dem Selbstbildnis *Unter Wasser* zwei erste Entwürfe zu dem erst 1949/50 als Gemälde ausgeführten *Abstürzenden* (G 809), der wohl als Hieroglyphe des zwischen Ewigkeit und Realität dahinstürzenden Selbst zu begreifen ist.

Nach dem Krieg in Amsterdam

In ‚golemhafter' Unförmigkeit, die nunmehr überhaupt ein bedeutsames Element von Beckmanns Figurenbildung wird, zeichnet sich Beckmann auch in der ersten nachweislich nach Kriegsende entstandenen Selbstbildniszeichnung vom November 1945, der er den vieldeutigen Titel *Le Temps*

28 Selbstbildnis in Grau   1946
Feder, laviert, Privatbesitz

passe gab (Kat. 97). Wie schon in zwei bald nach dem Ende des 1. Weltkrieges entstandenen Selbstbildnissen (Kat. 61, Abb. S. 208) sitzt er wieder mit einem Glas Champagner in einer Bar, einem Ort, der hier wie auch in dem kurz zuvor vollendeten Triptychon *Blindekuh* (G 704) zugleich als mythische Kulthöhle erscheint: „der unterhaltende Wahnsinn des Krieges verfliegt und die soignirte Langeweile nīmt würdevoll auf alten Polsterstühlen wieder Platz"[85]. Doch gemäß seiner am 5. Oktober 1945 im Tagebuch formulierten Einsicht „Zeiten ändern sich — (Aber nicht im Wesentlichen)" ist das Problem der menschlichen Unfreiheit mit dem Ende von Krieg und Schreckensherrschaft keineswegs weniger quälend geworden. Daran erinnert der in Ketten hängende Mann hinter dem bequem „auf altem Polsterstuhl" sitzenden Beckmann.

Um die Mitte des Jahres 1945 wurde Beckmanns isoliertes Leben bewegter, alte Kontakte wurden erneuert, neue geknüpft. Dank des Einsatzes seines New Yorker Galeristen Curt Valentin wuchs Beckmanns Schaffen wieder ein Publikum zu, vornehmlich in den USA, dem von Beckmann erstrebten Schauplatz für den Schlußakt seines Lebens: „Wieder liegt (bis auf die angekränkelte Gesundheit) neues Land und Leben vor mir", notierte er am 20. April 1946 ins Tagebuch. Doch nach „20 Jahren in fast immer schlimmster Verteidigung und Fluchtstellung" (Tagebücher, 27. September 1946) wurden diese neuen Perspektiven immer wieder von tiefer Resignation und Skepsis überschattet. Gültigen Ausdruck findet diese schwankende innere Verfassung in dem Anfang 1946 gezeichneten *Selbstbildnis in Grau*[86] (Abb. 28) und dem wenige Monate später lithographierten Selbstporträt am Anfang des Mappenwerks *Day and Dream*. Der von Beckmann selbst gewählte Titel *Selbstbildnis in Grau* bezieht sich zunächst auf die zu dieser Zeit ungewöhnliche graue Lavierung, darf aber auch im übertragenen Sinne verstanden werden. In dem bei eisiger Kälte und defektem Petroleumofen gezeichneten Selbstbildnis greift Beckmann die Bildform seiner Selbstdarstellung als *Faust, im höchsten Alter wandelnd, nachdenkend* (Abb. 20) auf, betont jedoch das Element der Distanzierung: wie aus einem zentralen Kyklopenauge richtet er hinter der Verschanzung von Schal und Schulter seinen durchdringenden Blick auf den Betrachter.

29 Simolin-Tryptic 1946
Feder, National Gallery of Art, Washington

Im großgesehenen *Selbstbildnis* am Beginn des im Auftrag von Curt Valentin zwischen April und Juni 1946 geschaffenen Mappenwerks *Day and Dream* (Kat. 98) halten sich Abwehr und Öffnung dagegen in etwa die Waage. Beckmann erscheint hier als säkularisierter Seher, der die phrygische Mütze wieder gegen die aus seinen Selbstbildnissen um 1930 bekannte Baskenmütze als Abzeichen des Künstlers eingetauscht hat. Am Schluß des kaleidoskopartigen Zyklus aber erfolgt in der Selbstdarstellung als *Pilatus* (Kat. 99) eine Projektion in den christlichen Mythos, in der Beckmann zur Frage nach Erlösung auf eine provokant verneinende Weise Stellung zu beziehen scheint. So läßt sich diese Beckmannsche Selbstidentifikation über Zeiten und Räume hinweg durchaus mit seiner Anverwandlung des Mephisto in den *Faust*-Illustrationen in Zusammenhang bringen.

Eine mit der Frage nach Erlösung verknüpfte Selbstdarstellung Beckmanns findet sich fast gleichzeitig in ganz anderem Zusammenhang, in dem sich der Künstler ebenfalls eine ‚entscheidende' Funktion zuwies. In einer auf den 29. Mai 1946 datierten Skizze (Abb. 29) entwarf Beckmann ein Triptychon zum Andenken an seinen Freund Rudolf von Simolin, der sich in Deutschland bei Kriegsende das Leben genommen hatte.[87] Der erste Gedanke an ein „Simolin Tryptic" war Beckmann schon Ende Februar bezeichnenderweise in einer Bar gekommen, hatte er einst mit Simolin doch gern bei gutem Champagner über den Sinn des Daseins philosophiert. In diese Richtung weist ein am 17. März im Tagebuch genannter neuer Titel des Bildprojektes: „Fest im Paradies mit Simolin". Unter dem niederländischen Sprichwort „Hoop doet leven" (Hoffnung läßt leben) geht der verkrüppelte Simolin an einer Nische mit drei (Schicksals?)Göttinnen vorbei nach links ab, wo ihn, ebenso wie rechts, ein recht fragwürdig anmutendes Paradies des Champagner-Rausches zu erwarten scheint. Die ihm nachblickende Gestalt, die nachträglich vergrößert und physiognomisch vergröbert worden ist, trägt unverkennbar Beckmannsche Züge. Das ist freilich kaum verwunderlich, hatte sich Beckmann doch schon in seinem Simolin-Bildnis von 1931 (G 348) im Hintergrund mit dargestellt. Hochinteressant sind Beckmanns Beischriften zu dieser Figur: „Vielleicht Mann mit Rüstung u. Schwert" und „Man könnte ihn als Eintrittskontrolleur verwenden". Nimmt man beides zusammen, wäre Beckmann hier als eine Art Torwächter zu denken, changierend zwischen Schausteller und Erzengel. In dieser Rolle vermag Beckmann seinem unglücklichen Freund, der den im Zeichen der Hoffnung stehenden Weg zu einem besseren Leben in einer anderen Welt beschreitet, einen letzten Dienst zu erweisen. Hätte Beckmann das Simolin-Triptychon je gemalt, wäre es eines der bemerkenswertesten Freundschaftsbilder der Kunstgeschichte geworden.

Der Frage nach der Erlösung aber ist in *Day and Dream* der *Sündenfall* (H 370) vorangestellt, auf den auch andere, erotisch gefärbte Darstellungen verweisen wie die Bordellszene *Der Morgen* (H 367). Doch selbst eine so harmlos wirkende, scheinbar eher für *Day* als für *Dream* stehende

30 *Stehendes Paar (Max und Quappi Beck-mann) 1946, Bleistift, Nachlaß Mathilde Q. Beckmann im Museum der bildenden Künste Leipzig*

Darstellung wie *Der Bock* (H 365), in der Quappi einen Ziegenbock vor einer Windmühle Männchen machen läßt, verweist letztlich auf den im Tagebuch am 28. Oktober 1945 beschriebenen „Trick – sich in männlich und weiblich zu teilen, ein wirklich fabelhaftes und ‚fast‘ nicht zu erlöschendes Reizmittel (…), um immer wieder an die Candare geschleift zu werden.‘‘ – An die „Kandare des Lebens‘‘, wie er am 4. Juli 1946 präzisiert.

Sein ambivalentes Verhältnis zum Weiblichen bringt Beckmann auch in zwei nach Technik, Funktion und Inhalt sehr unterschiedlichen Zeichnungen dieser Zeit zur Anschauung. Eine grobe Bleistiftskizze[88] vom Sommer 1946 aus dem Nachlaß von Mathilde Q. Beckmann (Abb. 30), entstanden anläßlich eines Besuches am geliebten, nun wieder zugänglichen Nord-seestrand, mutet wie ein Gegenentwurf zum bedrückenden gezeichneten Doppelbildnis von 1944 (Abb. 27) an: statt Abwendung herrscht unbedingte Zuwendung zwischen Max Beckmann und Quappi, als die wir die beiden Gestalten wohl identifizieren dürfen, statt in beengendem Raum stehen sie auf freiem Strand vor dem Meereshorizont mit auf- und untergehenden Gestirnen. In bedeutsamer Konstellation ist Beckmann dem Meer und zugleich Quappi zugewandt, wie gebannt von ihren übergroßen Augen, deren magische Leuchtkraft mit jener der Sonne konkurriert, die im Spannungsfeld zwischen beiden Gesichtern am Horizont zu versinken scheint. So manifestiert sich dem schauenden Beckmann das Mysterium des Daseins in zwei lockenden Erscheinungsformen, die hier fast zur Deckung gelangen: das Leben selbst in Gestalt der geliebten Frau und, dahinter, die kosmische Unendlichkeit.

In der bildmäßigen Federzeichnung *Winter* von 1947 (Kat. 100) dagegen stellt sich Beckmann in schonungsloser Offenheit an die „Kandare‘‘ der Leiblichkeit genommen dar. Wo Beckmann das elementare Thema der geschlechtlichen Vereinigung jedoch im Gemälde verfolgt, nimmt ein mythisches Selbst seinen Platz ein. Dort wohnt etwa König Tyndareus – mit ebenso verdunkeltem Gesicht wie Beckmann in der Zeichnung – seiner Gemahlin *Leda* bei (G 760) oder ein *Vampir* (G 778) saugt in deutlicher Symbolik Lebenskraft aus der Vereinigung mit einer jungen Frau.

„Neues Land und neues Leben‘‘

„Es geht Dir doch ganz gut, wenn Du auch immer noch ein bißchen eingesperrt bist in diesem Plättbrettland‘‘ (Tagebücher, 12. Mai 1946). – Dieser Käfig, den der einst so weltläufige Beckmann acht Jahre nicht hatte verlassen können, öffnete sich im Jahr 1947. Erst kurz für eine Reise nach Nizza und Paris im Frühjahr und Ende August für die Überfahrt in die Neue Welt. Zwischen diesen Fahrten entstehen während eines Erholungsaufenthaltes über die Pfingsttage in Laren zwei Zeichnungen, aus denen die auch im Tagebuch spürbare Unruhe über den ersehnten und zugleich gefürchteten Schauplatzwechsel spricht. In beiden Blättern tritt Beckmann, mit einem Papagei im Käfig aus dem Freien kommend, in ein Haus ein (Abb. 31).[89] Der Bedeutungshorizont des Papageis (in Berlin hatten Beckmanns selbst einen besessen[90]) und des Käfigs im Schaffen Beckmanns ist zu weit[91], als daß sich dieses Motiv als ‚Attribut‘ des Künstlers rückstandslos deuten ließe. So werden beispielsweise im Tagebuch (am 21. August 1942) „echte Träume, liebe Papageien" erwähnt, wohingegen 1950 das Gemälde *Mann mit Vogel* (G 820) von Beckmann unter dem Arbeitstitel *Mann mit Ungeheuer* begonnen wurde (Tagebücher, 18. Februar 1950). Spielt Beckmann hier auf seine ‚gehegten‘ „Träume der Nacht

31 Selbstbildnis mit Vogelkäfig   1947
Feder über Bleistift, Privatbesitz

und Träume des Tages" an, deren Entgleiten er im Tagebuch am 14. Mai 1947 bedauernd konstatierte? Oder drückt sich in dieser Bildfindung seine Überzeugung aus, daß die Gefangenschaft des Ichs − der ‚Seele‘? − im Leiblichen von der Gewinnung äußerlicher Freiheit unberührt bleibt? Die zweite undatierte Version der Zeichnung ist weiter ausgearbeitet und weist auch Farbangaben auf. Beckmann hatte also vor, die Komposition als Gemälde auszuführen. Tatsächlich begann er nach seiner Ankunft in Saint Louis am 13. Oktober 1947 ein *Selbstportrait mit Papagei* (G 752) zu malen. Die Vollendung gestaltete sich überaus schwierig, bis er den Papagei schließlich gänzlich übermalte. Daß es zur Realisierung der Bildidee eines ganzfigurigen *Selbstbildnisses mit Papageienkäfig* als Gemälde letztlich nicht gekommen ist, erscheint nach dem, was wir oben zum konstitutiven Unterschied zwischen gezeichnetem und gemaltem Selbstbildnis bei Beckmann festgestellt haben, nachgerade konsequent. Aus dem *Selbstportrait mit Papagei* wurde schließlich das *Selbstbildnis mit Zigarette* (Abb. S. 317), in dem freilich nicht die Zigarette bedeutsam ist, sondern die wie zum Schwur vor das Gesicht geführte Hand, deren erhobene Finger auf Beckmanns Auge weisen. Wir können dies nur als Schwur deuten, an den im Londoner Vortrag von 1938 dargelegten Prämissen festzuhalten: an der „ununterbrochenen Arbeit des Sehens", um „die Weisheit mit den *Augen* (zu) suchen", nicht abzulassen von dem „Suchen nach dem eigenen Selbst."[92]

In Worten erneuerte Beckmann diesen Schwur als Forderung an seine Studenten in seiner Antrittsrede vor der ersten Malklasse an der Art School der Washington University in Saint Louis am 23. September 1947: „und erwarten Sie nicht zuviel von mir, der ich selbst noch immer auf der Suche nach meinem wahren Ich bin."[93] Weiteren Raum gab er der Schilderung dieses vordringlichsten Zieles seiner Kunst in seinem erstmals am 3. Februar 1948 im Stephens College in Columbia, Missouri, gehaltenen Vortrag *Drei Briefe an eine Malerin*, in dem er das ‚Ich‘ des „Serien- und

Klischeemenschen" gegen das „echte Selbst" stellt, „von dem wir nur ein schwacher Abglanz sind."[94] In einer neoplatonisch gefärbten, rauschhaften Vision imaginiert er eine mysteriöse Begegnung, letztlich wohl eine Begegnung mit dem echten Selbst, „im Kreis der Atmosphären – und Wille und Leidenschaft, Kunst und Täuschung sinkt herab wie ein Vorhang von grauem Nebel"[95]. Den Geist dieser Vision atmet die Zeichnung *Begegnung* vom April 1948 (Kat. 101), in der Beckmann von der ihm fremden Rolle des Redners zur Rolle seines Lebens zurückkehrt: als Seher mit verhülltem Mund. In dieser bildmäßig durchgeführten Zeichnung gibt Beckmann ein Bild seiner Stellung zum Mysterium des Daseins, die er wenig später seinem Sohn Peter etwas unwirsch begreiflich zu machen sucht: „Du sitzt vor und in einem Mysterium, daß Du nicht verstehen kannst und sollst – aber in der Art wie und mit welchem Grad von Ehrfurcht du dieses Mysterium behandelst liegt Dein Schicksal begraben – also sieh Dich vor!"[96] Dieser „Grad von Ehrfurcht" vor Mächten, „die nicht genannt und nicht gekannt werden wollen"[97], manifestiert sich in der *Begegnung* durch die Verschleierung des Mundes. In seinem letzten gemalten *Selbstbildnis in blauer Jacke* (G 816) findet sich dieses hochsymbolische Motiv wieder in ein alltäglich scheinendes rückübersetzt: in zwei mit Zigarette quer über die Lippen gelegte Finger. Und das in der Zeichnung personifizierte Mysterium ist nun zu einem links sich öffnenden Dunkel geworden, in dem es rötlich glimmt. In dem unmittelbar nach der *Begegnung* begonnenen Gemälde *Selbstbildnis mit schwarzblauen Handschuhen* (G 776) entspricht der Verhüllung des Mundes indessen die Verhüllung der Hände, die – wie im Motiv der ‚verhüllten Hände' in mittelalterlichen Darstellungen der Heiligen drei Könige oder der ‚Traditio legis' – eine direkte Berührung zwischen Sterblichem und Numinosem verhindert.

Das Jahr 1949 brachte für Beckmann einen raschen Wechsel der Kulissen seiner Lebensreise. Auf Fahrten nach New York, Minneapolis und New Orleans folgte vor der endgültigen Übersiedlung nach New York das sommerliche Zwischenspiel eines Aufenthalts in Boulder, Colorado. Im Schwebezustand dieser ruhigen Wochen beschränkte sich Beckmann auf die Leitung seines Sommerkurses an der örtlichen Universität und auf Wanderungen und Ausflüge in die grandiose Hochgebirgslandschaft der Rocky Mountains. Doch nach über einem Monat künstlerischer Untätigkeit brach sein zeichnerischer Furor wieder durch. In schneller Folge entstanden nun großformatige Federzeichnungen, in denen die Landschaft um Boulder oder der Besuch eines Rodeos ebenso reflektiert werden wie seine Beschäftigung mit dem Mythos.

Höhepunkte dieser Serie, zugleich Höhe- und Endpunkte der zeichnerischen Selbstdarstellung Beckmanns, sind die Selbstbildnisse *mit Fisch* (Kat. 102) und *mit Seil* (Kat. 103). In diesen beiden Blättern, entstanden im Abstand von nur zweieinhalb Wochen, offenbaren sich wie in einem Doppelspiegel komplementäre ‚Emanationen' seines Selbst, konsequenterweise realisiert in unterschiedlichen zeichnerischen Sprachen. (Eine spekulative Abschweifung sei hier erlaubt: Hätte Beckmann das *Selbstbildnis mit Fisch* als Gemälde begonnen, so wäre es nach Monaten der ‚Umarbeitungen', ‚Verarztungen' und ‚Feilungen' wohl als Sediment im *Selbstbildnis mit Seil* aufgegangen.) Das in expressiver Weise mit dem Pinsel ausgeführte *Selbstbildnis mit Fisch* zeigt Beckmann in herumschnellender Bewegung, hell leuchtend vor schwarzem Grund. Im *Selbstbildnis mit Seil* hingegen erscheint Beckmann in einer – allerdings höchst kompliziert konstruierten – Frontalansicht in disziplinierter Linearität vor weißem Grund. Dem zuckenden Fisch aus den Tiefen der Schöpfung steht das von oben herabgesenkte Seil gegenüber, der Willensbekundung das Lauschen auf Antwort auf die Frage nach dem Selbst. Diese Haltung des Fragens und Lauschens spricht auch aus einem Tagebucheintrag vom 7. Juli 1949, in dem Max Beckmann zugleich ein Fazit zieht aus seinem lebenslangen Ringen um das Selbst, ausgetragen im Bild vom Ich: „Manchmal höre ich etwas wie eine Art Wiederhall von meinem Leben jenseits des Lebens, doch nie und nimmer ganz das von meinem Ich, dem ich nach wie vor unbekannt gegenüber stehe – oh viele Spiegel sind notwendig um hinter die Spiegel zu sehen …"

Eine bescheiden anmutende Zeichnung, hingeworfen im Juni 1950 mit dem Kugelschreiber auf ein Stück Pergamentpapier (Kat. 104), ist der letzte dieser „Spiegel". Wie alle Selbstbildnisse Beckmanns wäre auch dieses freilich besser als ‚Doppelspiegel‘ zu bezeichnen, weniger weil Beckmann sich hier noch einmal distanzierend im – nur mit Hilfe von zwei Spiegeln sichtbar zu machenden – Profil zeigt, als vielmehr, weil auch dieses letzte Selbstbildnis ein Bild eines unvergleichlich weit gespannten *Selbstbewußtseins* ist, wie Beckmanns geistiger Wahlverwandter Jean Paul es einst dunkel definierte: „ein ganzes Sichselbersehen des zu- und des abgewandten Menschen in zwei Spiegeln zugleich".[98]

1 Brief an Mathilde von Kaulbach, 15. Juli 1928, Briefe II, S. 115.
2 Brief an Mathilde von Kaulbach, 16. Juni 1925, Briefe I, S. 308.
3 Brief an Israel Ber Neumann, 26. August 1925, Briefe I, S. 387.
4 Brief an Israel Ber Neumann, 23. Mai 1925, Briefe I, S. 273.
5 Brief an Israel Ber Neumann, 20. August 1925, Briefe I, S. 379.
6 Vgl. Brief an Reinhard Piper, 5. Mai 1926, Briefe II, S. 39 f., 304.
7 M. Q. Beckmann 1980, S. 10.
8 Rathbone 1994, S. 43.
9 Bekannt in zwei leicht voneinander abweichenden Versionen, eine in München, Staatliche Graphische Sammlung, die andere in New York, Museum of Modern Art; vgl. München 1984, Nr. 164, m. Abbn. beider Versionen; Frankfurt 1990, S. 20, Nr. 1 (Exemplar München).
10 Aquarell über Bleistift, 335 x 230 mm, bezeichnet: Erster Teppichentwurf [meinem lieben Minkchen (ausradiert)] 13. Mai 25 Graz, Privatbesitz. Erpel 1985, S. 46 u. Nr. 126, mit Farbabb. 125. Ein zweites als *Teppichentwurf* betiteltes Aquarell (480 x 255 mm), ebenfalls von 1925, in Privatbesitz, zeigt eine Zirkusszene mit Clowns und Tieren; Photo im Max Beckmann Archiv, Nr. 111a. Als Pierrot erscheint Beckmann bereits in der ersten Skizze zum Gemälde *Fastnacht* von 1920 (W 433), vgl. Sarah O'Brien-Twohig, Beckmanns Fastnacht. In: Köln 1984, S. 172 f. Eine viel spätere Selbstdarstellung Beckmanns als Pierrot findet sich in der Mitteltafel des Triptychons *Karneval* von 1942/43 (G 649), vgl. Erpel 1985, Nr. 184.
11 Brief an Mathilde von Kaulbach, 8. Mai 1925, Briefe I, S. 268. Dort schreibt Beckmann, daß er eigentlich am „Dienstag nachmittag", also am 12. Mai, wieder nach Wien zurückgekehrt sein wollte. Der Aufenthalt in Graz dauerte demnach länger als vorgesehen.
12 Brief an Wilhelm Hausenstein, 12. März 1926, Briefe II, S. 33.
13 Belting 1984, S. 65.
14 Bleistift, 480 x 318 mm, bezeichnet: Beckmann / Hochzeit bei Kaulbachs 25. In: Leipzig 1998, S. 118 und Nr. 227. Dort wird geäußert, die rechte Figur im Vordergrund sei „wahrscheinlich ein Selbstbildnis Max Beckmanns".
15 Das Datum der Eheschließung findet sich auf dem Meldebogen von Friedrich August von Kaulbach. Eine Kopie verdanke ich Frau Knüttel, Stadtarchiv München (briefl. 30.8.2000). In: Leipzig 1998, S. 118, Anm. 1, wird noch vermutet, daß die Hochzeit „wohl im Juni 1925" stattgefunden habe.

16 Diese überzeugende Identifikation verdanke ich einer freundlichen Mitteilung von Barbara Göpel, München (briefl. 24.8.2000), die sich auch einer entsprechenden Äußerung Benno Reifenbergs erinnert. Eine Photographie mit beiden Freundinnen von 1928 ist reproduziert in: Elsässer, Europäer, Pazifist. Studien zu René Schickele. Hg. von Adrien Finck und Maryse Staiber. Kehl 1984, S. 146. Zu Beckmanns freundschaftlicher Beziehung zu Annette Kolb vgl. Briefe II, S. 73 f., 322.
17 Erpel 1985, Nr. 133, Abb. 261, mit folgenden Angaben: „Schwarze Kreide (?), Höhe etwa 50 cm. Rechts unten (dt.) bezeichnet: ,Beckmann 29 nach ihm selbst'". Wie alle wichtigen Zeichnungen könnte auch diese von Beckmann vor der Jahreszahl mit einem Großbuchstaben für den Entstehungsort versehen worden sein, wohl mit dem „F." für Frankfurt. Er ist in diesem Falle jedoch nicht überliefert und auf den existierenden Reproduktionen nicht auszumachen. Die Zeichnung scheint unmittelbar nach ihrer Entstehung in den Besitz von Beckmanns Freundin und Bewunderin Käthe Rapoport von Porada gelangt zu sein. Als deren Leihgabe wurde sie in der Beckmann-Ausstellung im Frankfurter Kunstverein (26.10.–20.11.1929) als Nr. 62 gezeigt („Selbstbildnis mit Strandmütze, Besitz Frau v. R., Frankfurt a. M."). Wie auch andere Werke Beckmanns in der Sammlung Porada ist das Blatt 1953 in Paris verbrannt. Zu Käthe Rapoport von Porada und ihren Bemühungen um Person und Werk Beckmanns vgl. den informativen Artikel von Laurent Bruel in: Zürich 1998, 215 f.
18 Vgl. M. Q. Beckmann 1980, S. 15, nach deren Aussage das Atelier in der Schweizer Straße 3 „Oberlicht und ein großes Fenster" hatte.
19 Briefe II, S. 139.
20 Julius Meier-Graefe, Max Beckmann. Zu seiner Ausstellung in der Galerie Flechtheim. In: Berliner Tageblatt, 15.1.1929. Zit. nach Charles W. Haxthausen, „Das Gegenwärtige zeitlos machen und das Zeitlose gegenwärtig". Max Beckmann zwischen Formalismus und Mythos. In: Düsseldorf 1997, S. 42 f.
21 Aufsätze und Vorträge 1984, S. 116 ff.
22 M. Q. Beckmann 1980, S. 153. Vgl. zu diesem Aspekt auch die Erinnerung Stephan Lackners (1967, S. 78): „An den Atelierwänden in Amsterdam, wie auch später in New York, hing nie ein Gemälde, sondern nur ein Spiegel."
23 So von Fischer 1972b, S. 122 f., zum *Selbstbildnis in Oliv und Braun* von 1945, G 705.
24 H 321: „1929–33. Dimensions unknown. 1 proof, location unknown, formerly the artist's estate". Das Selbstbildnis gehört wahrscheinlich

zu jenen Arbeiten, die in Paris auf Kupferplat-
ten entstanden, die Beckmann Anfang 1930 von
Günther Franke mitgebracht worden waren. Vgl.
Beckmanns Brief an Günther Franke, 25. Januar
1930, Briefe II, S. 152: „Auf die Platten freue
ich mich sehr, ebenso auf Sie."
25 Brief an Minna Beckmann-Tube, 1. Oktober
1929, Briefe II, S. 146.
26 Brief an Otto Fischer, 9. November 1930,
Briefe II, S. 180.
27 Daten dieses Blattes nach Erpel 1985, Nr.
135/A: „Gouache (Pastell?), 89 x 58,5 cm. Mit
Bleistift bezeichnet und datiert: ‚Beckmann F
3(0)‘(?). Privatbesitz" In der Beschriftung der
entsprechenden Photographie im Max Beckmann Archiv (Nr. 2118) wird der Buchstabe für
den Entstehungsort hinter Beckmanns Namen
nicht als F (für Frankfurt), sondern als P (für
Paris) gelesen. Für eine Entstehung in Paris
spräche auch der Umstand, daß Beckmann erst
Mitte Juni 1930 für einige Monate nach
Deutschland zurückkehrte, vgl. Zürich 1998,
S. 164. Farbabb. bei Carl Einstein, Die Kunst
des 20. Jahrhunderts, 3. Aufl., Berlin 1930,
Taf. XXVI, an der die Kombination von Gouache
und Pastell evident ist. Das Blatt gehörte zu den
„zirka 3–4 Pastell Gouachen", deren Absendung
für seine Einzelausstellung in der Kunsthalle
Basel (3.–31.8.1930) Beckmann am 1.7.1930 in
einem Brief an Günther Franke ankündigt
(Briefe II, S. 165), womit ein Terminus ante
quem für die Entstehung des Werkes gewonnen
ist. Tatsächlich findet es sich unter der Rubrik
„Gouachen und Pastelle" unter Nr. 116 im
Katalog der Basler Ausstellung als „Der Löwenbändiger" aufgeführt. Anschließend war es in
der Beckmann-Ausstellung der Kestner-Gesell-
schaft Hannover zu sehen (15.1.–8.2.1931,
Kat.-Nr. 37: „Löwenbändiger. 1930". Beckmann
selbst nennt „die Gouache: (,)Löwenbändiger‘"
als ein an Alfred Flechtheim abzugebendes
Werk in einem Brief an Günther Franke vom
30. Mai 1931, Briefe II, S. 202.
28 Fischer 1972a, S. 81.
29 Brief an Mathilde Beckmann, 18. März
1926, Briefe II, S. 36.
30 Vgl. auch eine von Marie-Louise von Motesiczky überlieferte Äußerung Beckmanns: „Ich
erinnere mich, wie entsetzt er war, als jemand
einmal nur spielerisch die Idee vorbrachte, man
könnte sich einen prächtigen Tiger als Haustier
halten, wenn man ihm Gummizähne einsetzen
würde. „Was Sie da sagen, ist eine furchtbare
Gemeinheit", sagte er plötzlich mit einem so
bösen Blick, als wäre die Idee schon durchge-
führt." Marie-Louise von Motesicky, Max Beckmann als Lehrer. Erinnerungen einer Schülerin

des Malers. In: Max Beckmann. Bildnisse aus
den Jahren 1905–1950. Galerie Günther Fran-
ke, München 1964, o. S.
31 Klaus Mann, Tagebücher 1931-1933. Hg. v.
Joachim Heimannsberg, Peter Laemmle,
Wilfried F. Schoeller. München 1989, S. 125.
32 Aquarell, 1010 x 680 mm, Privatbesitz, New
York. München 1984, Nr. 178 m. Farbabb. Das
Aquarell gehört zu einer Gruppe großformatiger
Aquarelle mit mythischen Themen, die das pro-
blematisch-gewalttätige Verhältnis zwischen
Mann und Frau umkreisen. Dazu gehören die
Blätter Der Raub der Europa, Schlangenkönig
und Hirschkäferbraut (München 1984, Nr. 179,
180) und Siegmund und Sieglinde, von dem
auch eine Gemäldeversion existiert (G 381,
Geschwister).
33 Lackner 1967, S. 32.
34 Vgl. Göpel 1984, S. 70, 147, 187, 201, der,
ebenso wie Erpel 1985, Nr. 183/A, im Gemälde
Odysseus und Kalypso (G 646) ein Selbstbildnis
sieht. Auch in den Tagebüchern 1940–1950 vergleicht sich Beckmann zuweilen mit Odysseus,
so am 27. September 1948: „Nun sitzt der pauvre
‚Odysseus‘ wieder an seinem grünen Tisch."
35 Auf die Parallele mit Kafka hat Buck 1993,
S. 30, aufmerksam gemacht: Franz Kafka, Das
Schweigen der Sirenen. In: Franz Kafka, Sämtliche Erzählungen. Hg. von Paul Raabe. Frankfurt
am Main 1970, S. 350 f. Die Erzählung erschien
zuerst 1931 in dem Erzählungsband Beim Bau
der Chinesischen Mauer. Vgl. auch Hartmut Binder, Kafka-Kommentar zu sämtlichen Erzählungen. München 1975, S. 238, und Kafka-Hand-
buch in zwei Bänden. Hg. von Hartmut Binder.
Stuttgart 1979, Bd. 2, S. 358. Das Motiv der
schweigenden Sirenen hat 1933 auch Bertolt
Brecht aufgegriffen: Bertolt Brecht, Berichti-
gungen alter Mythen. Odysseus und die Sirenen.
In: Bertolt Brecht, Gesammelte Werke, Bd. 11,
Prosa I. Hg. von Elisabeth Hauptmann. Frankfurt am Main 1967, S. 207.
36 Die Möglichkeit einer politischen Deutung
suggeriert auch Spieler 1998, S. 157, der die
Krallen der Sirene mit denen des deutschen
Reichsadlers vergleicht.
37 Helene P. Blavatsky, Die Geheimlehre. Leipzig 1920–21, II, S. 252, 517 f., zu Beckmanns
Anstreichungen und Randnotizen vgl. P. Beck-
mann/Schaffer 1992, Bibliothek MB, S. 216,
291. A. a. O., S. 187, zur Datierung von Beckmanns Erwerb seiner Ausgabe der Geheimlehre
Blavatskys. Vgl. auch seine Randnotiz „Zum
1. Mal fertig gelesen Ohlstadt. Frühjahr 1934",
a. a. O., S. 245.
38 Brief an Stephan Lackner, 20. November
1939, Briefe III, S. 66. Vgl. auch Beckmanns

Randnotiz zu Blavatsky, II, S. 305: „habe ich
im̅er behauptet. Ein und derselbe Schauspieler
in alle Ewigkeit ist jeder Selbst ... Eine andere
Erklärung ist nicht möglich 25.2.39 Paris“,
P. Beckmann/Schaffer 1992, S. 280. Ein entsprechendes Schauspielergleichnis findet sich
auch bei Paul Deussen, Die nachvedische Philosophie der Inder, 4. Aufl., Leipzig 1922 (Allgemeine Geschichte der Philosophie, 1. Bd., 3.
Abt.), S. 449, wo Beckmann es unterstrichen
hat, vgl. P. Beckmann/Schaffer 1992, S. 17.
39 Washington, National Gallery of Art, Inv.
Nr. 1984.54.28, Bl. 6v. Die Kenntnis dieses
Blattes sowie des Inhalts der Washingtoner
Skizzenbücher verdanke ich der freundlichen
Unterstützung durch Christiane Zeiller, München, die mir in großzügigster Weise ihre vor
den Originalen gemachten Aufzeichnungen zur
Verfügung gestellt hat.
40 Eine Gestalt mit brennender Kerze gibt es
auch in der um 1944 entstandenen Zeichnung
Father Christmas von 1944, München 1984,
Nr. 194.
41 Göpel 1984, S. 181.
42 Handwörterbuch des deutschen Aberglaubens, Bd. 9, Berlin 1938–41, Sp. 557.
43 Vgl. zu dieser: Franzke 1987, S. 26 ff.
44 P. Beckmann/Schaffer 1992, Bibliothek MB,
S. 92 f.
45 Göpel 1984, S. 183.
46 Brief an Curt Valentin, 19. August 1939,
Briefe III, S. 60.
47 Lackner 1988, S. 99.
48 Eine von Mathilde Q. Beckmann autorisierte
deutsche Fassung der Rede findet sich bei derselben, 1980, S. 189–198. Die ausführlichste
Auseinandersetzung mit der Rede und einen
gründlichen Stellenkommentar bietet Wagner
1999, S. 209 f.
49 P. Beckmann/Schaffer 1992, Bibliothek MB,
S. 176. Der Pfingstsonntag fiel 1940 auf den
12. Mai. Der deutsche Angriff auf die Nieder-
lande hatte am 10. Mai begonnen.
50 Datiert auf den 13. Juni 1940, P. Beck-
mann/Schaffer 1992, Bibliothek MB, S. 169.
51 Vgl. das Photo bei Göpel 1976, I, S. 578.
52 Westheider 1995, S. 197, nach Mitteilung
von Maja Beckmann.
53 Brief an Stephan Lackner, 20. November
1939, Briefe III, S. 65.
54 Walden-Awodu 1995, S. 115, Abb. 29;
Spieler 1998, S. 68 f.
55 Hier ist vor allem auf das Selbstbildnis *Der
König* (G 470) von 1933/37 hinzuweisen. Zur
Königsikonographie bei Beckmann vgl. Fischer
1972a, S. 37 ff., 106 ff., 162 ff., sowie Spieler

1998, S. 83 ff. Eine Erläuterung seines „monarchischen“ Verständnisses der Persönlichkeit gibt
Beckmann in einem Brief an Peter Beckmann,
24. Januar 1949, Briefe III, S. 240.
56 Zur Selbstdarstellung in der Janus-Büste
vgl. u. a. Schiff 1981, S. 74; Erpel 1985, S. 77,
mit jeweils abweichenden Deutungen.
57 Lenz 1982, S. 106. Grundlegend zu Beckmanns *Faust*-Zeichnungen: Beutler 1956, Lenz
1982, Wankmüller/Zeise 1984, Perels 1989,
Martin Sonnabend, Zeichnungen zu *Faust –
Zweiter Teil*. In: Frankfurt 1990, S. 59–75. Eine
kritische Gesamtausgabe der Zeichnungen und
Skizzen ist noch immer ein Desiderat.
58 Gleichzeitig mit der Münchner Station unserer Ausstellung werden im Freien Deutschen
Hochstift – Frankfurter Goethe-Museum sämtliche dort bewahrten *Faust*-Zeichnungen Beckmanns gezeigt. Aus diesem Grund sind uns aus
diesem Bestand keine Leihgaben zur Verfügung
gestellt worden.
59 Lenz 1982, S. 101, 105, 110, Anm. 14.
60 Goethe, Faust II 1970. Dort sind auch die
auf den Rückseiten der Zeichnungen von Beckmann notierten Verse angegeben, auf die sich
die Zeichnungen beziehen. Zur Publikationsge-
schichte der *Faust*-Ausgaben mit den Zeichnungen Beckmanns vgl. Gustav Stresow, Die Faust-
ausgaben mit den Zeichnungen Max Beckmanns. In: Imprimatur, N. F. 12, 1987,
S. 165–178.
61 Das belegt Beckmanns bereits 1911 ebenfalls für Hartmann lithographierte *Serenade des
Mephistopheles* (H 303) ebenso wie sein kennt-
nisreicher Vergleich zwischen Flauberts *Versuchung des Heiligen Antonius* und dem *Faust*, den
er – zugunsten des letzteren – 1935 in sein
Exemplar des *Heiligen Antonius* notiert hatte:
P. Beckmann/Schaffer 1992, Bibliothek MB,
S. 414.
62 Brief an Lilly von Schnitzler, 17. August
1943, Briefe III, S. 87.
63 Überliefert von Göpel 1984, S. 58.
64 Göpel 1984, S. 73: „(...) so war es die
Fähigkeit zur Metamorphose im höchsten Sinn,
die seine Existenz sicherte.“
65 Aufsätze und Vorträge 1984, S. 128.
66 Eine Gegenüberstellung der Federzeichnungen und Bleistiftskizzen findet sich bei Wank-
müller/Zeise 1984.
67 Lenz 1982, S. 96.
68 Erich Trunz (Hg. und Kommentar), Goethe.
Faust. 16. Aufl., München 1986, S. 627.
69 Hier ist Perels 1989, S. 105, zu widerspre-
chen, der eben dies behauptet.
70 Auf der Rückseite dieser Zeichnung notierte

Beckmann, V. 9970: („Chor. Königinnen frei-
lich, überall sind sie gern; / Auch im Hades ste-
hen sie obenan"). In einer ersten, verworfenen
Federzeichnung in Privatbesitz (Wankmüller/
Zeise 1984, S. 218, Abb. 102b) zu der Stelle ist
Beckmanns Selbstdarstellung im fliegenden
Faust physiognomisch und durch einen Bart
noch verschleiert.

71 Lenz 1982, S. 96.

72 Vgl. Peter Eikemeier, Beckmann und Rembrandt. In: München 1984, S. 123-129, sowie
Lenz 2000a, S. 51 ff., 81 ff. Vgl. auch Tagebücher, 23. Januar 1944: „Später zu Fuß an
naßkalter Amstel ‚Auf den Spuren Rembrandt's'. Ha ha – o – ich Elender".

73 All dies könnte Beckmann, falls es ihm
nicht schon anderweitig bekannt war, einem
innerhalb der Forschungsgeschichte zu Rem-
brandts Faust-Radierung nicht unbedeutenden
Artikel von J. H. Scholte, Rembrandt bij Goethe,
entnommen haben, der am 24. März 1940 im
Nieuwe Rotterdamsche Courant erschienen war.
Vgl. zur Deutungsgeschichte von Rembrandts
Faust-Radierung: H. van de Waal, Rembrandt's
Faust Etching, a Socinian Document, and the
Iconography of the Inspired Scholar. In: Ders.:
Steps towards Rembrandt. Collected Articles
1937–1972. Hg. von R. H. Fuchs, Amsterdam-
London 1974, S. 6–48; Barbara Welzel in: Rem-
brandt. Der Meister und seine Werkstatt. Zeich-
nungen und Radierungen. Staatliche Museen
Preußischer Kulturbesitz, Kupferstichkabinett,
Berlin 1991, Nr. 33.

74 Zu deren Bedeutung für Beckmann vgl.
Lenz 2000a, S. 66 ff.

75 Brief an Curt Valentin, 14. März 1946,
Briefe III, S. 117.

76 Brief an Hanns Swarzenski, 7. Oktober
1945, Briefe III, S. 98.

77 Version a): Feder in Schwarz über Bleistift
auf Löschpapier, 268 x 361 mm, National Gallery of Art, Washington. Version b): Feder in
Schwarz über Bleistift, 264 x 375 mm, Galerie
Catherine Viviano, vgl. Bielefeld 1977, Nr. 169,
S. 65, unter dem Titel: „Im Atelier (Holländische Frauen)" und der Datierung auf 1944.
Anhaltspunkte für eine Datierung in das Jahr
1944 ergeben sich aus einer Tagebuchnotiz vom
23. Juli 1944 („T'ja die Mythologie. Viele Zeichnungen – und die Götter –") und, überzeugen-
der noch, aus der engen motivischen Verwandtschaft mit dem zwischen Dezember 1944 und
April 1945 geschaffenen Gemälde Vor dem
Kostümfest (G 696).

78 Vgl. Tagebücher, 28. Oktober 1944. Vgl.
auch den Tagebucheintrag vom 19. Oktober

1943: „Sah meine Bilder in ferne Götter auf-
strahlen in dunkler Nacht – aber – war ich das
noch? – nein –, fern von mir, meines armen
Ich's, kreisten sie als selbständige Wesen die
höhnisch auf mich herabsahen, ‚das sind wir'
und ‚Du n'éxiste plus' – o ho – Kampf der
selbstgeborenen Götter gegen ihren Erfinder?"

79 Vgl. Picassos Gouachen Die schöne Hollän-
derin und Die drei Holländerinnen, beide von
1905, Pierre Daix / Georges Boudaille, Picasso.
Blaue und Rosa Periode. München 1966, XIII,
1 u. 2.

80 Georges Bloch, Pablo Picasso. Bd. I: Catalogue de l'œuvre gravé et lithographié
1904–1967. Bern 1968, Nr. 217.

81 Feder in Schwarz, 200 x 125 mm, Privatbesitz. Erpel 1985, S. 84 f., Nr. 190, S. 366. In:
Bielefeld 1977, Nr. 182, und zahlreichen anderen Publikationen mit der Datierung „um 1945"
und ohne Vermeldung des rückseitig notierten
Datums.

82 Jedlicka 1959, S. 129.

83 A. a. O.

84 Vgl. Walden-Awodu 1995, S.157 ff. Abb. 49,
50; Westheider 1995, S. 209 f.

85 Brief an Stephan Lackner, 27. August 1945,
Briefe III, S. 93.

86 Feder in Schwarz, laviert, 325 x 150 mm,
bez.: Beckmann A 46, Privatbesitz. Erpel 1985,
Nr. 193.

87 Federzeichnung, 120 x 230 mm, National
Gallery of Art, Washington, Erpel 1985, Nr. 195,
mit fehlerhafter Transkription der Beischriften.
In der gleichen Sammlung eine zweite, stark
abweichende Skizze vom 22. Juli 1946, Erpel
195/A, Elemente des ersten Entwurfs verwende-
te Beckmann auch in der Skizze eines New York
Tryptic von 1948, vgl. zu beiden Skizzen Walden-Awodu 1995, S. 124 ff., Abb. 32, 33.

88 Bleistift auf kariertem Notizblockpapier,
209 x 148 mm, bez. nachträglich mit Feder in
Schwarz unten rechts: Beckmann / N(oord)wyk
46 (die 6 über eine 7 geschrieben) / Somer.
Leipzig 1998, Nr. 327 (als „Stehendes Paar
(Quappi und Max Beckmann?), und Emden
1999, S. 54. Dem Verhältnis der beiden Köpfe
zueinander widmete Beckmann eine weitere
Skizze, die wie eine Ausschnittvergrößerung der
ganzfigurigen Komposition wirkt, Leipzig 1998,
Nr. 325.

89 Feder über Bleistift, 307 x 238 mm, bezeichnet: Laren 20. Mai 47. B. / Souvenir Okt.
5. 49 / New York Curt Valentin / Beckmann",
Privatbesitz, Mannheim. Bielefeld 1977, Nr. 200.
Erpel 1985, Nr. 200. Die andere Version, in gleicher Technik und gleichem Format, aber weiter

ausgearbeitet und mit Farbangaben, undatiert, bezeichnet: Beckmann, in Privatbesitz. Erpel 1985, Nr. 201, Abb. 207.

90 G 431 (*Quappi mit Papagei*).

91 Vgl. z. B. Fischer 1972a, S. 148; Spieler 1998, S. 155 ff.

92 M. Q. Beckmann 1980, S. 192.

93 Aufsätze und Vorträge 1984, S. 176.

94 M. Q. Beckmann 1980, S. 201 f.

95 Aufsätze und Vorträge 1984, S. 184.

96 Brief an Peter Beckmann, 22. Mai 1948, Briefe III, S. 212.

97 Brief an Peter Beckmann, 27. August 1948, Briefe III, S. 220.

98 Jean Paul, Vorschule der Ästhetik, III. Programm, § 12: Besonnenheit. Hg. von Norbert Miller, Hamburg 1990, S. 57. Vgl. dazu Albrecht Decke-Cornill, Vernichtung und Selbstbehauptung. Eine Untersuchung zur Selbstbewußtseinsproblematik bei Jean Paul, Würzburg 1987, S. 19.

Abkürzungen der Werkverzeichnisse:

G   Göpel 1976
H   Hofmaier 1990
W   Wiese 1978

KATALOG

1
Selbstbildnis 1901

Kaltnadel, 218 x 143 mm
Bezeichnet in der Platte unten rechts: Beckmann / 1901 / Januar
Privatbesitz
H 2

Max Beckmann war siebzehn Jahre alt, als er sich auf so ungewöhnliche Weise dargestellt hat: den Kopf ohne Hals, frontal, nach hinten geneigt und mit weit aufgerissenem Mund schreiend. Warum aber schreit er? Wir wissen es nicht, und er dürfte es auch nicht gewußt haben, denn man sieht seinem Blick zwar Anspannung, aber keine Not an. Es handelt sich um die mimische Attitüde eines jungen Mannes, dem die Neigung zu Rollenspiel, zum Theater sein Leben lang bleiben wird. Diese Neigung hat er mit Rembrandt gemein, dem er sich – später – sehr verbunden fühlen wird, und dementsprechend hat man auch bei dem Selbstbildnis von 1901 Anregungen erwogen, die von Werken des jungen Rembrandt, zumal von Selbstbildnisradierungen ausgegangen sein könnten.
Aber die Frontalität des Kopfes und die kurvigen Linien, vor allem um den Mund, deuten in eine andere Richtung. Max Beckmann wird von den Werken Edvard Munchs ausgegangen sein, worauf Reimertz hingewiesen hat. Die Frontalität der Figuren ist für viele von ihnen ebenso charakteristisch wie das kurvige Lineament und der nahezu isolierte Kopf (*Selbstbildnis* 1895, Lithographie, Abb. S. 11), und in seinem Werk findet sich auch der Schrei thematisiert (u. a. Lithographie 1895). Hier kündigt sich der aufkommende Expressionismus an. *Der Berserker schreit* heißt ein Gedicht von Albert Ehrenstein, *Septembergeschrei* ein Buch von Ludwig Meidner.
Max Beckmann hat die Radierung, von der nur dieser Probedruck bekannt ist, an der Kunstschule in Weimar geschaffen, wo er im Vorjahr das Studium aufgenommen hatte. Zwar gehörte er zur Antikenklasse von Otto Rasch, aber dieser unterrichtete gleichzeitig, Hofmaier erinnert daran, druckgraphische Techniken; Beckmann dürfte diese Gelegenheit genutzt haben.

Literatur: Busch 1960, S. 19. – New York 1964, Nr. 120. – Jedlicka 1959, S. 113. – Lackner 1979, S. 41. – P. Beckmann 1981, S. 5 f. – Hofmaier 1984, S. 142 ff. – Erpel 1985, S. 13. – Reimertz 1995, S. 23 f.

SELBSTBILDNIS MIT FLACHEM HUT   1901

Bleistift und Deckweiß auf olivfarbenem
Karton, ca. 260 x 183 mm
Bezeichnet mit Feder in Deckweiß unten rechts: Beckmann / 1901
Privatbesitz

Ein flotter junger Mann! So stellt sich uns der Künstler auf diesem frühen Selbstbildnis dar – den flachen Hut schräg aufgesetzt und den Betrachter belustigt, überlegen ironisch über die Schulter hinweg anblickend. Von der Schulter ist aber gar nichts zu sehen, denn Kopf und Hut, mit geringen Andeutungen von Kragen und Krawatte, erscheinen allein vor dunklem Grund, sind mit ihren Schatten darin eingebettet, so daß nur die hell beleuchtete Partie des Gesichtes hervortritt.

Max Beckmann war damals siebzehn Jahre alt und erst ein Jahr auf der Kunstschule in Weimar. Mit dem flachen Hut kennen wir ihn von Photographien dieser Zeit. Das Selbstbildnis ist aber derart virtuos gezeichnet, daß man hier keinen Anfänger vermuten möchte. Stark bemerkbar macht sich natürlich der Bezug zum zeitgenössischen Jugendstil, besonders in den kurvigen Linien, in den geschlossenen Licht- und Schattenpartien (wobei Fläche verblüffend-witzig in Modellierung umschlägt) sowie im pointierten Einsatz der Weißhöhung.

Ein solcher Bezug ergibt sich vornehmlich zur Druckgraphik des Jugendstils, und so ist denn zu vermuten, daß auch diese Zeichnung ein entsprechendes Blatt, wahrscheinlich eine Lithographie vorbereiten sollte. Die geschlossene, dunkel schraffierte Fläche, die gegen das weit größere Blatt abgesetzt ist, bestärkt diese Vermutung. Die Zeichnung ist auch darin der Selbstbildniszeichnung des folgenden Jahres nahe. Außerdem steht sie in engem Zusammenhang mit dem Bildnis eines Unbekannten mit Zwicker, ebenfalls mit flachem Hut, das sich im Nachlaß des Malerfreundes Kunwald gefunden hat und 1902 datiert ist.

Bildnis eines Mannes mit Zwicker   1902
Bleistift, Staatliche Graphische Sammlung München

SELBSTBILDNIS MIT HUT UND VERSCHATTETEN AUGEN 1902

Rohrfeder über Feder in schwarzer Tinte, mit Pinsel
in Weiß und Goldbronze auf graugrünem Papier, 236 x 206 mm
Bezeichnet mit Feder in schwarzer Tinte unten rechts: M Beckmann/ 1902
Verso: Fragment eines liegenden Eisbären, Bleistift und weiße Kreide
Staatliche Graphische Sammlung München, Inv. Nr. 1984: 28

Wie beim *Selbstbildnis mit Bart* (Kat. 7) ist Beckmann hier eigentlich nicht zu identifizieren, und
nur die Frontalität in Verbindung zu der ausge-
prägten Neigung, sich immer wieder selbst darzustellen, macht es sehr wahrscheinlich, daß es sich
auch hier um ein Selbstbildnis handelt.
Möglicherweise hat sich der junge Künstler zuerst
ähnlich wie auf der Selbstbildniszeichnung von
1901 dargestellt, denn der flache Hut ist unter der
Überzeichnung noch auszumachen. Schließlich
hat er aber alles auf den radikalen Kontrast von
Dunkelheit und hell daraus hervortretendem Gesicht angelegt und zwar so, daß gerade die Augen
verschattet sind. Pathetisch, geheimnisvoll stellt

sich der Künstler dar und entzieht sich zugleich
dem Betrachter.
Der radikale Hell-Dunkel-Kontrast, die weitestgehend geschlossenen Flächen und der breite Rand
um die Zeichnung deuten darauf hin, daß wir hier
den Entwurf, die Vorlage für eine druckgraphische
Arbeit, wohl für eine Lithographie vor uns haben.
Verwandte Beispiele finden sich in der Druckgraphik von Félix Vallotton, dort allerdings in der
Technik des Holzschnittes.

Literatur: Erwerbungsbericht Staatliche Graphische
Sammlung München. In: Münchner Jb. der Bildenden
Kunst, 3. Folge XXXVII, 1986, S. 241

4
Selbstbildnis mit Bruder Richard 1902

Feder in schwarzer Tinte auf der Rückseite einer Postkarte mit 2 Datumsstempeln 20.5.02
Friedrichsroda und Braunschweig, 140 x 90 mm
Bezeichnet mit Feder unten links: Viele Grüße von/ einer Regenpartie senden/
Max Beckmann/ (und von der Hand Richards) Richard " [Beckmann]
Adresse: Frau/ B. [ertha] Beckmann/
Braunschweig/ Theaterpromenade 6 II
Privatbesitz

Max Beckmann hat sich hier hinter dem zehn Jahre älteren Bruder Richard während eines verregneten Ausfluges nach Friedrichsroda im Harz dargestellt. Er wohnte damals bei seiner Mutter in Braunschweig, an die die Karte gerichtet ist. Wie aus dieser Karte sowie Briefen vom Juli und Dezember 1902 zu schließen ist, muß Max Beckmann mehrere Monate in Braunschweig gewohnt haben, obwohl er eigentlich auf der Kunstschule in Weimar hätte sein sollen. Friedrichsroda, heute Friedrichsrode, liegt südlich des Harzes, etwa 60 km südöstlich von Göttingen.
Richard Beckmann studierte Chemie in Leipzig, München und Rostock und wurde am 31. März 1901 von der Universität Rostock exmatrikuliert

(Pillep 1988). Max Beckmann hatte zu dem Bruder kein gutes Verhältnis. Unter dem 15. September 1903 notiert er im Tagebuch: „(…) dieser traurige Bruder der unter dem durchlöcherten Deckmantel seiner Ironie nur zu gering seine eigene geistige Armseligkeit vor sich und anderen verbirgt."
Später lebte Richard auch in Berlin und hat 1906/1907, als Max und Minna Beckmann in Florenz waren, mit die Aufsicht über deren Hausbau in Hermsdorf übernommen. Offenbar hat „der ewige Student" (Minna) dabei völlig versagt.
Die flüchtige Darstellung, innerhalb derer die Figuren fast wie Silhouetten wirken, ist charakteristisch für Beckmanns Kunst jener Zeit und zeigt den Bezug zur Druckgraphik des Jugendstils.

BEKRÄNZTER JUNGER MANN AUS EINEM ALTEN GEMÄUER IN DIE FERNE BLICKEND 1903

Feder in schwarzer Tusche über farbiger Kreide
auf grauem Karton, 390 x 242 mm
Bezeichnet mit Feder in schwarzer Tusche oben links: Beckmann/ 1903.
Staatliche Graphische Sammlung München, Inv. Nr. 1984: 27

Die Zeichnung aus dem Nachlaß des Malerfreundes Caesar Kunwald (1870–1946) steht in Zusammenhang mit einem Gemälde, das Max Beckmann am 27. Oktober 1904 in einem Brief an Kunwald erwähnt. Dort heißt es: „Soll ich dir von ein paar Bildern erzählen, die ich gemalt habe. Mich selbst in einem riesengroßen Raum, durch dessen schmales sehr hohes gotisches Fenster, man auf einen in Regen gehüllten, blattlosen Park sieht, dessen kalte violette Äste bis hoch über das Fenster ragen. Im Fenster stehen 6 Hyazinthengläser und in der Ferne sieht man auf einen weißen See. Am Fenster rollen Regentropfen, weit hinten am grauen Himmel ziehen eine Schnur Zugvögel und ich stehe unendlich klein in dem grauen kahlen Raum, an dessen Wände, dunkle Schatten streifen, in häßlichen Krümmungen und stolzen Gebärden wie alte Erinnerungen und neue Gedanken. Und noch ne Masse anderes Zeug. Frauen mit großen flatternden Gewändern am Meer, an einem grauen windigen Tage, Selbstporträts mit mehr oder weniger symbolischer Bedeutung, sehr viel Meerstudien (…)"
Die Beschreibung des Gemäldes stimmt zwar nicht in allen Einzelheiten mit der Zeichnung überein, hat aber doch wesentliches mit ihr gemeinsam, so daß man in der Zeichnung eine Vorstudie sehen darf.

Beckmanns Worte zusammen mit der Darstellung lassen erkennen, wie es ihm um einen historisierend-romantischen Gehalt gegangen ist. Gotik, Herbst, Ferne, Einsamkeit, Erinnerungen: Alles das verbindet sich zu einer Thematik, die charakteristisch für den zeitgenössischen Jugendstil ist. Verwandt ist dementsprechend die Lithographie *Mittelalterliches Paar* (Kat. 6), auch 1903 entstanden und ebenfalls aus dem Nachlaß Kunwalds. Zu Recht sind die beiden Selbstbildnisse im Erwerbungsbericht der Staatlichen Graphischen Sammlung München und von Christiane Zeiller zusammengesehen worden.
Die saloppe Formulierung Beckmanns: „Und noch ne Masse anderes Zeug" läßt allerdings vermuten, daß er damals schon nicht mehr unbedingt zu dem stand, was er gemacht hat, sondern daß sich bereits etwas Neues ankündigte. So ist denn auch das erwähnte Gemälde nicht erhalten, sondern wahrscheinlich mit anderen frühen Werken vom Künstler selbst zerstört worden.

Literatur: Erwerbungsbericht Staatliche Graphische Sammlung. In: Münchner Jb. der Bildenden Kunst, 3. Folge XXXVII, 1986, S. 242f. – Zeiller 1998, zu Nr. 5

6

MITTELALTERLICHES PAAR 1903

Lithographie in Schwarz, Grau und Violett, 367 x 288 mm
Bezeichnet mit Bleistift unten links: Beckmann/1903
Staatliche Graphische Sammlung München, Inv. Nr. 1984: 29
H 4

Bei dem Blatt handelt es sich um die einzige Farb-
lithographie des Künstlers; sie ist nur in zwei Pro-
beabzügen bekannt. Die Darstellung zeigt Minna
Tube, die spätere Frau Max Beckmanns und diesen
selbst. Sie steht offenbar in Zusammenhang mit
einem Kostümfest am Ende der Weimarer Studienzeit. Minna Beckmann-Tube erinnert sich später:
„Wir hatten unsere schöne Zeit in Weimar mit
einem entzückenden Fest, das zu Ehren der jungen
Herzogin im Park von Weimar arrangiert wurde,
abgeschlossen. Bei dem Fest, das im Kostüm des
12. Jahrhunderts mit Reigen und Tänzen und
Spielen und Jahrmarktsgetriebe zelebriert wurde
(...)" (Max Beckmann. Frühe Tagebücher 1985,
S. 164 f.).

Das rechteckige freie Feld in der Lithographie läßt
vermuten, daß es für eine Beschriftung genutzt
werden sollte. So würde es sich insgesamt um eine

Festkarte, ein Programm oder etwas Ähnliches
handeln.

Die flächige Darstellung, das mittelalterliche Kostüm, der empfindsame Tanz und die träumerische
Farbigkeit lassen das Blatt als dem Jugendstil zuge-
hörig erkennen. Aber auch die „zwiespältige Verbindung der beiden Menschen" (Zeiller) macht
sich bemerkbar: die junge Frau halb zu-, halb
abgewandt, den Mann einerseits nach sich ziehend,
andererseits von ihm Abschied nehmend, dieser
aber ausdrücklich zu ihr hinstrebend: So kennen
wir das Verhältnis aus Briefen, Tagebucheintragun-
gen und Erinnerungen.

Literatur: Erwerbungsbericht Staatliche Graphische
Sammlung München. In: Münchner Jb. der Bildenden
Kunst, 3. Folge XXXVII, 1986, S. 243. – Zeiller 1998,
Nr. 5

Selbstbildnis mit Bart 1903

Lithographie, 174 x 112 mm (Blatt: 415 x 295 mm)
Privatbesitz
H 5

Wie die Lithographie *Mittelalterliches Paar*, so ist auch dieses Selbstbildnis nur in wenigen, bisher vier bekannten Exemplaren vorhanden. Es steht in Zusammenhang mit einer sehr ähnlichen Zeichnung, die 1903 datiert ist. Diese Datierung sollte man für die Lithographie nicht unnötig bezweifeln. Max Beckmann erwähnt seinen Bart am 1. Februar 1904 in einem Brief an Caesar Kunwald aus Paris, hat ihn aber wohl schon im Vorjahr getragen. Die Lithographie wird noch zu den druckgraphischen Experimenten der Studienzeit gehören. Am 19. Oktober 1903 hat Beckmann Weimar verlassen; vorher werden Zeichnung und Lithographie entstanden sein.

Die Datierung ist weniger problematisch als die Identifizierung des Dargestellten. Wenn wir nicht wüßten, daß sich Max Beckmann – zumal in der Frühzeit – häufig selbst dargestellt hat und daß auch die Frontalität hier für ein Selbstbildnis spricht, so könnten wir in dem länglichen Gesicht mit den langen Haaren nicht ohne weiteres den jungen Künstler erkennen.

Gegenüber der Zeichnung ist der Hell-Dunkel-Kontrast noch verstärkt, fällt das Licht steiler von oben links, so daß die Schatten um die Augen, unter der Nase und auf den Wangen größer sind. Geradezu unheimlich taucht der Kopf aus tiefem Dunkel ins Licht auf und kann jeden Moment wieder darin verschwinden.

Die weiche Form, der starke Hell-Dunkel-Kontrast, die Frontalität und die Inszenierung der Erscheinung erinnern an graphische Bildnisse von Edvard Munch, auch wenn bei diesen ein Kopf nicht derartig von Dunkelheit aufgezehrt wird wie hier.

Literatur: Hans Kinkel, Beckmanns Erbe. In: Stuttgarter Zeitung, 7. Juli 1965. – Wiese 1978, zu Nr. 4 (dort fälschlich Radierung genannt). – Hofmaier 1984, S. 144. – Erpel 1985, Nr. 9. – P. Beckmann 1989, S. 25 („um 1904"). – Kornfeld, Bern, Auktionskatalog 225, 2000, Nr. 1 (von Hofmaier nicht erwähntes Exemplar)

Selbstbildnis mit Bart 1903
Bleistift, verschollen

8
SELBSTBILDNIS MIT STROHHUT 1903

Bleistift, 174 x 114 mm
Bezeichnet oben rechts: 15. Mai 03.
Bezeichnet auf der Rückseite mit Feder in schwarzer Tinte: 5. Selbstportrait
Privatbesitz
W 5

Der neunzehnjährige Max Beckmann hat sich hier gegen Ende seiner Weimarer Studienzeit dargestellt. Er hat sich von der Seite, sogar ein wenig von hinten gesehen – als ob er einen anderen Menschen gezeichnet hätte. Gegenüber den Selbstbildnissen, in denen er sich und dem Betrachter frontal gegenüber tritt, bekenntnishaft, ist die nebenstehende Zeichnung nüchterner. Im verlorenen Profil kommen die Gesichtszüge nicht voll zur Geltung, und mimische Regungen sind auch nicht auszumachen. Der flache, in die Stirn geschobene Strohhut in Verbindung mit der dunklen Jacke vermittelt jedoch den Eindruck von eleganter Leichtigkeit, so daß man sich diesen jungen Mann auch ganz anders als nur ruhig sitzend und vor sich hinblickend vorstellen kann.

Bei der Zeichenweise fällt auf, daß die kurvige Linie und die gleichmäßige Fläche, für die Jugendstilphase charakteristisch, verlassen sind und daß es dem Zeichner stattdessen auf einen lockeren Strich sowie weite, unregelmäßige Modellierung in Licht und Schatten angekommen ist. Zu Recht hat Judith C. Weiss (München 1984) auf die Kunst Max Liebermanns als nächst verwandt hingewiesen.

Literatur: München 1975, Nr. 105. – Bielefeld 1977, Nr. 3. – München 1984, Nr. 133 (J. C. Weiss). – Erpel 1985, Nr. 7

15. Mai '03.

9
SELBSTBILDNIS 1904

Radierung und Kaltnadel, 273 x 181 mm
Bezeichnet mit Bleistift unten rechts: Beckmann/ 1904, unten links: Selbstportrait
Privatbesitz
H 6 II

Hofmaier und Erpel bezeichnen dieses Selbstbildnis als unvollendet, aber Max Beckmann ist es gerade darauf angekommen, Kopf und Gesicht nur in wenigen markanten Teilen (Augen, Nase, Mund), ansonsten jedoch in andeutenden Formen zu geben, die sich der Betrachter hinlänglich zu ergänzen vermag. Der Künstler hat sich in vollem Sonnenlicht dargestellt. Das Licht ist derart stark, daß nicht nur die Schatten ganz hell wirken, sondern daß die Form teilweise aufgezehrt wird – wie sie bei der Selbstbildnislithographie von 1903 durch den Schatten aufgezehrt wird. Der Künstler hat also hier ein ‚helles Bild‘ von sich selbst vermittelt. Im unverwandten Blick, im Vermeiden eines Lächelns und in der Frontalität hat es allerdings auch seinen Ernst. Auffallend ist die Ähnlichkeit mit dem *Selbstbildnis Florenz* von 1907. Auch dort die ruhige, ernste Miene, die frontale Darstellung und die starke Helligkeit.

Von der Radierung sind nur zwei Exemplare bekannt. Wo aber hat Max Beckmann sie gemacht? Wahrscheinlich in Berlin, wohin er im Juli 1904 gegangen war. Er hatte ein Atelier gemietet und blieb vorläufig dort.

Die außerordentliche Helligkeit des Selbstbildnisses einschließlich der lichten Schattenpartien sowie des Netzwerks der Linien in den Partien von Jacke und Querbinder mögen an Einflüsse des Impressionismus oder Neo-Impressionismus denken lassen. Über Manet und Monet hat sich Beckmann 1904 sehr anerkennend geäußert. Die Form des Selbstbildnisses ist aber trotz aller ‚Offenheit‘ entschieden und fest. In den ziemlich dichten dunklen Partien unten wie auch in der Frontalität wirkt noch die flächige Form der Jugendstilphase nach, aber nun macht sich in der Modellierung von Augen, Nase und Mund eine neue Art von Körperlichkeit bemerkbar, die im darauffolgenden Jahr voll entwickelt sein wird. Die Anregung dazu ging von Werken Cézannes aus. 1904 erschien Meier-Graefes *Entwicklungsgeschichte der modernen Kunst* mit dem großen Cézanne-Kapitel, und 1904 fand bei Cassirer in Berlin eine umfassende Cézanne-Ausstellung statt. Für Cézannes reife Zeichnungen aber sind die offene Form und die partielle Modellierung ebenso charakteristisch wie die Helligkeit und die schraffierten Partien, die sich bei Beckmanns Selbstbildnis im Gesicht finden, wenn auch nicht ganz so straff wie bei Cézanne.

Zu der Radierung hat sich die Platte in Privatbesitz erhalten.

Literatur: New York 1964, Nr. 121. – Hofmaier 1984, S. 144. – Erpel 1985, Nr. 12

Selbstporträt   Beckmann
                                                                1904

Selbstbildnis Florenz   1907
Detail
Ölfarbe auf Leinwand, Privatbesitz

Paul Cézanne
Selbstbildnis   um 1883
Bleistift, The Art Institute of Chicago

Selbstbildnis   1904
Kupferplatte der Radierung, Privatbesitz

SELBSTBILDNIS IN HALBER FIGUR NACH RECHTS 1904

Bleistift, 190 x 127 mm
Bezeichnet mit Bleistift oben rechts: Das ist mein eigen / Bild. M. Beckmann
Staatliche Graphische Sammlung München, Inv. Nr. 1984: 22

Das aus dem Nachlaß des Malerfreundes Caesar Kunwald stammende Selbstbildnis zeigt im Kontrast der dunklen zu den hellen Partien und in der Aufzehrung der Form durch das Licht Eigentümlichkeiten von Beckmanns Zeichnung wie Druckgraphik der Jahre 1902 bis 1904, doch macht sich hier gegenüber den Werken von 1902 und 1903 ein anderer Sinn für Körperlichkeit bemerkbar, wie in der Selbstbildnisradierung von 1904, sodaß die nebenstehende Zeichnung wohl in demselben Jahr entstanden ist.

Der skizzenhafte Charakter, der sich in den raschen und groben Zügen des dicken Bleistiftes zeigt, ist verbunden mit weitgehendem Verzicht auf Details. So haben den Künstler auch nicht Besonderheiten der Physiognomie oder gar der Mimik interessiert, sondern die Wirkung von Licht und Schatten. Gleichwohl ist Max Beckmann mit der eigentümlichen Form seines Kopfes zu identifizieren, und auch die gespannte Haltung des sich im Sitzen nach hinten Neigenden ist uns von diesem kräftigen jungen Mann bekannt.

Literatur: Erwerbungsbericht Staatliche Graphische Sammlung München. In: Münchner Jb. der Bildenden Kunst, 3. Folge XXXVII, 1986, S. 243

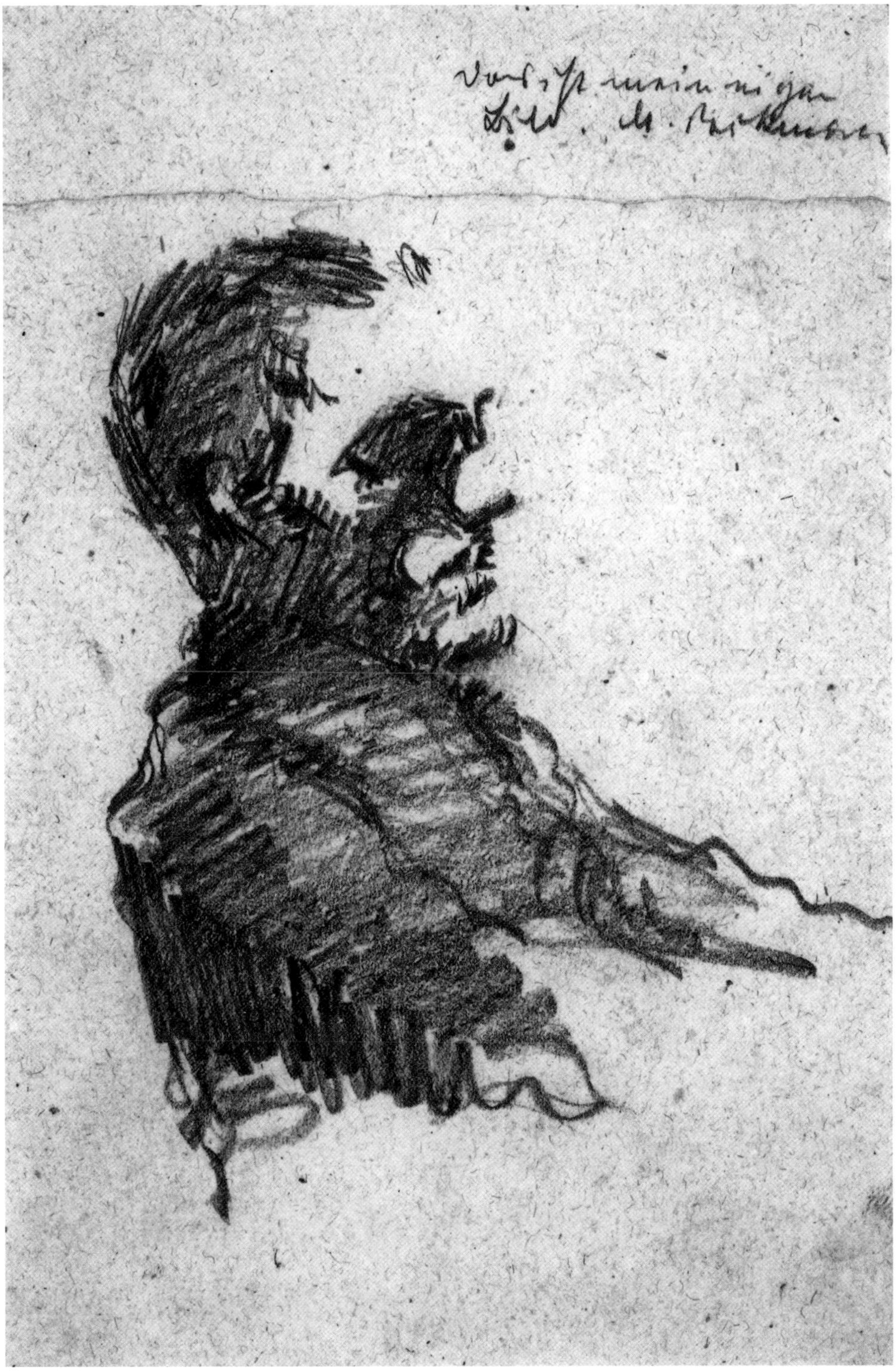
Das ist mein eigen Bild. M. Beckmann

11

KONVERSATION 1910

Bleistift, 264 x 324 mm
Bezeichnet unten links: Beckmann/ 10
Staatliche Galerie Moritzburg Halle, Inv. Nr. H 184
W 63

Die Zeichnung ist vielleicht in Erinnerung an einen Theaterbesuch entstanden; darauf deuten der Vorhang links und die Säulen rechts hin. Hinter dem Vorhang ist skizzenhaft eine Frau angedeutet, und an den Säulen lehnen die beiden festlich gekleideten Frauen. Sie tragen lange Gewänder, halten Fächer in den Händen. Die helle, die uns nahezu frontal gegenübersteht, ist als Minna zu identifizieren, Beckmanns erste Frau. Deutlich ist sie gegen eine dunkel gekleidete Unbekannte abgesetzt, ja hervorgehoben, denn links steht im dunklen Anzug der Künstler selbst, so daß Minna ausdrücklich eingerahmt wird. Sie ist die Hauptperson der Gruppe.

Max Beckmann hat eine sehr ähnliche Gruppe bereits 1905 gezeichnet. Dort läßt sich allerdings keine der Personen benennen. Beide Zeichnungen gehören zur Gattung des Gesellschaftsstückes, für das es, Blume macht darauf aufmerksam, auch

unter den Gemälden Beckmanns etliche Beispiele gibt. Hier sind vor allem zu nennen *Unterhaltung* (*Gesellschaft I*) 1908 (G 88) und *Gesellschaft II* 1911 (G 140). Wie das Tagebuch von 1908 und 1909 erkennen läßt, haben Max und Minna Beckmann in der Zeit vor dem Ersten Weltkrieg durchaus ein gesellschaftliches Leben geführt — mit Theater- und Konzertbesuchen, Ausstellungseröffnungen sowie mancherlei privaten Einladungen. Der Maler war 1908 Ordentliches Mitglied der Berliner Secession und 1910 jüngstes Vorstandsmitglied geworden. 1907 hatte bereits Paul Cassirer Werke von ihm ausgestellt, 1909 hat ihn Julius Meier-Graefe in seinem Atelier aufgesucht. Max Beckmann war also 1910 eine bekannte Figur des Berliner kulturellen Lebens.

Literatur: Leipzig 1984, Nr. 214 (E. Blume)

Drei stehende Figuren   1905
Bleistift, Privatbesitz

SELBSTBILDNIS 1911

Lithographie, 446 x 361 mm
Bezeichnet im Stein unten rechts: 1911, mit Bleistift oben links: Beckmann, unten links: 9/40
Herzog Anton Ulrich-Museum Braunschweig – Miteigentum des
Braunschweigischen Vereinigten Kloster- und Studienfonds, Inv. Nr. ZL 95/6331
H 25 B b

Wieder blickt uns Max Beckmann genau von vorn an, aber etwas von unten, so daß der Kopf – wie geduckt – knapp über den Schultern sitzt. Ansonsten sehen wir nichts, denn der Künstler hat sich vor tiefdunklem Grunde, zur Nachtzeit dargestellt. Auffallend ist die Beleuchtung von unten, die Schatten im Gegensinne entstehen läßt. Man könnte sich die Situation damit erklären, daß Beckmann, über den Tisch gebeugt, vom Zeichnen aufblickt. Aber dieses Selbstbildnis hat überhaupt nichts vom Genre, nichts von einer alltäglichen Situation. Dafür blickt uns der Künstler zu ausdrücklich, zu ernst an, dafür ist die Beleuchtung zu ungewöhnlich.

Döring bringt das Selbstbildnis wegen der Art der Beleuchtung zu Recht mit dem *Selbstbildnis mit Zigarette* in Verbindung, das Edvard Munch 1895 gemalt hat. Diese Anregung ist zwar kunsthistorisch wichtig, müßte aber für den Sinn der Darstellung hier wie dort noch nicht viel besagen. So ist denn zu fragen, was die Beleuchtung jeweils bedeutet. Die Hauptfiguren der Radierung *Theater* (Kat. 28) sind ähnlich beleuchtet. Bei ihnen stellt sich die Vorstellung von Rampenlicht ein, und auch beim *Selbstbildnis* von 1911 hat der Beleuchtungseffekt etwas Theatralisches. Geradezu dramatisch tritt der Kopf mit den unverwandt blickenden Augen aus der Dunkelheit hervor, der er eigentlich anzugehören scheint. Ein anderes *Selbstbildnis* von Munch, um 1895 gemalt, läßt auf eine weitere Facette an Bedeutung beim *Selbstbildnis* von Max Beckmann schließen, denn das Gemälde des Norwegers trägt einen zweiten Titel: *In der Hölle*. Ohne daß man diese Ortsangabe für Beckmann einfach übernehmen könnte, liegt doch der Sinn der Darstellung auch darin, daß sich dem Künstler „die Unterwelt auftut". Döring hat das bemerkt, wenn er „einen Hauch von Dämonie" in der Erscheinungsweise Max Beckmanns feststellt.

Die Bezüge zur ‚Unterwelt' sind im Leben und Werk Max Beckmanns vielfältig. 1909 ist er als *Orpheus* dort gewesen (vgl. S. 13) und 1910 hat er mit sehr ähnlicher Beleuchtung die Lithographie *Die Hölle* geschaffen. Auch bei dem Gedenkblatt für den gefallenen Schwager Martin Tube deutet die Art der Beleuchtung einerseits auf Geschützfeuer und andererseits darauf hin, daß sich dem Hauptmanne die Erde aufgetan hat, um ihn zu sich zu nehmen.

Literatur: Braunschweig 1976, Nr. 14. – Busch 1984, o. S. – Erpel 1985, Nr. 24. – Braunschweig 1997, Nr. 39 (Th. Döring). – Lenz 1999a, S. 296 f. – Nahrwold 2000, Nr. 23

*Bildnis des verwundeten Schwagers Martin Tube
1914, Lithographie*

Beckmann

9/4r   1911

13
LESENDER MANN I (SELBSTPORTRAIT) 1912

Lithographie, 211 x 155 mm
Privatbesitz
H 49 B

Reinhard Piper berichtet, daß er Max Beckmann 1912 um einen Umschlag für seinen nächsten Verlagsprospekt gebeten habe. Der Künstler schuf daraufhin zwei alternative Zeichnungen auf Aluminiumplatten und schrieb am 14. September desselben Jahres:
„Sehr geehrter Herr Piper!
Soeben habe ich die Abzüge an Sie abgehen lassen. Selbstverständlich können Sie auch die Platten oder Abzüge haben, soviel Sie wünschen. Ich habe zwei verschiedene Zeichnungen gemacht und ich bitte Sie nun zu wählen. Mir persönlich gefällt das Profil besser. Auch glaube ich dass es noch intensiver ist. Ich danke Ihnen für Ihr freundliches Anerbieten die Zeichnung noch im Catalog als selbständige Lithographie mit ankündigen zu wollen. Bitte Sie aber den Preis nicht unter 5 Mark anzusetzen. Ich wünsche nicht an den eventuellen Verkauf dieser Blätter beteiligt zu seien, da ich mich durch den Preis von 200 M als völlig abgefunden betrachte, wie den[n] auch die von Ihnen gewählte Platte völlig für imer ihr Eigentum ist. Man kann übrigens die Zeichnung absolut als Lithographie bezeichnen, da es genau dasselbe Verfahren wie beim Stein ist und ganz anders wie auf Umdruckpapier. Es ist sogar noch etwas schwieriger wie auf Stein da fast keine Retouschirungsmöglichkeiten vorhanden sind. Ich liebe nur das Zink noch mehr wie Stein da es dem Strich noch mehr Glut giebt. Man täte also dem Druck unrecht wenn man ihn anders als Lithographie bezeichnete. Hoffentlich gefällt Ihnen eine von den Zeichnungen.

Es grüßt Sie herzlich
Ihr ergebener
Max Beckmann."

Auf der Rückseite des Verlagsprospektes mit dem ersten Zustand der Lithographie findet sich folgende Bemerkung nach Hofmaier: „Der Umschlag unseres Katalogs reproduziert eine Lithographie, die Max Beckmann, der junge Meister der Berliner Sezession, eigens für diesen Zweck schuf. Leider lässt die Zinkätzung die malerischen Feinheiten des Originals nur schwach erkennen. Abzüge der Lithographie selbst (vor der Schrift und auf Japan) sind zum Preise von fünf Mark vom Verlag zu beziehen."
1923 ist die Darstellung nochmals verwendet worden für den *Almanach des Verlages R. Piper & Co. 1904–1924*.
Max Beckmann zeigt sich hier wie auch in der folgenden Fassung als intensiver Leser. Er hat das Buch mit beiden Händen nahe zu den Augen gehoben und liest konzentriert. So bekundet er nicht nur seine Zugehörigkeit zur Leserschaft des Piper Verlages, sondern erinnert uns daran, daß er überhaupt – sein Leben lang – außerordentlich viel gelesen hat. Tagebücher und Briefe wie auch die teilweise noch erhaltene Bibliothek, alles publiziert, zeigen eine ungewöhnliche Spannweite seiner Interessen.
Vgl. Kat. 14

Literatur: Piper 1950, S. 14. – Briefe I, S. 73f. – München 1994, Nr. 39 (C. Lenz)

LESENDER MANN II (SELBSTBILDNIS) 1912

Lithographie auf geripptem Papier, 168 x 150 mm
Bezeichnet mit Bleistift unten rechts: Beckmann 10.11.18 / To bee or not to bee / that is the question.
Städtische Galerie im Städelschen Kunstinstitut Frankfurt am Main, Inv. Nr. SG 2940
H 50 II

Diese Fassung, aus dem Besitz der Battenbergs, zeigt Max Beckmann nicht weniger intensiv beim Lesen als die vorausgehende. Tief über ein Buch gebeugt, den Kopf in beide Hände gestützt: So sitzt der junge Mann vor einem Bücherregal, neben sich eine Lampe, die Tisch und Buch hell beleuchtet und von nun an bei Selbstbildnissen immer wieder Hinweis auf das geistige Licht sein wird, über das der Künstler verfügt.

Das obere Feld sollte bei dieser wie der vorhergehenden Lithographie für den Schriftzug dienen. Im zweiten Zustand ist die Trennlinie jeweils entfernt.
Das populäre, leicht fehlerhaft geschriebene Zitat aus dem dritten Akt, I. Szene, von *Hamlet* erklärt sich offenbar aus Beckmanns seelischer Verfassung am 10. November 1918.
Vgl. Kat. 13

Beckmann 19.11.18
To bee or not too bee
shaal is the question

15

KLEINES SELBSTBILDNIS 1913

Kaltnadel auf geripptem Bütten, 154 x 122 mm
Bezeichnet mit Bleistift unten rechts: Beckmann 12
Herzog Anton Ulrich-Museum Braunschweig – Miteigentum des
Braunschweigischen Vereinigten Kloster- und Studienfonds, Inv. Nr. ZL 95/ 6333
H 62 II B a

Ganz atmosphärisch und ganz skizzenhaft hat Max Beckmann den Kopf gegeben. Schatten, Halbschatten und Licht gehen weich ineinander über, weich, unregelmäßig sind die Formen gebildet, als ob alles sich im nächsten Moment verändern könne. Die Züge der Kalten Nadel oben links und rechts am Kopf, auch rechts auf der Brust, sind zum großen Teil völlig frei, sind nicht von der Form des Körpers her zu verstehen. Mit ihnen wird die Freiheit und Spontaneität einer Skizze geradezu demonstriert.

Und doch ist auch dieser Kopf ganz von vorn gegeben, ist ruhig in dem scheinbar wechselnden Licht. Offenbar ernst und aufmerksam blickt uns der Künstler aus den dunkel verschatteten Augenhöhlen an, obwohl wir die Augen nicht eigentlich sehen. Offenkundig wirkt hier noch eine Auffassung nach, die wir bereits vom *Selbstbildnis* des Jahres 1903 (Kat. 7) kennen, auch wenn die geschlossenen Partien und das kurvige Lineament der Jugendstilphase zugunsten atmosphärischer Werte aufgegeben sind. Max Beckmann zeigt sich mit diesem Selbstbildnis unter dem Einfluß des Impressionismus, wobei die dem Licht anheimgegebene Erscheinung in einer polaren Spannung zu dem Ernst der seelischen Verfassung steht.

Literatur: Busch 1960, S. 16. – Karl & Faber, München, Auktionskatalog 131, 1972, Nr. 446. – Braunschweig 1976, Nr. 15. – München 1984, Nr. 219 (J. C. Weiss). – Leipzig 1984, Nr. 25 (E. Blume). – Erpel 1985, Nr. 30. – Nahrwold 2000, Nr. 25

SELBSTPORTRAIT MIT HUT, PROFIL NACH RECHTS 1914

Feder in schwarzer Tusche über Bleistift, 350 x 250 mm
Bezeichnet unten rechts: Beckmann 14
Kunsthalle Bremen – Kupferstichkabinett, Inv. Nr. 52/ 233
W 201

Die Zeichnung ist von Göpel 1976 als Studie für das Selbstbildnis auf dem Gemälde *Im Auto* (G 185) identifiziert worden, das Max Beckmann im Winter 1914/1915 gemalt hat. Das Bild zeigt ihn mit Frau und Sohn in einer offenen Droschke in Berlin.

Sehr ähnlich wie beim Gemälde ist die Sicht leicht von oben und die Verteilung von Licht und Schatten auf dem Gesicht. Der Schatten liegt gerade über den ausdrucksstärksten Teilen, doch kommt die Physiognomie im markanten Profil voll zur Geltung. Dieses zeigt den Künstler mit zusammengepreßten Lippen, mit insgesamt verschlossener Miene. Der volle Sinn dieses Selbstbildnisses wird freilich erst im Gemälde deutlich, indem wir dort Max Beckmann mit dem Rücken zur Frau und auch vom Kind abgewandt sehen, hin zu dem bunten Treiben der Straße.

Literatur: Köln 1955, Nr. 9 („nach links"). – Karlsruhe 1963, Nr. 71. – Bremen 1966, Nr. 265. – Bielefeld 1977, Nr. 42. – Bremen 1984, Nr. 226. – Erpel 1985, Nr. 40

Im Auto 1914
Ölfarbe auf Leinwand
Aufbewahrungsort unbekannt

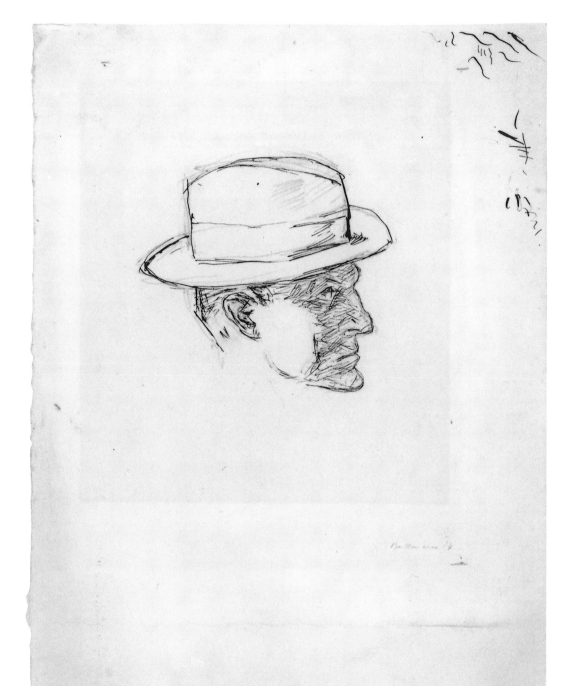

17
SELBSTBILDNIS 1914

Kaltnadel, 240 x 178 mm
Bezeichnet mit Bleistift unten rechts: Beckmann, unten links: Selbstportrait 14
Herzog Anton Ulrich-Museum Braunschweig – Miteigentum des
Braunschweigischen Vereinigten Kloster- und Studienfonds, Inv. Nr. ZL 95/ 6334
H 74, nicht aufgeführte Variante außerhalb der Auflage

Beckmann hat bei dieser Radierung seinen Kopf groß ins Blatt, nahe dem Betrachter vor Augen gebracht. Er ist ihm aber nicht direkt zugewandt, sondern blickt leicht von der Seite und ein wenig von unten, etwas geduckt. So wirkt der Dargestellte, als ob er unter Druck stehe. Dieser Eindruck verstärkt sich durch die düstere, gespannte Miene mit den zusammengepreßten Lippen und den unter zusammengezogenen Augenbrauen hervorgehenden Blick.

Das Bildnis ist mit der Kalten Nadel rissig gearbeitet. Rundungen sind mehr oder minder stark aus winkeligen, gebrochenen Linien gebildet, wobei diese Linien entweder in dichter Bündelung (zum Teil fleckenhaft schwarz zusammenfließend) breite dunkle Konturen bilden, zum Teil ein unregelmäßiges, reich abgestuftes Netzwerk von Schraffen und Kreuzlagen. So erscheint der Kopf insgesamt nuanciert in Licht und Schatten modelliert. Beckmann hat außerdem Andeutungen von Raum gegeben, indem er den Kopf teilweise mit lockeren Linien umfahren bzw. hinterfangen hat.

In dem Selbstbildnis wirkt noch die Art der Darstellung nach, wie sie sich bereits in der Lithographie von 1911 und in der Radierung von 1912 findet. Modellierung in Licht und Schatten ist das Merkmal auch dieser Blätter. Aber die Größe des Kopfes auf dem Selbstbildnis von 1914, die Reduktion des Raumes und die Minderung der Hell-Dunkel-Gegensätze zugunsten einer gleichmäßigen Helligkeit bewirken größere Nähe, anhaltende Gegenwärtigkeit und Nüchternheit. Zu dieser Nüchternheit gehört auch die leicht abgewandte Haltung, denn sie vermittelt dem Dargestellten in bezug zum Betrachter etwas Beiläufiges. So ist dieses Selbstbildnis insgesamt durch Objektivität oder, in Beckmanns Formulierung, durch Sachlichkeit bestimmt. Sachlichkeit erfüllt nicht nur die Anlage insgesamt, sondern Sachlichkeit kommt auch in dem ernsten Blick wie überhaupt in der Miene zum Ausdruck. Diese Sachlichkeit ist hier verbunden mit einer melancholischen Verdüsterung, so daß Beckmann sich geradezu beispielhaft in einer „Sachlichkeit den inneren Gesichten" gegenüber dargestellt hat, wie er es 1917 formulierte (vgl. S. 36).

Literatur: Glaser u. a. 1924, S. 15 f. – Busch 1960, S. 16f. – Braunschweig 1976, Nr. 16. – Lackner 1978, S. 41. – Leipzig 1984, Nr. 28 (E. Blume). – Busch 1984, o. S. – Erpel 1985, Nr. 39. – Nahrwold 2000, Nr. 26

Selbstbildnis 17   Beckmann

DIE KRIEGSERKLÄRUNG 1914

Kaltnadel, 200 x 249 mm
Bezeichnet mit Bleistift unten rechts: Beckmann
Staatliche Graphische Sammlung München, Inv. Nr. 1957: 672 D
H 78 II B

Das kleine Blatt zeigt ein großes Ereignis, das selbst gar nicht zu sehen ist. Beckmann hat eine Gruppe dichtgedrängter Köpfe von Männern und Frauen auf nächtlicher Straße aus der Nähe dargestellt. Vorn in der Mitte hat ein Mann die Zeitung aufgeschlagen; er wie die anderen erfahren eben die so bedeutsame Nachricht der Kriegserklärung. Sind die Männer vorn zur Mitte hin und nach unten gewandt, konzentriert dem Lesen hingegeben, so blicken die Frauen hinter ihnen hervor, über sie hinweg und auf den Betrachter. Die linke hat den Kopf hochgereckt. In panischer Angst blickt sie über die Schulter und sucht Halt an der älteren Frau neben ihr. Auch das Mädchen auf der anderen Seite drängt sich schutzsuchend an die Ältere. Diese Frau (Beckmanns Schwiegermutter Tube) ist mit ihrem Gesichtsausdruck sorgenvollen Bewußtseins, in dem sich der ganze Ernst der Situation sammelt, Kern und herausragende Figur der Darstellung insgesamt. Auch hinten schließen sich weitere Zuhörer dicht an sie an.

Aber noch etwas anderes ist wichtig: In der unteren rechten Ecke hat sich der Künstler selbst dargestellt. Mit fest zusammengepreßten Lippen, herabgezogenen Mundwinkeln und geschlossenen Augen drückt sein Gesicht ernsteste Verschlossenheit aus. Diese Erscheinung des Künstlers entspricht damit seiner Anteilnahme an dem Vorgelesenen wie er ja durchaus auch die Dreiergruppe der Männer vorn zu einer Vierergruppe erweitert. Wichtiger aber noch als solches Dabeisein ist hier die Reflexion des Künstlerseins, denn der verschattete Kopf in der Ecke mit dem nach innen gekehrten Blick läßt den Betrachter erkennen, daß die gesamte Darstellung *auch* ein Gesicht, eine Vision des Künstlers Max Beckmann ist.

Abgesehen von den Zwischenstufen finden wir in dem kleinen Blatt also drei Hauptstufen unterschiedlicher Teilnahme am Ereignis und darin zugleich unterschiedlichen Bewußtseins: erstens die Befangenheit im Ereignis bei den Lesenden, zweitens die Reflexion des Ereignisses durch die ältere Frau und andere Zuhörer sowie, drittens die Anteilnahme des Künstlers, der als Beteiligter, Visionär und Schöpfer hier erscheint.

Auffallend ist die skizzenhafte Zeichnung, die in Verbindung mit Modellierung und Hell-Dunkel-Verteilung ein zuckendes, unregelmäßiges Gewirke entstehen läßt. Dieses Gewirke ist aber aufgrund der Gruppierung, der Individualisierung der Physiognomien und der Sammlung im Kopf der älteren Frau eng mit der Darstellung verbunden. Im Wechsel von Hell und Dunkel bringt es auch nicht nur die Atmosphäre einer nächtlichen Großstadtstraße zum Ausdruck, sondern das grell aufscheinende, die Gesichter in blendende Helligkeit tauchende Licht läßt zugleich unmittelbar den Sinn des Bildes als Darstellung eines unheilvollen hereinbrechenden Ereignisses erkennen, von dem die Menschen tief betroffen sind.

Mit der Komposition von Halbfiguren, die fast ausschließlich in ihren Köpfen, in ihren Gesichtern zur Wirkung kommen, hat Max Beckmann innerhalb seiner Entwicklung einen neuen Bildtypus geschaffen, der für sein gesamtes späteres Schaffen sehr folgenreich geworden ist, indem er dem Künstler immer wieder dazu diente, eine Gruppe, eine Gesellschaft von Menschen in der Konzentration auf das Wesentliche des Einzelnen zu zeigen und zwar auch dann, wenn es an Individualität fehlte (vgl. unter anderen Kat. Nr. 35, 44 sowie zahlreiche Beispiele auch unter den Gemälden der folgenden Jahrzehnte). Max Beckmann hat diesen Bildtypus, wie ihn zum ersten Mal *Die Kriegserklärung* zeigt, unter dem Einfluß niederländischer Halbfigurenbilder entwickelt, wofür *Kreuztragung* und *Verspottung Christi* des von ihm verehrten Hieronymus Bosch in ihrer dichten Staffelung der Figuren, in der herausragenden Hauptfigur und in den grotesken Zügen der Nebenfiguren als Beleg dienen können.

Literatur: Leipzig 1984, Nr. 32 (E. Blume). – Erpel 1985, Nr. 43. – Lenz 1988. – Lenz 2000a, S. 124 ff.

19

MUSTERUNG 1914

Kaltnadel, 296 x 237 mm
Bezeichnet mit Bleistift unten rechts: Beckmann 14, unten links: 19/20
Herzog Anton Ulrich-Museum Braunschweig – Miteigentum des
Braunschweigischen Vereinigten Kloster- und Studienfonds, Inv. Nr. ZL 95/ 6335
H 79 II B

Max Beckmanns hat sich hier in der bekannten Szene dargestellt: Junge Männer werden für den Kriegsdienst gemustert. Wir erblicken ihn hinten in einer Dreiergruppe mit dem charakteristisch vorragenden Kinn. Davor hört ein Militärarzt einen jungen Mann ab, während ein anderer daneben wartet. Am linken Rande steht ein weiterer, der sich eben auszieht. An ihm vorbei sieht man einen Soldaten am Schreibtisch, wohl ebenfalls ein Militärarzt.

Die Szene ist mit nervösem Strich und unruhigen Strichbündeln geschildert, so daß sie einen atmosphärischen und zugleich unruhig-bewegten Charakter hat, der etwas von der Erregung der Situation vermittelt.

Die Musterung Max Beckmanns hat vor dem 15. August 1914 stattgefunden, denn an diesem Tag schreibt er an Reinhard Piper: „Ich bin Lan[d]-sturm mit Waffe und erwarte täglich eingezogen zu werden. Sie können sich natürlich denken wie mich die Sache interessirt.

Auch ich hoffe bestimt, daß wir siegen. Es geht ja garnicht anders.

– In irgend einer Form werde ich mich auf jeden Fall an der Sache beteiligen. Hoffentlich sehen wir uns gesund nach dem Kriege wieder." Beckmann hat dann bald einen Transport mit Liebesgaben an die Ostfront begleitet und ist dort als freiwilliger Krankenpfleger akzeptiert worden. „Ich hoffe noch viel zu erleben und bin froh", schreibt er am 14. September an seine Frau. Die Hoffnung hat nicht getrogen…

Literatur: Erpel 1985, Nr. 44. – Nahrwold 2000, Nr. 27

19/20   Beckmann 14

Auferstehung 1914–1918

Nachdem Beckmann 1909 seine große *Auferstehung* (G 104) geschaffen hatte, blieb dieses Gemälde für ihn in Thema und Gestaltung ein Hauptwerk, das gleich zu Beginn des Krieges in solcher doppelten Hinsicht neue Aktualität gewann. Zahlreiche Briefstellen erweisen zusammen mit den Werken, daß Beckmanns Bewußtsein und Empfinden durch den Krieg weitestgehend apokalyptisch bestimmt wurde. Dementsprechend widmete er sich jetzt von neuem dem Thema der Auferstehung. Wohl nach den ersten Erlebnissen in Ostpreußen taucht der Plan zu einem weiteren Gemälde (G 190) auf. Davon zeugen zwei Entwürfe.

Auferstehung 1916–1918
Ölfarbe auf Leinwand, Staatsgalerie Stuttgart

ERSTER ENTWURF ZUM GEMÄLDE AUFERSTEHUNG   1914

Feder in violetter Tinte, 103 x 146 mm (Blatt)
ca. 87 x 103 mm (Bild), oben gezähnt
Bezeichnet mit Bleistift unten rechts: Beckmann
Rückseitig Stempel der Sammlung Reinhard Piper
Privatbesitz
W 205

Zweiter Entwurf zum Gemälde Auferstehung 1914

Feder in schwarzer Tinte über Bleistift
ca. 124 x 195 mm
Bezeichnet mit Bleistift unten rechts: Beckmann
unten links: Erster Entwurf z. Auferstehung Dezember 14
Sammlung Hubert Burda
W 204

Bei der eigenhändigen Beschriftung dürfte es sich um einen Irrtum Beckmanns aus späterer Zeit handeln. Die Reihenfolge der Entstehung ist umgekehrt zu denken. Für diese „erste" Skizze hatte Beckmann ein viel entschiedeneres Breitformat gewählt und dessen Höhe dann weiter reduziert. Ort des Ereignisses ist die Großstadt. In bezug auf die Skizze Kat. 20 läßt sich das nicht eindeutig sagen; hier könnte es sich auch um eine Hügellandschaft handeln. Beckmann ist bei diesem Blatt im Format fast zu einem Quadrat gelangt. Aber durch Beschneidung des Himmels hat er der Darstellung dann eine deutlichere Breitenausdehnung gegeben. Der Himmel hat also quantitativ in jedem Stadium einen geringen Anteil. Die großen Gestirne, die gleichwohl den außergewöhnlichen, kosmischen Charakter des Ereignisses zur Anschauung bringen, finden sich auch schon in den Entwürfen. Auf den Blättern ist außerdem der Ort bereits erfüllt von blendender Helligkeit, die die Auferstehenden empfängt, während der Himmel zum Teil sehr dunkel angelegt ist.

Die übrigen Menschen sind auf den Entwürfen bereits in den verschiedenen Zuständen ihrer Auferstehung dargestellt, wobei einige Figuren ihre Herkunft von der frühen Gemäldefassung zeigen beziehungsweise auf Figuren in dem späteren Gemälde hindeuten.

Auf den Entwürfen hat Beckmann sich und die Seinen im Mittelpunkt des Ereignisses, und das heißt im Mittelpunkt der Welt gesehen. Die Darstellung als eines pathetischen Verhältnisses von Ich und Welt, Ich und Kosmos ist besonders deutlich in der weisenden Gebärde des Künstlers, denn diese Gebärde bringt zum Ausdruck, daß Beckmann sich als derjenige versteht, dem sich das Ereignis in seinen ganzen Dimensionen offenbart und der infolge dieser Erkenntnis die anderen darauf aufmerksam macht. Einsicht und Deutung sind ihm allein gegeben. Die Entwürfe zeigen somit zum ersten Mal im Werke Beckmanns den Künstler als Seher, als Propheten.

Ein weiterer Entwurf (vgl. Stolzenburg 1998) kommt wohl dem Gemälde am nächsten. Hier steht der Künstler mit den Seinen nicht mehr im Zentrum der Darstellung.

Literatur: Bremen 1974, Nrn. 5 und 6. – Wiese 1978, S. 100 ff. – Karl & Faber 1981, Nrn. 83 und 84. – Jähner 1984, S. 49. – Schubert 1985, S. 65 ff. – Wiese 1984. – München 1994, Nr. 10 (C. Lenz). – Maur 1994, S. 76. – Lenz 1996, S. 177. – Andreas Stolzenburg, Kompositionsskizze zur *Auferstehung II*. In: Leipzig 1998, S. 76

Dritter Entwurf zum Gemälde Auferstehung 1914
Feder in Tinte, Nachlaß Mathilde Q. Beckmann im
Museum der bildenden Künste Leipzig

Bordell in Gent 1915

Kaltnadel, 150 x 199 mm
Bezeichnet mit Bleistift unten rechts: Beckmann 15, unten links: 17/20
Herzog Anton Ulrich-Museum Braunschweig – Miteigentum des
Braunschweigischen Vereinigten Kloster- und Studienfonds, Inv. Nr. ZL 95/ 6336
H 85 B

Die Bordellthematik taucht im Schaffen Beckmanns mit der Lithographie *Ulrikusstraße in Hamburg* 1912 auf. Noch in demselben Jahr folgt die Kaltnadelradierung *Bordell in Hamburg* (H 39 und H 52).

Die Darstellung von 1915 geht auf Eindrücke während des Kriegsdienstes an der Westfront zurück. Max Beckmann ist einige Zeit in Wervik stationiert gewesen, um ein Wandbild zu malen. Von dort hat er manchmal Ausflüge unternommen, offenbar auch nach Gent.

Wir sehen ihn hinter der Repoussoir – Figur eines Soldaten mit angespannter Miene vor sich hinblickend, während sich im Hintergrund ein Paar umarmt und vorn eine Dirne sich das Mieder öffnet. Diese fast nackte Rückenfigur macht hauptsächlich das Thema anschaulich.

Indem sie wie auch der Soldat links stark angeschnitten ist, die Hintergrundszene durch entsprechende Stichlagen verschwommen und flüchtig wirkt und die Striche der Kalten Nadel skizzenhaft sind, erhält alles den Charakter des Momentanen, den eines flüchtigen Eindruckes. Umso stärker kommt der gesammelte Ernst im Gesicht Max Beckmanns zum Ausdruck. Hier ist das Zentrum, um das herum sich das Leben dreht, ohne daß dieser Mensch eigentlich davon berührt würde.

Literatur: Hauswedell & Nolte, Hamburg, Auktionskatalog 289 II, 1991, Nr. 456. – Nahrwold 2000, Nr. 28

17/50

23

Selbstbildnis mit Krankenpflegeruniform
und Autobrille 1915

Feder in dunkelbrauner Tinte, 148 x 120 mm, oben gezähnt
Bezeichnet mit Bleistift unten links: Beckmann /Lille 15
Privatbesitz
W 258

Wiese bringt die Zeichnung zu Recht mit Beckmanns Brief vom 3. April 1915 aus Lille in Verbindung. Dort heißt es:

„Heute war also Lille, wo ich Material kaufen sollte, das Programm (...) Heute abend sitze ich nun zur Abwechslung in einem ziemlich wildromantischen Quartier, in das mich die gütige Kommandantur gewiesen hat. Eben blicke ich auf und sehe mich in meiner trübseligen Krankenpflegeruniform mit der wilden Autobrille in einer Umgebung, die lebhaft an das Interieur erinnert, was ich noch letzthin radiert habe, bei dem ermordeten Manne. Es ist kalt. Am Tage hat es viel geregnet, und Lille ist sehr ramponiert. Gerade ins Herz der Stadt hat man mit wüster Gewalt gestochen, und die Straßenreihen klaffen auseinander wie am Jüngsten Tage. An manchen Stellen verwesen noch in den verschütteten Kellern die Leichname, so daß der Pestgeruch unerträglich ist, erzählte mir ein braver Franzose. Es ist alles streng und kalt hier. Über der Stadt noch immer Kanonendonner (...) Eben habe ich, rechts und links gröhlende und schimpfende Soldaten, bei dem scharfen Schein des elektrischen Lichts noch ein Selbstporträt gezeichnet.

Unglaublich schön war ein altes Renaissancestadthaus hier. Und merkwürdig der Heimweg durch die vernichteten Straßen. Leb wohl, mein Lieb. Loin d'ici. Eine wilde Welt. Wie fern ist der Friede."

Das kleine Blatt aus dem Skizzenbuch, das Reinhard Piper gehörte, zeigt den Künstler in Uniform und mit Autobrille, wie er voller gespannter, prüfender Aufmerksamkeit in den Spiegel blickt, um sich beim Zeichnen darzustellen. Ein scharfes Licht fällt von oben auf ihn, holt die Figur in größte Helligkeit und läßt nur wenig Schatten entstehen. Der Federstrich hat ausdrücklich skizzenhaften Charakter, vermittelt die Spontaneität und Geschwindigkeit des Zeichnens, und doch findet im Kopf eine Verdichtung statt, so daß diese Darstellung in der Herausarbeitung der Wangenknochen, dem tief herabgezogenen Kinn, den herabgezogenen Mundwinkeln und den scharf blickenden Augen eine prägnante physiognomische wie mimische Schilderung ergibt, die uns die angespannte Situation dieses Künstlers und Krankenpflegers vermittelt.

Literatur: Piper 1950, Abb. S. 15. – Briefe I, S. 113 f.

24
Selbstportrait beim Zeichnen 1915

Feder in schwarzer Tinte, 317 x 243 mm
Bezeichnet mit Feder in schwarzer Tinte oben rechts: Verwik 10.5.15/B
Staatsgalerie Stuttgart, Graphische Sammlung, Inv. Nr. C 1968/ 1022
W 280

Max Beckmann hat sich in dem vorstehenden Bildnis am Werk gegeben. Auf den Ort deutet kaum etwas hin; nur vorn hat man sich Zeichenmaterial auf einem Tisch zu denken, an dem der Künstler sitzt. Zwischen den breiten Schultern ist der Kopf stark nach links geneigt; er war über die Arbeit gesenkt. Doch nun ist er ein wenig erhoben. Beckmann hält in der Arbeit inne und blickt auf. Forschend, prüfend schaut er unter stark zusammengezogenen Augenbrauen und mit schmal zusammengepreßtem Mund den Betrachter, schaut er sich an — ein Blick, dessen eindringlich prüfender Charakter durch die seitliche Neigung des Kopfes wesentlich verstärkt wird.

Die eine Hand hält die Zeichenfeder, während die andere am hochgeführten Unterarm im Gelenk stark umbiegt und den kleinen Finger sowie den Zeigefinger vorstreckt, um das Blatt mit der Zeichnung festzuhalten. Aus dieser Haltung wird aber fast ausschließlich ein Zeigegestus und zwar hin auf die Stelle, wo die Feder ansetzt. Beckmann zeigt ganz ausdrücklich auf das Zeichnen.

Die Figur ist aus dünnen, krakeligen Strichen gebildet, die in ihrem Verlauf zögernd wirken. Sie bilden die Körperformen teils konturierend, teils modellierend, wobei große Leerflächen sowie sehr lockere Gebilde von Schraffen und Kreuzlagen auffallen. Dadurch wirkt die Figur insgesamt sehr hell, eine Helligkeit, die als starke Beleuchtung, besser: Ausleuchtung gemeint ist, denn die Schatten unter der Nase und am Hals deuten auf eine große entsprechende Lichtquelle rechts oben hin,

die den Zeichner in solche Helligkeit taucht. Ungeachtet der dünnen, zögernd an- und absetzenden Striche, der sehr lockeren Strichbündel und der großen Leerflächen hat Beckmann diese Figur doch ganz aus Volumina geschaffen, die in den Händen und im Kopf besonders verdichtet sind. Der zögernde Charakter der Linien bewirkt nichts Vages in der Erscheinung, vielmehr macht die Zeichenweise im Zusammenhang mit der besonderen Erscheinungsweise der Figur den angestrengten Willen zur Form deutlich. Die Anstrengung kann eben nicht ohne weiteres Kräfte mobilisieren, sondern scheint sich immer wieder des Nötigsten an Kraft versichern zu müssen. In dieser Vergewisserung aber und in der Überwindung der Hemmnisse ist sie unbeirrbar. Der Wille zur Form setzt sich durch.

Die Selbstbehauptung, wie sie in der Zeichenweise erkennbar ist, macht den Sinn der Darstellung überhaupt aus. Selbstbehauptung zeigt auch die angestrengte, übermüdete Miene, das gealterte Gesicht. Selbstbehauptung zeigt die etwas steife Haltung des Kopfes, und Selbstbehauptung verkündet schließlich der Gestus der Hand, der auf den Akt des künstlerischen Schaffens als dem Wesentlichen zeigt, gerade in der schwierigen Situation. Max Beckmann ist nicht einfach „der Zeichner im Kriege", sondern er demonstriert künstlerisches Schaffen als das Wesentliche im Kriege.

Literatur: Karlsruhe 1963, Nr. 72. – Bielefeld 1977, Nr. 50. – Wiese 1978, S. 62ff.

SELBSTBILDNIS ALS SANITÄTER 1915

Bleistift, 362 x 253 mm
Bezeichnet mit etlichen Angaben zu den Ereignissen der Karpatenfront
u.a.: „Wislok überschritten/ zwischen Belka Fryskat", „Übergang über d. Wislok sie/ erreichen im
Süden die Linie ... – Baligrod – Bukowika", „Karpatenfront ... Sanok"
Rückseite von zwei Skizzen einer stehenden Frau mit Trinkglas
Privatbesitz
W 283 verso

Das Selbstbildnis ist umgeben von einer verworfenen Figur links, einem mit dem Gewehr schießenden Soldaten rechts sowie Berichten von der Karpatenfront, wo am 2. Mai 1915 eine Offensive begonnen hatte, die den Gegner Galizien und Polen kostete. Am 4. Mai schreibt Beckmann von Erfolgen dieser Offensive in einem Brief an seine Frau.

Das Selbstbildnis ist offenbar nachts, beim Schein einer Lampe gezeichnet, weil das Gesicht ganz hell angeleuchtet ist und die Augen gegen das blendende Licht zusammengekniffen sind. Übermüdung, Anspannung durch die Erlebnisse an der Front und im Lazarett kommen in dem Gesicht zum Ausdruck. Indem Max Beckmann seine Kragenspiegel als Sanitäter mit gezeichnet hat, wollte er auf seine Bestimmung zu dieser Zeit aufmerksam machen. Das bestätigt das Gemälde *Selbstbildnis als Krankenpfleger* (G 187) von 1915, wenn auch

dort das rote Kreuz auf weißem Grund am Hals noch ausdrücklicher, geradezu als Stigma ins Bild gebracht ist.

Ein Zusammenhang ergibt sich außerdem, bei Göpel ist darauf hingewiesen, zu dem Selbstbildnis Kat. 26.

Die Zeichnung ist eine flüchtige Skizze, ganz und gar nicht bildmäßig, aber in der Flüchtigkeit, mit der verworfenen und belassenen Nebenfigur und mit den stichwortartigen Notizen zur Front im Südosten, die das Selbstbildnis einfassen, vermittelt dieser ‚Meldezettel' aus Bild und Wort intensiv die ereignisreiche, spannungsgeladene Atmosphäre von Erlebnissen, Nachrichten, Empfindungen und Gedanken, die das Leben des Künstlers Max Beckmann als Sanitäter im Mai 1915 bestimmt hat.

Literatur: Göpel 1976, I, zu Nr. 187 (Gemälde) und Abb. S. 576. – Bremen 1984, Nr. 238

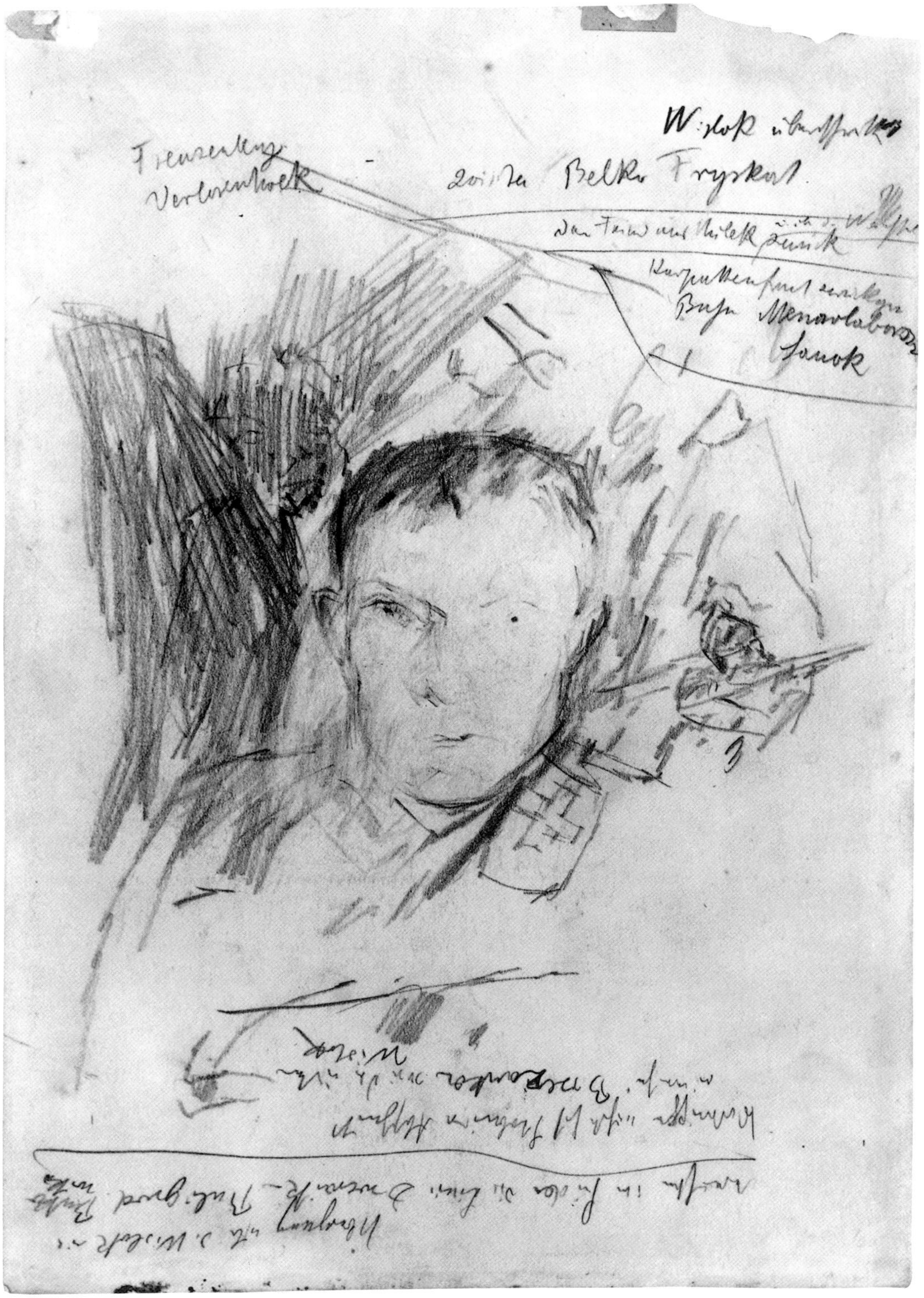
Sanok

26

SELBSTBILDNIS WERVIK   1915

Feder in schwarzer Tinte auf Ingres-Papier, 316 x 244 mm (Darstellung ca. 190 x 130 mm)
Bezeichnet mit Bleistift unten rechts: Verwick   Beckmann 16
Bezeichnet mit Bleistift von der Hand Reinhard Pipers unten links: Selbstbildnis
Privatbesitz Schweiz
W 291

Wiese hat richtig bemerkt, daß Max Beckmann diese Zeichnung später fälschlich 1916 datiert hat; er befand sich 1916 nicht mehr in Wervik. Das Selbstbildnis ist aber während des Kriegsdienstes als Krankenpfleger entstanden. Darauf deutet nicht nur die Ortsangabe, sondern auch die überanstrengte Miene mit den tiefen Falten zwischen den Augenbrauen, den zu Schlitzen verengten Augen und den zusammengepreßten Lippen hin. Offenbar ist die Zeichnung nachts, unter dem grellen Licht einer Lampe entstanden.

Mit wenigen Strichen sind Kopf, Gesicht, Halsansatz und die Andeutung einer Hand gegeben, wobei die Züge der Feder einen Zwiespalt von Entschiedenheit und Unsicherheit erkennen lassen, wie er der Verfassung Beckmanns zu diesem Zeitpunkt entsprach. Die Federzüge deuten zugleich auf entsprechende Radierungen voraus wie etwa das *Selbstbildnis mit Griffel* (Kat. 32) in seinem ersten Zustand 1916 oder das *Selbstbildnis* von 1917 (Kat. 38), letzteres freilich noch wesentlich radikaler in der einfachen Form.

Literatur: Piper 1950, Abb. S. 17. – Quittenbaum, München, Auktionskatalog 16, 2000, Nr. 64

ENTWURF ZUM GEMÄLDE GESELLSCHAFT III. BATTENBERGS 1915

Bleistift, 215 x 168 mm
Städtische Galerie im Städelschen Kunstinstitut, Frankfurt
am Main, Inv. Nr. SG 2965
W 329

Die Komposition des Entwurfes hat Max Beckmann weitgehend für das Gemälde (G 188) übernommen. Auf diesem ist allerdings noch ein Totengeripppe mit Wendung zum Künstler zu sehen.

Dargestellt auf Zeichnung und Gemälde sind in der Mitte das Ehepaar Ugi und Fridel Battenberg mit der Katze Titti, links Max Beckmann und rechts das Dienstmädchen Klara. Battenbergs waren Freunde von Beckmann aus Weimarer Studienjahren. Sie haben ihn 1915 während eines Urlaubs und 1916 nach der Entlassung vom Kriegsdienst bei sich in Frankfurt am Main aufgenommen. Beckmann hat sie in den folgenden Jahren immer wieder dargestellt, auch sich selbst in ihrer Gesellschaft.

Gesellschaft III. Battenbergs hat insofern große Bedeutung, als es mit dem Wandbild in Wervik und dem *Selbstbildnis als Krankenpfleger* eines der ganz wenigen Gemälde des Jahres 1915 im Schaffen Max Beckmanns ist und zudem noch am Anfang einer neuen, wichtigen Phase seiner Entwicklung steht. *Gesellschaft III. Battenbergs* ist das erste Werk, mit dem der Künstler gleichsam am Expressionismus von *Brücke* und *Blauem Reiter* vorbei zu fester Form und bedeutsamem Gehalt gefunden hat, so daß er später zu Recht behaupten konnte: „Die Gegenständlichkeit in einer neuen Kunstform wieder zur Debatte zu stellen ist mein Anstoß gewesen." (Brief vom 12. März 1926 an Wilhelm Hausenstein)

Auf dem Gemälde ist deutlicher als in der Zeichnung die Problematik im Verhältnis der beiden Männer zur Frau in der Mitte, denn Ugi dreht mehr gewaltsam als zärtlich den Kopf seiner Frau zu sich, weg von Max Beckmann, zu dem sie eigentlich ausgerichtet ist, zu dem sie ,stellvertretend' Fridels Katze und lauernd wie eine Verschwörerin auch Klara blickt. Fridel Battenberg ist in den frühen Frankfurter Jahren für Max Beckmann von besonderer Bedeutung gewesen. Zahlreiche Werke zeugen davon (vgl. Kat. 28, 29, 56). Das Gemälde hat Beckmann auf einem Tuch über der Sessellehne bezeichnet: Dem lieben Ugi Andenken von Beckmann 1915.

Bei der Zeichenweise des nebenstehenden Blattes verbinden sich Prägnanz und Unbestimmtheit auf bemerkenswerte Weise. Während Ugi ohne weiteres zu identifizieren ist und die Katze aus dem Kleid der Fridel heraus scharf auf Beckmann blickt, lassen zahlreiche Linien im An- und Absetzen oder der Richtungsänderung ahnen, welche Unsicherheit im umfassenden Sinne den Künstler damals erfaßt hatte. Die wurde aber nun zunehmend überwunden.

Literatur: Göpel 1976, zu Nr. 188 (Gemälde). – Frankfurt 1984, Nr. 100. – Poeschke 1984, S. 23 (Gemälde)

Gesellschaft III. Battenbergs 1915
Ölfarbe auf Leinwand, verschollen

28
THEATER 1916

Blatt 8 der Mappe *Gesichter*
Kaltnadel, 131 x 181 mm
Bezeichnet mit Bleistift unten rechts: Beckmann
Blindstempel der Marées-Gesellschaft unten rechts
Staatliche Graphische Sammlung München, Inv. Nr. 1969 : 89 D
H 89 III B b

Zwei Menschen spielen Theater. Man sieht von ihnen zwar nur die Köpfe, aber die spitze Mütze des Mannes, die erregten Gesichter mit den laut deklamierend oder singend geöffneten Mündern und die Beleuchtung von unten lassen erahnen, daß sie an der Rampe einer Bühne stehen. Hinter ihnen bemerkt man noch einen dunklen Unhold, in der Ferne die Kulisse eines Turmes.

Die Beiden vorn haben ihre Köpfe dicht beieinander; die Frau hat ihre Rechte auch noch um den Nacken des Mannes herumgeführt und gestikuliert mit ihr, während sie die Linke, wesentlich kleiner, nahe ihrer Wange hält. Das Gesicht des Mannes wirkt im Unterschied zu dem der Frau verhältnismäßig starr, so daß man eine Maske annehmen möchte. Mit dem stark verzogenen Mund und dem gespannt blickenden Auge hat sie einen tierisch-aggressiven Charakter. Dieser ist noch wesentlich stärker im ersten und zweiten Zustand der Radierung. Dort ist die Hand am Kopf des Mannes die Linke der Frau, vorn herumgeführt und den Mann zärtlich fassend. Der Dunkle im Hintergrund erscheint nur als Schemen.

Die Darstellung wird im ersten Katalog der Beckmann-Graphik von I. B. Neumann 1917 *Rigoletto* genannt, so daß Hofmaier den Mann als Rigoletto, den Hofnarren des Herzogs von Mantua, die Frau als dessen Tochter Gilda identifiziert, die gegen den Willen ihres Vaters, hier im Hintergrund, Rigoletto liebt. Auch wenn diese Identifizierung schlüssig ist, so hat Blume die drei doch richtig als Ugi und Fridel Battenberg samt Beckmann, unter der Maske, identifiziert. Wie die Radierung *Der Abend* (Kat. 29), in der Mappe *Gesichter* unmittelbar fol-

gend, so enthält auch *Theater* „eine latent erotische Stimmung." Auch hier hat der Künstler das Verhältnis der drei Menschen zueinander hinreichend deutlich gemacht. Ein Exemplar des erwähnten Graphik-Kataloges von 1917, auf dessen Vorderseite *Theater* reproduziert ist, trägt die Widmung: „Frankfurt d. 30.10.17 dem Ugi Battenberg von [Max Beckmann]" und darunter den Vers 721f. aus Klopstocks *Messias*, 12. Gesang: „Traum der mit Träumen begann und endet mit dem Weinen des Todes – Traum des Lebens, du bist ausgeträumt." (Erpel 1985, S. 317)

Blume weist darauf hin, daß dieses Blatt Beckmanns „Welttheater" eröffnet. Vorausgegangen sind nur je eine Lithographie von 1911 und 1912 (H 30 und H 38).

Literatur: München 1984, Nr. 231 (J.-C. Weiss). – Leipzig 1984, Nr. 38 (E. Blume).–Erpel 1985, Nr. 65A

Theater 1916
Kaltnadel, Erster Zustand

DER ABEND (SELBSTBILDNIS MIT DEN BATTENBERGS) 1916

Blatt 10 der Mappe *Gesichter*
Kaltnadel, 240 x 179 mm
Bezeichnet mit Bleistift unten rechts: Beckmann
Blindstempel der Marées-Gesellschaft unten rechts
Herzog Anton Ulrich-Museum Braunschweig – Miteigentum des
Braunschweigischen Vereinigten Kloster- und Studienfonds, Inv. Nr. ZL 95/ 6338
H 90 II B b

Max Beckmann erwähnt das Blatt in einem Brief vom 9. März 1917 an Reinhard Piper. Er schreibt: „Es freut mich sehr daß Sie so intensiv arbeiten und bereits wieder bei einem neuen Buch sind. Bei der Lithographie Bathseba die Sie darin bringen wollen dachte ich daran ob es Sie nicht interessiren würde eine meiner neuesten Radirungen ‚Der Abend' zu sehen. Ich habe davon einen guten Druck allerdings auf schlechtem Papier, wenn es Sie interessirt noch für Ihr Buch könnte ich ihn Ihnen sofort zusenden. Die Radirung dem Styl meiner Kriegsradirungen verwandt enthält aber wie die Bathseba eine latent erotische Stimung und ist wohl eine meiner besten Arbeiten. Da sie auch noch nicht gezeigt ist könnte es Sie eventuell noch mehr interessiren sie in Ihrem Buch zu bringen wie die B. Schreiben Sie mir bitte ne Karte."
Bei dem erwähnten Buch handelt es sich um *Die schöne Frau in der Kunst*, das 1917 erschienen ist.

Max Beckmann hat offenbar das Bild Fridel Battenbergs und die „latent erotische Stimmung" für das Buch geeignet gehalten. Diese besteht in dem Verhältnis des Künstlers zu der Frau. Wie ein Keil schiebt sich sein Kopf zwischen die Eheleute. Die schielenden Augen, der kahle Schädel und der verzerrte Mund verleihen ihm dabei, im ersten Zustand der Radierung noch deutlicher, einen tierisch-expressiven Charakter, ganz im Unterschied zu den beiden anderen. Der genießerische dicke Ehemann Ugi widmet sich nichtsahnend seinem Glas, und die Frau blickt sinnend vor sich hin. Die schwarze Katze im Schoß, Kern der Gruppe, offenbart freilich die auch in ihr vorhandene tierische Komponente: Wildheit und Rätselhaftigkeit.

Literatur: Braunschweig 1976, Nr. 17. – Erpel 1985, Nr. 55. – Briefe I, S. 157. – München 1994, Nr. 11/10 (C. Lenz). – Nahrwold 2000, Nr. 29

30
DER RAUCHER (SELBSTBILDNIS) 1916

Kaltnadel, 175 x 125 mm
Bezeichnet mit Bleistift unten rechts: Beckmañ 16, unten links: Der Raucher
Herzog Anton Ulrich-Museum Braunschweig – Miteigentum des
Braunschweigischen Vereinigten Kloster- und Studienfonds, Inv. Nr. ZL 95/ 6339
H 98 II, nicht aufgeführte Variante außerhalb der Auflage

Beckmann hat bei dieser Radierung im hellen Lichte des Zimmers den Kopf groß in die Nähe gebracht, hat ihn zugleich aber von Ringen des Rauches und deren Schatten überlagert, so daß auch eine Tendenz zum Verbergen wirksam wird. Die Überschneidung durch den linken Rand, die Eingesunkenheit des Kopfes wie überhaupt die Position in der Ecke unten lassen zudem – wie im Selbstbildnis Kat. 17 – den Eindruck entstehen, als ob sich der Dargestellte ducke und dem Betrachter entziehe. Dennoch das unmittelbar zugewandte Gesicht mit den groß blickenden Augen und die unversehens zur Achtungsgebärde gewordenen Finger, zwischen denen die Zigarette gehalten wird. Der ernste Blick unter zusammengezogenen Brauen fixiert aber nicht den Betrachter, sondern ist versonnen-ziellos. Auch der zusammengepreßte Mund kommt nicht zur vollen Wirkung seines energischen Charakters, sondern wird verschleiert durch Rauch und Schatten.

So ist dieses Selbstbildnis ganz zwiespältig: Unmittelbarkeit, Klarheit und Festigkeit werden verdeckt, aufgelöst, zurückgenommen. Davon zeugen auch die Einzelformen; bezeichnenderweise hat Beckmann den Rauch nicht sich verflüchtigend in Dunst oder Schwaden gegeben, sondern in der klaren Form von Ringen. Auch deren Schatten sowie die Schatten um die Augen und der Schatten im Handteller sind verhältnismäßig klar begrenzte Formen. Bei den Fingern hat Beckmann nahezu ausschließlich mit der einzelnen, klar gezogenen

Linie gearbeitet. Wie aber diese Linie in weiche Schwingungen gebracht ist und außerdem an mehreren Stellen aussetzt, so haben auch die Ringe des Rauches und alle Schatten Unregelmäßigkeiten, Lockerheiten, so daß sie nicht zu entschiedener Wirkung kommen. Dasselbe gilt für das Licht: Zwar ist das Zimmer im Gegensatz zum nachtdunklen Fenster hell erleuchtet, aber weder kommt dieser Gegensatz zu starker Wirkung, noch tritt der Kopf heftig aus dem Dunkel hervor. Vielmehr mildern die lichten Schatten, insbesondere der auf dem Kopf liegende, die Hell-Dunkel-Kontraste und damit die Plastizität.

Beckmann erscheint hier versunken, zurückgezogen, verschleiert. Nicht als ein sich selbst Gewisser hat er sich dargestellt, sondern irritiert und befangen in Ungewißheit. Die Ringe des Rauches wirken wie Gedanken, die ziellos-kreisend ohne Anfang, ohne Ende von dem Mann ausgehen und so das Bild melancholischer Versunkenheit verstärken.

Das Motiv der aufsteigenden Rauchringe bringt dieses Selbstbildnis in Zusammenhang mit einer frühen Selbstdarstellung, wo sich der junge Maler vor weiter Landschaft gegeben hat und aufsteigenden Seifenblasen wie seinen eigenen Träumen nachblickt (vgl. S. 10). Während aber dieses frühe Bild einen poetischen, träumerischen Charakter hat, ist nun die Stimmung düster, hoffnungslos.

Literatur: Braunschweig 1976, Nr. 18. – Erpel 1985, Nr. 57. – Nahrwold 2000, Nr. 30

Das Kornfar   Beckmann 16

SELBSTBILDNIS MIT AUFGESTÜTZTER WANGE 1916

Kaltnadel auf Velin, 178 x 112 mm
Bezeichnet mit Bleistift unten rechts: Meiner lieben Frau/ Beckmann 16
unten links: Handprobedruck (Selbstportrait 16)
Privatbesitz
H 100 II

Max Beckmann hat sich hier gedankenverloren, ernst und von uns, von sich abgewendet dargestellt – als ob ihn ein Anderer gezeichnet habe. Merklich von oben und von der Seite streift der Blick gleichsam über ihn hin, und dem Beiläufigen der Wahrnehmung entspricht die lichte Atmosphäre, der zögernde, zarte Strich der Kalten Nadel, mit dem sich der Künstler der Form vergewissert. Die rechte Hand stützt den Kopf, und wenn ihr auch die Zigarette zwischen den Fingern einen lässig-genrehaften Charakter verleiht, so überwiegen doch Müdigkeit und Sorge im Ausdruck.

Dieses Selbstbildnis vermag den Betrachter besonders zu berühren, weil Max Beckmann hier keine Rolle spielt, weil er sich unpathetisch und auch ohne Selbstmitleid darstellt, stattdessen mit einer empfindsamen, ernsten Sachlichkeit.
Von der Kaltnadelradierung gibt es nur wenige Abzüge; kein Verleger hat sich ihrer angenommen. Das macht zusätzlich den geradezu intimen Charakter der Darstellung deutlich.

Literatur: Erpel 1985, Nr. 56

Handzeichnung (Kaltspitze 16)   Meiner lieben Frau
                                        Beckmann 16

Selbstbildnis mit Griffel 1916/1917

Kaltnadel, 296 x 236 mm
Bezeichnet mit Bleistift unten rechts: Beckmann
Blindstempel der Marées-Gesellschaft unten links
Privatbesitz
H 105 II A

Max Beckmann hat sich in diesem Selbstbildnis als Radierer dargestellt. Wie es die Umkehrung durch den Druck mit sich brachte, hält er in der Rechten die Platte (erst mit gestreckten Fingern) und in der Linken den Griffel, die Kalte Nadel. Eben hält er bei der Arbeit inne, hat den Griffel ebenso nachdenklich wie demonstrativ gehoben und betrachtet sich prüfend im Spiegel. Es ist Nacht. Die Lampe wirft ihr Licht von links unten, so daß Kopf und Hände weitestgehend hell erscheinen und sich entsprechende Schatten bilden, von denen der hinter dem Kopf einen unregelmäßigen ‚Nimbus‘ bildet. Nun bemerkt man auch, daß sich der Künstler, etwas zurückgelehnt, in einer Sicht leicht von unten dargestellt hat, daß er auf uns herabblickt. Der Stolz der Haltung, mit ‚Nimbus‘ und Achtung heischender Gebärde, ist allerdings merklich gedämpft durch die ernste Miene mit den groß blickenden Augen und dem weichen Mund, der einen Anflug von Bitterkeit zeigt.

Max Beckman macht uns mit diesem Bildnis darauf aufmerksam, wie wichtig ihm die Arbeit als Radierer ist. Und ähnlich wie Rembrandt in seinem berühmten *Selbstbildnis zeichnend am Fenster* vermittelt er uns zugleich eine Vorstellung von seiner seelischen Verfassung.

Dieser Zwischenzustand der Kaltnadelradierung ist feiner als der erste Zustand, Schraffen und Kreuzlagen treten reichlicher auf, so daß die Kontraste geringer sind und sich ein zartes Netzwerk über die Darstellung legt, die den Künstler gleichsam einspinnt. Dementsprechend ist auch der Sinn des Selbstbildnisses hier ein anderer als im ersten und dem folgenden Zustand. Wie die Hände im Halten weniger fest, im Zeigen weniger entschieden sind, so breitet sich Unsicherheit, Ungewißheit aus. Besonders macht sich das an den Augen bemerkbar, deren Pupillen wegen der Korrektur in leichter Verschiebung doppelt erscheinen, als ob der Blick flackere, als ob dieser Mann überhaupt nicht mehr wüßte, was er ins Auge fassen, wo er Halt finden könnte.

33

Selbstbildnis mit Griffel 1916/1917

Blatt 19 der Mappe *Gesichter*
Kaltnadel, 296 x 236 mm
Bezeichnet mit Bleistift unten rechts: Beckmann, unten links: Selbstportrait 1917
Blindstempel der Marées-Gesellschaft unten rechts
Herzog Anton Ulrich-Museum Braunschweig – Miteigentum des
Braunschweigischen Vereinigten Kloster- und Studienfonds, Inv. Nr. ZL 95/ 6340
H 105 II B a

Bei dem vorhergehenden Zustand hat es, wie die nebenstehende Abbildung zeigt, Max Beckmann allerdings nicht belassen, sondern hat mit der Kalten Nadel alles wieder zu größerer Klarheit und Festigkeit gebracht, hat seinen Zustand der Unsicherheit und Ungewißheit überwunden.

Die Helligkeit, die starke Beleuchtung läßt in Verbindung mit den großen, nachdenklich blickenden Augen den Eindruck entstehen, als ob der Künstler in diesem Moment ein Gesicht habe, ein Bild, das seine Phantasie hervorgebracht hat und erfüllt. Das muß er nun im Werk bezeugen.

Das *Selbstbildnis mit Griffel* ist das letzte Blatt der 19 Kaltnadelradierungen umfassenden Mappe *Gesichter* und bildet dementsprechend einen betonten, bekenntnishaften Abschluß.

Literatur: O. Fischer 1932, S. 41. – Jedlicka 1959, S. 116. – Busch 1960, S. 19. – Braunschweig 1976, Nr. 19. – Busch 1984, o. S. – Leinz 1984, S. 74. – Erpel 1985, Nr. 68. – Braunschweig 1997, Nr. 40 (Th. Döring). – Nahrwold 2000, Nr. 31. – Auktionskat. Kornfeld 225, 2000, zu Nr. 8.

Selbstbildnis 1917   Beckmann

ADAM UND EVA 1917

Kaltnadel auf Kupferdruckkarton, 237 x 176 mm
Bezeichnet mit Bleistift unten rechts: Beckmann
Privatbesitz
H 110 III B a

Ähnlich wie bei *Prosit Neujahr* (Kat. 35) kann man hier nicht ohne weiteres ein Selbstbildnis von Max Beckmann sehen: Man muß eher darauf schließen. Zu berücksichtigen sind der Stoff, die Frau und die Lebensumstände des Künstlers. Im Jahre 1917 hat dieser mehrere Werke nach christlichem Stoff geschaffen, hat damit einerseits an seine Epoche vor dem Krieg angeschlossen, andererseits bewegte er sich nun, vereinfacht ausgedrückt, auf der Bahn des deutschen Expressionismus, dem christliche Figuren mehr zur Verstärkung des Ausdrucks und Appells dienten, als daß die Künstler wahrhaft religiös gewesen wären. In den entsprechenden Bildern finden sich auch immer wieder deren Identifikation mit entsprechenden Gestalten, zumal des Neuen Testamentes, vor allem mit Christus selbst. Hier wirkt die Gauguin-Tradition nach. Max Beckmann hat sich 1917 ebenfalls mit Christus identifiziert, im Gemälde *Christus und die Sünderin* (G 197), und hat 1918 die Rolle des Verlorenen Sohnes gespielt (vgl. S. 25 ff.). Insofern ist es auch möglich, daß er sich in dieser von Rembrandt angeregten Radierung als Adam beim Sündenfall gesehen hat.

Die Möglichkeit verstärkt sich, weil wir in der Eva eine bestimmte Person erkennen können, mit der zusammen sich Beckmann auch in anderen Werken anspielungsreich dargestellt hat: Fridel Battenberg. Es sei nur an die Blätter *Theater* und *Der Abend* (Kat. 28 und 29) erinnert. Die aufgelösten, langen Haare der Eva täuschen nicht darüber hinweg, daß sie das bekannte Gesicht mit den dicken Bäckchen und dem kleinen Kinn einfassen, das wir von den Bildnissen der Fridel Battenberg kennen.

Insofern ist es naheliegend, Max Beckmann in der Rolle des Adam zu sehen. Eine Verfremdung des Gesichtes durch geringe physiognomische Verän-

derungen und durch den Bart würde durchaus dazu passen, kennen wir dasselbe doch einige Jahre später von ihm (Kat. 81). Max Beckmann wollte einerseits eine für ihn wichtige Beziehung oder ein Ereignis ‚dokumentieren‘, andererseits sollte das nicht für jedermann offenkundig sein.

In demselben Jahr wie die Radierung hat er auch noch ein kleines Gemälde von Adam und Eva geschaffen (G 196). Auch dort sind die Personen zu identifizieren, aber es sind ganz andere: das Ehepaar Walter und Käthe Carl.

Literatur: Lenz 2000a, S. 90

Adam und Eva 1917
Ölfarbe auf Leinwand
SMPK, Nationalgalerie, Berlin

PROSIT NEUJAHR 1917

Kaltnadel, 239 x 300 mm
Bezeichnet mit Bleistift unten rechts: Beckmann
Blindstempel der Marées-Gesellschaft
Staatliche Graphische Sammlung München, Inv. Nr. 1969 : 98
H 108 VI B b

Neben zwei großen religiösen Bildern, einer Landschaft, den Bildnissen und Selbstbildnissen verdient im Jahre 1917 diese Radierung als ein Gesellschaftsbild besondere Beachtung. Der Künstler hat sich hier wiederum im Kreise seiner Frankfurter Bekannten und Freunde dargestellt, denn es lassen sich die Frau als Fridel Battenberg, der Mann rechts von ihr als Major von Braunbehrens, der Mann hinten rechts als Ugi Battenberg und der Soldat vorn rechts als Ernst Guthmann alias Tavu identifizieren.

Die Personen der unteren Reihe sind ruhiger und zugleich unwichtiger als die der oberen. In dieser Reihe geht es wilder zu. Als linke Figur der Dreiergruppe ist ein schielender Mann mit Schiebermütze dargestellt, der angestrengt zum Betrachter hin seine Tute bläst. Das hohe Maß an Vereinzelung und die Hinwendung zum Betrachter legen es nahe, in dieser Figur eine Selbstdarstellung des Künstlers zu sehen.

Von besonderer Ausgelassenheit, ja einer geradezu hexischen Wildheit ist die Frau, die mit aufgerissenen Augen und äußerster Heftigkeit in ihre Tute stößt. In dem Mann rechts hat sie einen amüsiert begeisterten Gefährten, der in solcher ausdrücklichen Anteilnahme an einer anderen Person von geringerer Bedeutung als der Mann links ist. Hinten rechts schließlich sieht man in fröhlicher Selbstgenügsamkeit einen weiteren Mann sitzen, der in ganz andere Richtung gewandt ist und demzufolge in mehrfacher Hinsicht abgesondert von der übrigen Gesellschaft erscheint.

Thema der Darstellung insgesamt ist überhaupt die Beziehungslosigkeit der Menschen. Bis auf den schnurrbärtigen Offizier ist eigentlich jeder für sich in Haltung, Gebärden und in seiner Aufmerksamkeit. Eine zusätzliche Isolierung schafft das sinnlose unartikulierte Getute – einerseits. Andererseits bewirkt dieses Getute wie auch die Fratzenhaftigkeit eine Gemeinsamkeit aller Dargestellten zusätzlich zu ihrem Beisammensein. Sie sind auf niemand anderen im Bild zu beziehen, belustigen sich über keinen Menschen anderer, ‚höherer‘ Art und sind niemandem moralisierend oder kritisch gegenübergestellt. Sie selbst sind vielmehr diejenigen, deren Antipoden sie zugleich sein können. So porträthaft identifizierbar sie auch erscheinen und so sehr sie auch ihrer Natur nach voneinander unterschieden sind, so sind sie doch schließlich eine einzige Gesellschaft von Narren, Clowns, Kobolden, die in ihrem Tun befangen bleiben. Ihr Treiben ist eine Art Theaterspiel und als solches ebenfalls ganz sinnlos, ganz leer. *Prosit Neujahr*, ein Sinnbild des Lebens im Kriege wie Beckmann dieses Leben sah: die Entwürdigung des Menschen in einer maßlosen, das heißt sinnlosen Ausgelassenheit, bei der die Soldaten mitmachen. Durch sie nimmt der Künstler in besonderer Weise auf das Weltuntergangsgeschehen des Krieges Bezug.

Literatur: Leipzig 1984, Nr. 45 (E. Blume)

Die Fürstin 1917

Zwei von sechs Kaltnadelradierungen zu einer Sammlung von Novellen Kasimir Edschmids

Das Buch ist 1918 im Verlag Gustav Kiepenheuer, Weimar, erschienen. Es handelt sich um Novellen erotischen Gehaltes in expressionistisch-pathetischer Prosa. Kasimir Edschmid (1890–1966), eigentlich Eduard Schmid, war der Vetter von Ugi Battenberg und lebte zeitweise in Darmstadt. Er war expressionistischer Schriftsteller und Kritiker und gab die Zeitschrift *Tribüne der Kunst und Zeit* heraus. Besonders bekannt geworden ist er mit deren erstem Band *Über den Expressionismus in der Literatur und die neue Dichtung* von 1919. Im 13. Band mit dem Titel *Schöpferische Konfession* hat u. a. Max Beckmann seinen Text *Ein Bekenntnis* veröffentlicht, den er 1918 verfaßt hat.

Max Beckmann hat Edschmid 1916 bei Battenbergs kennengelernt und 1917 in einer Kaltnadelradierung porträtiert (H 106). 1919 gehörten beide zu den Gründungsmitgliedern der Darmstädter Secession. Edschmid erinnert sich später:

„Er machte sechs Radierungen zu einem Buch von mir, *Die Fürstin*, das nur in ein paar hundert Exemplaren aufgelegt wurde. Der Verleger Kiepenheuer schrieb an einen Freund in der Schweiz: ‚Beckmann und KE – ich mag sie beide nicht, aber sie sind aktuell‘.

Die Auslandspost ging durch die Frankfurter Militärzensur, und so wußten wir schon am nächsten Tag von diesem freundlichen Geständnis. Ohne Kommentar erhöhten wir das Honorar, jeder um 1000 Mark. (...)

Beim Zusammenbruch interessierte sich Max Beckmann kurz für die Ideen und Visionen des Spartakus-Bundes. Seine eigene Dämonie war von massiver Gewaltsamkeit. Einer der Maler, die er liebte, war Mäleskirchner. Ich saß oft mit ihm in seinem Lieblingsrestaurant, dem Bahnhofswartesaal in Frankfurt, wo er, den steifen Hut im Nacken, Sekt trank und Muschelsuppe aß."

Für die Illustrationen zur Novellensammlung *Die Fürstin* hat Max Beckmann teilweise auf vorhandene Werke zurückgegriffen. So ist als Titelblatt für einen Teil der Auflage die Radierung *Frau auf dem Sofa* (*Fridel Battenberg*; H 99) wieder verwendet worden, zugleich der Hinweis darauf, welche Bedeutung Fridel Battenberg zu jener Zeit für Max Beckmann hatte, auch wenn noch zwei andere Frauen in den Illustrationen die Fürstin sind.

Literatur: K. Edschmid, Tagebuch 1958–1960, München 1960, S 92f. – Jannasch 1969, S. 6f. – Leipzig 1984, Nrn. 46–51 (E. Blume). – Bozen 1990, Nr. 37 (R. Jentsch)

KASIMIR EDSCHMID
DIE FÜRSTIN

6 RADIERUNGEN VON
MAX BECKMANN

KASIMIR EDSCHMID

DIE FÜRSTIN

MIT SECHS RADIERUNGEN
VON MAX BECKMANN

WEIMAR 1918

GUSTAV KIEPENHEUER VERLAG

36

LIEBESPAAR 1917

Blatt 3 zur Novellensammlung *Die Fürstin*
Kaltnadel, 195 x 128 mm
aus Exemplar Nr. 435
Privatbesitz
H 113 III B

Der Künstler hat die beiden Figuren dicht in das hochrechteckige Format eingepaßt: links den sitzenden Mann, der nur mit einem Hemd bekleidet ist, rechts die nackte Frau auf seinem Schoß. Während er sie kräftig um die Taille faßt, liegt ihre Rechte locker in seinem Nacken. Die Linke der uns Unbekannten hängt kraftlos-ergeben herab. Der Haltung der Arme entspricht die Miene mit den nahezu geschlossenen Augen. Immerhin ist ihr Gesicht zu dem des Mannes gewandt, während der diese Zuwendung nicht erwidert, sondern hart und verschlossen wirkt.

Die Darstellung ist nicht eindeutig einer bestimmten Stelle bei Edschmid zuzuordnen, gehört aber wahrscheinlich zur Novelle *Jael*.

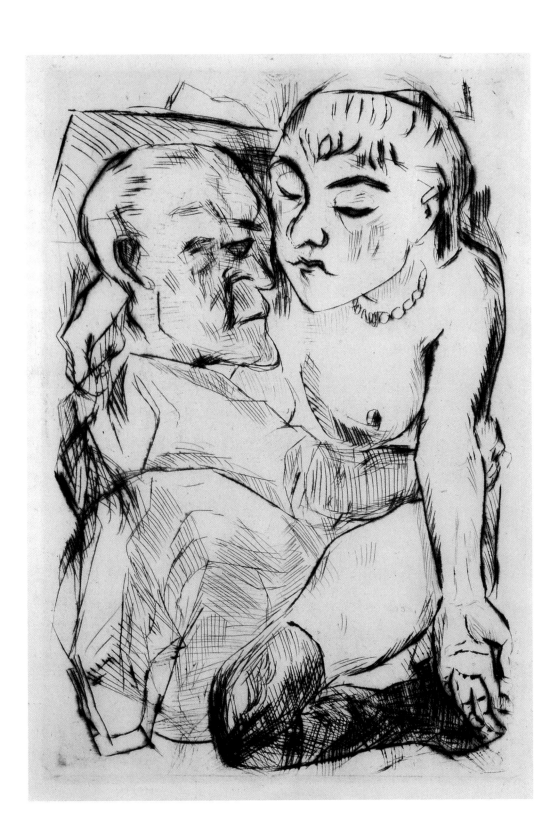

IM DOM 1917

Blatt 5 zur Novellensammlung *Die Fürstin*
Kaltnadel, 183 x 142 mm
aus Exemplar Nr. 435
Privatbesitz
H 115

Diese Illustration bezieht sich auf eine Szene im vierten Kapitel, wo es heißt: „Wir saßen im Dom zwischen armen Leuten und den bösen mittleren Bedrückten, eingekeilt, die Fürstin, mit den schönen Hüften. Wie strahlte uns die dunkle Ecke von Holz und das Fenster und das rote Licht."
Max Beckmann hat für die Darstellung, das wurde schon lange bemerkt, eine Gruppe aus seiner 1916 begonnenen *Auferstehung* genutzt, an der er zu dieser Zeit noch arbeitete. Gegenüber dem Gemälde seitenverkehrt dargestellt hat er sich hier mit Minna und einer alten Frau vorn, bei der es sich wohl nicht um Minnas Mutter handelt, die alte Frau Tube, sondern um dieselbe, die 1916 in einer anderen Radierung (H 95) von Beckmann por-

trätiert worden ist. Hinter der Gruppe hat der Künstler eine weitere Frau angedeutet.
Die Übernahme der Gruppe aus der *Auferstehung* läßt nicht nur Beckmanns ‚Ökonomie' erkennen, sondern macht zugleich deutlich, daß die Darstellungen keineswegs immer einen prägnanten, untrennbar mit einem bestimmten Stoff verbundenen Sinn haben. Solche Austauschbarkeit ist modern, ist von Rodin zum Beispiel exzessiv betrieben worden. Im vorliegenden Falle ermöglicht das christliche Thema – hier Auferstehung, dort Besuch im Dom – zusammen mit der Schilderung vom eingekeilten Sitzen den Austausch, auch wenn der Seitenblick auf die schönen Hüften der Fürstin in beiden Darstellungen fehlt.

Auferstehung 1916, Detail
Ölfarbe auf Leinwand, Staatsgalerie Stuttgart

38
Selbstbildnis 1917

Kaltnadel mit Ergänzungen in Bleistift, 207 x 157 mm
Bezeichnet mit Bleistift unten rechts: Beckmann 17, unten links: Selbstportrait
Herzog Anton Ulrich-Museum Braunschweig – Miteigentum des
Braunschweigischen Vereinigten Kloster- und Studienfonds, Inv. Nr. ZL 95/ 6341
H 120 III

In der Radierung aus dem Besitz Reinhard Pipers, die in demselben Jahr wie die Zeichnung Kat. 39 entstanden ist, hat Beckmann sich trotz vergleichbarer Vereinfachung wesentlich härter gegeben. Wirken schon alle Formen durch den heftigen gratigen Riß der Kalten Nadel, die zum größten Teil breite schwarze Linien bildet, gewaltsamer, so ist auch die Miene mit dem vorgeschobenen Unterkiefer, den zusammengepreßten Lippen und mit den kalten, künstlichen, starr blickenden Augen bar jeglicher zarten Empfindung, von der die Zeichnung so schön zeugt. Hier verbinden sich vielmehr Härte und Entschlossenheit, so daß nicht ein bestimmter Mensch mit dem ganzen Reichtum seiner Gedanken und Empfindungen sichtbar wird, sondern ein unpersönliches, entindividualisiertes Wesen von kalter Objektivität. Dementsprechend weist diese Radierung schon auf die Puppen- und Maskenwelt der zwanziger Jahre voraus.

Die Ergänzungen in Bleistift finden sich an der rechten Schulter und sollten offenbar in den Strich der Kalten Nadel umgesetzt werden; dazu ist es aber nicht gekommen.

Literatur: Karl & Faber 1981, Nr. 212. – Erpel 1985, Nr. 63. – Nahrwold 2000, Nr. 32

Selbstporträt   Beckmann 12

Selbstbildnis beim Zeichnen 1917

Feder in schwarzer Tusche, 510 x 330 mm
Bezeichnet mit Feder in schwarzer Tusche oben links: Beckmann/ 17.
Sprengel Museum Hannover, Dauerleihgabe aus Privatbesitz
Stiftung von Gerda und Theo Garve in Erinnerung an Christoph
und seine, nach der Geburt verstorbene Mutter Elsa Garve
W 369

In der Zeichnung hat sich Beckmann als Halbfigur, mit leichter Wendung nach links gegeben und blickt den Betrachter an. Er sitzt vor einem schräggestellten Zeichenbrett an der Arbeit. Entsprechend seiner Erscheinung im Spiegel ist die Linke tätig, während die Rechte mit einer Zigarette zwischen den Fingern vor der Brust liegt.

Beckmann hat für diese Zeichnung Feder und schwarze Tusche gewählt und hat die Formen nahezu ausschließlich aus einzelnen dünnen schwarzen Linien gebildet. Nur an wenigen Stellen, wie zum Beispiel den Haaren, kommt es zu dichteren Lagen mehrerer Striche. Ansonsten schafft die scharfe, zum Winkeligen tendierende Linie in langen oder kurzen, neu ansetzenden Zügen einfache schattenlose Formen, die nur durch die Perspektive, nicht aber durch Modellierung Volumen gewinnen. Im Bereich der Kleidung und des Zeichenbrettes neigen die Linien zur Geraden, sind fester und über längere Strecken durchlaufend, wogegen sie in Kopf und Händen feiner, mehrfach unterbrochen, wechselnder in der Richtung, also insgesamt regsamer sind. Auf diese Weise ist der leblose Stoff von den lebendigen Formen des Körpers, sowohl den ihnen zugrundeliegenden Strukturen wie auch der Oberfläche, unterschieden.

Was aber in der Differenzierung von lebloser und lebendiger Form hier mit knappsten Mitteln geleistet ist, das kommt als Wesen dieser Selbstdarstellung überhaupt zum Ausdruck. Beckmann hat sich auf die Wiedergabe seiner selbst beschränkt und auf jegliche Angabe des Ortes verzichtet. Aus der Tätigkeit heraus, aufrecht vor dem Zeichenbrett, blickt er den Betrachter ernst an. Dieser einfachen, unprätentiösen Art der Darstellung entspricht die Beschränkung auf wenige Linien, entspricht das Schwarz und das Weiß und entspricht der Verzicht auf Modellieren in Licht und Schatten. Alles ist einfach, schlicht, sachlich. Die Sachlichkeit ist aber nicht ohne Gefühl; sie ist keine Nüchternheit. Der ernste Blick unter den leicht herabgezogenen Lidern gibt durchaus eine melancholische Natur zu erkennen. Es ist nicht der weichende, verschleierte Blick im *Selbstbildnis* als Raucher von 1916 (Kat. 30), sondern ein bei aller Empfindsamkeit ruhiger und fester Blick. Er gehört zur Festigkeit der aufrechten Haltung und zur sachlichen Arbeit am Zeichenbrett. So schwelgt dieser Künstler hier nicht in Melancholie, sondern er bändigt sie.

Bedeutsam ist die Hand mit der Zigarette. Läßt sich schon am *Florentiner Selbstbildnis* (G 66) von 1907 und auch am *Raucher* von 1916 feststellen, daß bei Beckmann die Hand mit der Zigarette über das bloße Halten hinaus zu einem vielfältigen Ausdruck gebracht wird, so bemerken wir auch in der Zeichnung einen Ausdruck, der über die einfache Funktion hinausgeht. Die Hand liegt ,auf dem Herzen'. Sie wirkt dadurch einerseits so, als ob sie einen Schmerz zu dämpfen habe, und andererseits ist sie in eine Gebärde des Bekennens gebracht. Auf diese Weise korrespondiert sie aufs engste mit dem leicht schmerzlich-melancholischen Ausdruck des Dargestellten wie auch mit seiner aufrechten, unverwandten Erscheinung vor dem Betrachter. So hat Beckmann sich hier geschildert als einen Künstler, der sich auf sein Wesen besonnen hat, der ehrlich ist und sachlich seine Aufgabe erfüllt.

Literatur: Köln 1955, Nr. 28. – Karlsruhe 1963, Nr. 73. – Paris 1968, Nr. 108. – Bielefeld 1977, Nr. 72. – Frankfurt 1983, Nr. 8. – München 1984, Nr. 152 (J. C. Weiss). – Hannover 1998, Nr. 7. – Harter 1998, S. 16

Selbstbildnis sitzend, mit gefalteten Händen 1917

Feder in schwarzer Tusche, 317 x 239 mm
Verso: Sehr ähnliches Selbstbildnis, aber nur der Kopf
     Bezeichnet unten rechts: Beckmann/ 17
     Bezeichnet von der Hand Reinhard Pipers:
     Siehe <u>Rück</u>seite !
Privatbesitz
W 370

Entsprechend Signatur und Datierung haben Max Beckmann und Reinhard Piper die Seite mit dem kleineren Selbstbildnis als Vorderseite betrachtet. In beiden Darstellungen sehen wir Max Beckmann müde und erschöpft. Der Mantel deutet darauf hin, daß er eben nach Hause gekommen ist und sich hingesetzt hatte, als ihn der Blick in den Spiegel zur Zeichenfeder greifen ließ. Wieder einmal ist es Nacht. Das grelle Licht fällt nahezu von vorn und von oben auf den Mann, der sich, der uns auch von oben anblickt. Aber dieser Blick ist unsicher und schwach. Die Augen gehen schielend auseinander; das Lid des rechten ist fast gänzlich geschlossen. Matt, leidend wirkt auch der Mund mit den hochgezogenen Winkeln. Selbst die gefalteten Hände wirken noch so, als müsse sich Beckmann seiner letzten Kräfte versichern.

Literatur: Bremen 1974, Nr. 37. – München 1975, Nr. 37. – Bielefeld 1977, Nr. 73. – Karl & Faber 1981, Nr. 73. – Erpel 1985, Nr. 61

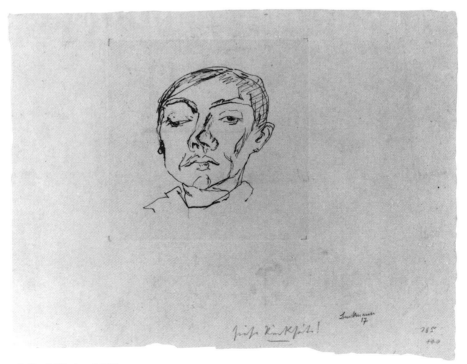

Selbstbildnis   1917
Feder in schwarzer Tusche, Rückseite
der nebenstehenden Zeichnung

41

SELBSTBILDNIS, HALBPROFIL 1917

Bleistift, 410 x 320 mm
Bezeichnet mit Bleistift oben rechts: Beckmann/ 3. 12. 17
Rückseitig verworfenes Selbstbildnis
Privatbesitz
W 371

Mit angespannter Miene und weit geöffneten Augen den Betrachter, sich selbst über die Schulter anblickend und doch gedankenverloren, so hat sich Max Beckmann hier dargestellt. Die verkrampft vor der Brust gehaltene Hand drückt zusätzlich die Anspannung aus, in der sich der Künstler befindet.

Der Kopf ist mit wiederholt ansetzendem Strich konturiert, teilweise gebrochene Züge bildend, und auch das Gesicht ist mehr hart als weich modelliert, wobei die Formen nur knapp angegeben, die

Schatten ganz hell sind, so daß man an die grelle Ausleuchtung durch eine Lampe denken mag, wie es uns von anderen Selbstbildnissen bekannt ist. Verwandt ist das *Selbstbildnis mit Griffel* in seinem ersten Zustand (Kat. 32), das in einem Probedruck ebenfalls 1917 datiert ist. Die Bleistiftzeichnung gibt die Formen allerdings noch knapper.

Literatur: München 1951, Nr. 194. – Köln 1955, Nr. 28. – Göpel 1954b, Abb. 15. – Erpel 1985, Nr. 67

Selbstbildnis, Halbprofil   1917
Rückseite der nebenstehenden Zeichnung, Bleistift

SELBSTBILDNIS VON VORN, IM HINTERGRUND HAUSGIEBEL 1918

Kaltnadel, 305 x 256 mm
Bezeichnet mit Bleistift unten rechts: Beckmann
Herzog Anton Ulrich-Museum Braunschweig – Miteigentum des
Braunschweigischen Vereinigten Kloster- und Studienfonds, Inv. Nr. ZL 95/ 6342
H 125 II B a

Max Beckmann hat sich hier in größter Anspannung und Verschlossenheit dargestellt. Er ist aber ganz nahe, uns – und sich selbst – unausweichlich. Mit zusammengepreßten Lippen, herabgezogenen Mundwinkeln, zusammengezogenen Augenbrauen und verengten Augen starrt er gegen den grellen Schein der nächtlichen Lampe durch uns hindurch. Bogenförmige Halbschatten umschweben den Kopf, fassen ihn ein und machen zusätzlich die geistige Energie anschaulich, die diesen Mann erfüllt. Was in ihm vorgeht, hat er in demselben Jahr mit bekannten Worten zum Ausdruck gebracht:

„Ich glaube, daß ich gerade die Malerei so liebe, weil sie einen zwingt, sachlich zu sein. Nichts hasse ich so wie Sentimentalität. Je stärker und intensiver mein Wille wird, die unsagbaren Dinge des Lebens festzuhalten, je schwerer und tiefer die Erschütterung über unser Dasein in mir brennt, um so verschlossener wird mein Mund, um so kälter mein Wille, dieses schaurig zuckende Monstrum von Vitalität zu packen und in glasklare scharfe Linien und Flächen einzusperren, niederzudrücken, zu erwürgen. Ich weine nicht, Tränen sind mir verhaßt und Zeichen der Sklaverei. Ich denke immer nur an die Sache." (Ein Bekenntnis. In: Max Beckmann. Aufsätze und Vorträge 1984, S. 89)

Literatur: Busch 1960, S. 21. – Braunschweig 1976, Nr. 20. – Busch 1984, o. S. – Erpel 1985, Nr. 69. – Nahrwold 2000, Nr. 33

43
FAMILIENSZENE (FAMILIE BECKMANN) 1918

Blatt 2 der Mappe *Gesichter*
Kaltnadel, 306 x 259 mm
Bezeichnet mit Bleistift unten rechts: Beckmann
Blindstempel der Marées-Gesellschaft unten links
Herzog Anton Ulrich-Museum Braunschweig – Miteigentum des
Braunschweigischen Vereinigten Kloster- und Studienfonds, Inv. Nr. ZL 95/ 6343
H 127 B b

Max Beckmann hat sich hier zusammen mit Frau, Sohn und Schwiegermutter, der von ihm verehrten Frau Tube, dargestellt. Die Frauen und das Kind befinden sich auf dem Balkon der Berliner Wohnung der alten Dame, während der Künstler hinten aus einem benachbarten Fenster lehnt. So sind die Drei vorn eine Gruppe für sich. Ihr Zentrum bildet die alte Frau Tube, die zudem alle überragt. Das dichte Beieinander der Frauen und des Kindes, Karl Arndt hat darauf aufmerksam gemacht, kann freilich nicht darüber hinwegtäuschen, daß auch diese Personen nicht einander zugewandt, sondern letztlich für sich allein sind.

Die alte Frau Tube blickt, die Arme verschlossen übereinandergelegt, sinnend in die Ferne. Der Junge, mit Pfeil und Bogen als kleiner Krieger auf einem Spielzeugpferd sitzend, lehnt sich zwar auf ihre Arme, doch seine Rechte wirkt zugleich so, als ob er die Hand der Großmutter wegschöbe. Sinnend blickt auch er ins Weite, über seine Mutter hinweg, die in ein Buch vertieft ist.

Warum aber hat sich der Künstler mit geschlossenen Augen dargestellt? Lehnt er sich schlafend oder meditierend aus dem Fenster? Verständlicher wird diese Art der Darstellung, und das bestätigen andere Werke Beckmanns, wenn wir ihn nicht als wirklich anwesend auffassen, sondern die Gruppe vorn als eines seiner Gesichte, das sich ihm aus Erinnerung und neuer Vorstellung gebildet hat. Max Beckmann ist im Geiste bei seiner Familie, besonders nahe der alten Frau Tube. Deren Miene haben wir also nicht nur aus einem unbestimmten Sinnen heraus zu verstehen, sondern auch aus der Zuwendung des Künstlers, aus den Gedanken an ihn heraus.

Max Beckmann zeigt in zahlreichen Darstellungen, wie sehr er seine Schwiegermutter verehrt hat. Das bestätigt auch Minna in ihren *Erinnerungen an Max Beckmann*. Er lebte seit 1915 getrennt von der Familie, in Frankfurt am Main, besuchte sie allerdings hin und wieder. So war er fast den ganzen Juni 1918 in Berlin. Minna hatte von September 1917 bis Mai 1918 ein Engagement als Opernsängerin in Chemnitz und seit August 1918 in Graz. Der Sohn Peter lebte bei der Großmutter in Berlin, bevor ihn die Mutter mit nach Graz nahm. Erinnerungen an das Beisammensein bei der alten Frau Tube liegen also der Darstellung zugrunde; diese ist jedoch weit mehr als eine Genreszene.

Literatur: Leipzig 1984, Nr. 55 (E. Blume). – München 1984, Nr. 239 (J. C. Weiss). – Busch 1984, o. S. – Erpel 1985, Nr. 70. – München 1994, Nr. 11/ 2 (C. Lenz). – Arndt 1996, S. 286 ff. – München 1998, S. 20 (C. Lenz). – Zeiller 1998, Nr. 34. – Nahrwold 2000, Nr. 34

44

Die Gähnenden 1918

Blatt 7 der Mappe *Gesichter*
Kaltnadel 308 x 255 mm
Bezeichnet in der Platte oben links: Beckmann/ Sommer Hermsdorf 1918
Bezeichnet mit Bleistift unten rechts: Beckmann
Blindstempel der Marées-Gesellschaft unten links
Staatliche Graphische Sammlung München, Inv. Nr. 1969 : 88 D
H 129 IV B b

Das Blatt gehört zu einer Gruppe von dicht gedrängten Darstellungen, die sich weitestgehend auf die Köpfe beschränken und hauptsächlich an ihnen das Befinden einer Gesellschaft erkennen lassen. Max Beckmann hat die Radierung auch *Siesta* genannt, hat damit also auf den Zustand nach dem Essen angespielt. Weiter hinten kommt dementsprechend auch ein Diener mit Kaffee.
Die Gesellschaft ist müde! Mit weit aufgerissenen Mündern und geschlossenen Augen gähnen zwei Frauen und zwei Männer, ein weiterer bohrt sich in der Nase. Es ist Beckmanns Freund Ugi Battenberg, den wir noch aus anderen Darstellungen kennen. Der Künstler selbst ist oben zu sehen; die übrigen Personen haben sich noch nicht identifizieren lassen.
Offensichtlich ist es Beckmann hier nicht um eine Genreszene gegangen: zu heftig, zu ausgebreitet ist das Gähnen. Den momentanen Reflex von Müdigkeit in Bildern festzuhalten, noch dazu mehrfach, bewirkt eine Ansammlung fratzenhafter Mienen, die der Darstellung insgesamt etwas höchst Groteskes verleiht. Diese Gesellschaft ist in erheblichem Maße ihres Menschseins verlustig gegangen und hat nahezu den Charakter von Tieren angenommen. Überdruß am Leben, ja, aber nicht Überdruß

der Einsichtigen, die alles durchschauten, sondern der eh schon Stumpfsinnigen.
Die Darstellung ist also eine Karikatur, in die sich der Künstler mit einbezogen hat; sein Sarkasmus trifft auch ihn selbst. Das kommt selten vor, denn meistens hat sich Max Beckmann in entsprechenden Bildern positiv und selbstbewußt von seiner Umwelt abgesetzt.
Angeregt worden zu einer derartigen Darstellung ist Beckmann durch niederländische Bilder, besonders von Bosch und Pieter Brueghel dem Älteren. Wie schon bei der *Kriegserklärung* (Kat. 18) von 1914 wird er sich hier an die *Kreuztragung Christi* in Gent von Hieronymus Bosch erinnert haben. Dort findet sich nicht nur die dichte Staffelung von Köpfen, sondern, bei den Schächern, auch deren grimassenhafter Charakter. Das Gähnen dürfte durch eine Radierung nach einem Gemälde Brueghels angeregt sein. Bei den Niederländern gehören derartige Bilder in den größeren Zusammenhang von Laster- bzw. Affekt-Darstellungen.

Literatur: München 1984, Nr. 244 (J. C. Weiss). – Leipzig 1984, Nr. 57 (E. Blume). – Lenz 2000a, S. 152 ff.

45
CAFÉMUSIK 1918

Blatt 9 der Mappe *Gesichter*
Kaltnadel, 313 x 230 mm
Bezeichnet mit Bleistift unten rechts: Beckmann, unten links: Concertkaffee (18)
Blindstempel der Marées-Gesellschaft unten rechts
Privatbesitz
H 130 III B a

Max Beckmann hat sich dem alltäglichen städtischen Leben bereits 1911 gewidmet und darunter auch den Restaurants, den Cafés (Lithographie *Kneipe* und *Admiralscafé*, H 33 und H 34). Hier wie in dem Blatt von 1918 dient ihm das Thema dazu, gedrängtes Leben darzustellen.

Auf nebenstehender Radierung sind Menschen und Dinge in ein dichtes Gefüge gebracht, so daß man von Wänden, Boden und Decke kaum etwas sieht. Einige Köpfe sind besonders groß, andere auffallend klein geblieben, aber auch manche Hände und Teile von Musikinstrumenten sind ungewöhnlich groß geraten, ohne daß dieses der Logik einer traditionellen Perspektive folgen würde. Angeregt von der direkten Staffelung niederländischer Bilder, zumal des Hieronymus Bosch, hat Max Beckmann stattdessen mit der Art seiner Komposition, zu der auch das Fragmentarische gehört, die vielfältigen und wechselnden Eindrücke einer Cafémusik festgehalten: oben, also hinten, die Kapelle mit einem Geiger, zwei Bassisten und vielleicht einem Klavierspieler, dazu sitzende, stehende, gehende Männer und Frauen unterschiedlichen Alters, ganz vorn aber der Künstler selbst. Er sitzt wohl hinter einer Brüstung, den Kopf in die Hand gestützt, die Mundwinkel tief herabgezogen und um die Augen eine Binde. Vordergründig wäre er so als Blinder aufzufassen, doch das Gegenteil ist richtig, wie der Vergleich mit der *Kriegserklärung* (Kat. 18) lehrt. Sehr ähnlich hat sich Beckmann dort am Rande der Menge gegeben, mit geschlossenen Augen. In beiden Fällen ist ein Blick nach innen gemeint, und der bedeutet ein paradoxes Verhältnis von Anteilnahme und Distanz, darüberhinaus aber macht er die Darstellung insgesamt zur Vision des Künstlers und manifestiert so die Kraft der Imagination in Bezug auf die Wirklichkeit.

Literatur: Leipzig 1984, Nr.58 (E. Blume). – Leipzig 1994, Nr. 11/ 9. – Braunschweig 1997, zu Nr. 42
(Th. Döring)

46
Auferstehung 1918

Feder in schwarzer Tusche, 253 x 308 mm
Bezeichnet mit Feder in schwarzer Tinte unten rechts: B. 18
Bezeichnet rückseitig mit Bleistift von der Hand Reinhard Pipers:
Auferstehung nach einem sehr großen unvollendeten Bilde /
vgl. dazu das frühe Ölgemälde B's, abgebildet in Hans Kaiser's Beckmannbuch
Sammlung Hegewisch in der Hamburger Kunsthalle
W 390

Vgl. die Bemerkungen zu Kat. 20, 21 und 47.

47

AUFERSTEHUNG 1918

Blatt 12 der Mappe *Gesichter*
Kaltnadel auf Japanpapier, 240 x 332 mm
Bezeichnet mit Bleistift unten rechts: Beckmann, unten links: Auferstehung (18)
Privatbesitz
H 132 II B a

Die Zeichnung Kat. 46 soll Beckmann im Auftrag Reinhard Pipers nach dem unvollendeten Gemälde der 1916 begonnenen *Auferstehung* (Abb. S. 120) angefertigt haben. Im Zusammenhang mit Gemälde und Zeichnung steht die Radierung von 1918. Die Radierung dürfte nach dem Gemälde und nicht nach der Zeichnung gemacht sein, hat sie doch u.a. den Hervorkriechenden in der Mitte unten sowie die verzückte Frau rechts bzw. links oben mit dem Gemälde gemein. Auf beiden stehen auch die Betenden, die sich weiter oben befinden, während sie auf der Zeichnung knien.

Jede Fassung zeigt ein apokalyptisches Ereignis unter unheimlichen Gestirnen, bei dem eine Stadtlandschaft aufbricht und die Toten in Gegenwart der Lebenden hervorkommen.

Die Gruppen der Lebenden bestehen auf der einen Seite aus der Familie Beckmanns mit Battenbergs als engsten Freunden und auf der anderen Seite aus weiteren Bekannten. Ursprünglich sollten vielleicht beide Gruppen vereint sein.

Max Beckmann schließt mit der Darstellung also an sein erstes Gemälde *Auferstehung* von 1909 an, nicht zuletzt in dem vagen Sinn – ehemals positiv, nun ganz anders. Steigen die Auferstehenden 1909 zum ‚Licht' auf, so deuten jetzt die unheimlichen Gestirne absolute Hoffnungslosigkeit an und machen die Auferstehung widersinnig. „Zur Sache!"

hat Beckmann sich selbst ermahnend auf das Gemälde geschrieben, und er hat daraus schließlich die Konsequenz gezogen: das Bild aufzugeben. Dennoch ist es von großer Bedeutung, weil es an einer Gelenkstelle seiner Entwicklung steht, eine originelle Komposition und zahlreiche Figuren neuer Art, nämlich prägnanter plastischer Form zeigt, die Max Beckmann für andere, schlüssigere Darstellungen nutzt.

Zeichnung und Radierung ziehen die Darstellung des Gemäldes zusammen und machen aus dem unvollendeten Bild jeweils eine vollendete Variante. Aufschlußreich ist die Selbstdarstellung als Künstler im Vergleich zu den beiden Entwürfen von 1914 (Kat. 20 und 21). Hat er sich dort in lockerer Gruppierung mit den Seinen in die Mitte gestellt, mit großer Gebärde auf die Gestirne zeigend, so sehen wir nun die Gruppe eng zusammengepreßt unten, beiseite, mit dem Künstler halb verdeckt, versteckt, aus dem Augenwinkel blickend, während in Radierung und Gemälde der Freund ängstlich auf das Geschehen deutet.

Literatur zu Beckmanns *Auferstehung*: Reifenberg 1954, S. 144f. – Bremen 1974, Nr. 42. – Wiese 1978, S. 106. – Karl & Faber 1981, Nr. 119 (Zeichnung). – Frankfurt 1984, Nr. 102 (Zeichnung). – Schubert 1985, S. 97ff. – Wiese 1987. – Hofmaier 1990, zu Nr. 132. – Maur 1994, S. 81

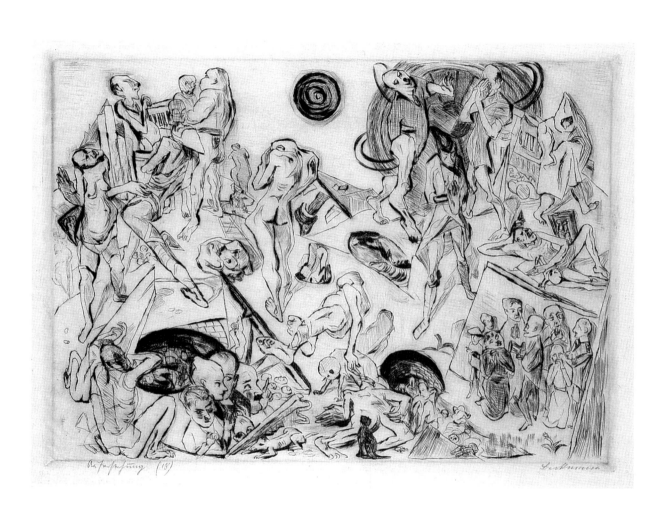

Auferstehung (18)   Beckmann

48
SELBSTBILDNIS 1918

Blatt 1 der Mappe *Gesichter*
Kaltnadel, 275 x 255 mm
Bezeichnet mit Bleistift unten rechts: Beckmann
Blindstempel der Marées-Gesellschaft unten rechts
Herzog Anton Ulrich-Museum Braunschweig – Miteigentum des
Braunschweigischen Vereinigten Kloster- und Studienfonds, Inv. Nr. ZL 95/ 6344
H 137 II B a

Dieses Selbstbildnis ist verwandt dem desselben Jahres (Kat. 42), und die zu diesem zitierte Äußerung Max Beckmanns läßt sich auf nebenstehende Darstellung übertragen. Anspannung und Verschlossenheit sind allerdings etwas gemildert. Der Künstler hat sich weder so nah, noch so unausweichlich, noch so hart gegeben. Um den Kopf ist mehr Raum, und die Ansicht halb von der Seite hat einen Anflug von Beiläufigkeit. Dementsprechend wirkt der Blick aus den Augenwinkeln zwar forschend, prüfend, aber auch ein wenig unsicher; leichte Zweifel machen sich bemerkbar.

Max Beckmann hat dieses Selbstbildnis an den Anfang der Mappe *Gesichter* gestellt, deren Folge von 19 Blatt mit einem weiteren Selbstbildnis endet (Kat. 33). Mit nebenstehendem Selbstbildnis als Auftakt bekennt er sich nicht nur zu den nachfolgenden Blättern, sondern vermittelt dem Betrachter zugleich einen Eindruck von seiner Verfassung.

Literatur: Wolfgang Ketterer, München, Lagerkatalog 5, 1959, Nr. 42. – Busch 1960, S. 21. – Braunschweig 1976, Nr. 21. – Erpel 1985, Nr. 75. – München 1994, Nr. 11/1 (C. Lenz). – Nahrwold 2000, Nr. 35

Die Hölle 1919

Vier von zehn Lithographien

Die zehn Lithographien der Mappe stellen in überlegter Komposition Bilder des öffentlichen und privaten Lebens in einer deutschen Großstadt unmittelbar nach dem Ersten Weltkrieg dar. Die Stadt ist die „Hölle", und diese ist ein „Großes Spektakel", also ein Theaterstück oder besser: eine Art Moritat. Dabei begegnen wir immer wieder dem Künstler selbst, gleich zu Anfang als Ansager und Verfasser, aber auch im Stück bei der Begegnung mit einem Kriegskrüppel, als Zuhörer unter den Ideologen, inmitten eines wilden Tanzes und in der Familie.

Acht von den zehn Blättern zeigen nächtliche Szenen – wie in der Unterwelt. Es herrschen Enge und Gedränge. Folter und Mord, Verwundete, Krüppel, Hungernde, Tote kommen auf dem Großteil der Blätter vor, außerdem Szenen von ideologischer Borniertheit, von Stumpfsinn und Lebensgier.

Mit seiner Auffassung der Stadt als Hölle steht Max Beckmann in einer Tradition, die sich zwar bis zu Shelley zurückverfolgen läßt, die aber im Expressionismus von Literatur und Bildender Kunst (Stadler, Heym, Trakl, Meidner, Kirchner, Grosz) einen Höhepunkt hatte. Zu diesem hat Max Beckmann Wesentliches beigetragen.

Die Behandlung entsprechenden Stoffes setzt 1909 in der Malerei ein (*Szene aus dem Untergang von Messina*, G 106) und macht sich in der Druckgraphik seit 1911/1912 besonders bemerkbar. Eine Lithographie Beckmanns von 1911 heißt schon *Die Hölle* (H 26).

Die Blätter der Mappe von 1919 sind ungewöhnlich groß, nicht eigentlich – wie bei Graphik üblich – in der Hand, sondern auf merklichen Abstand zu betrachten, gleich dem großen Bogen des Moritatensängers. Max Beckmann hat sie auf Umdruckpapier gezeichnet, von dem sie dann auf Stein übertragen wurden.

Die meisten Darstellungen zeigen ein sperriges Bildgefüge, das Einflüsse von Kubismus, Expressionismus und Kunst der Alten Meister erkennen läßt.

Literatur: Schmidt 1920. – Glaser u. a. 1924, S. 19. – Lenz 1973, S. 309. – Lenz 1974, S. 196 ff. – Wiese 1978, S. 114. – Dückers 1983. – Wiese 1983. – O'Brien-Twohig 1984. – München 1984, Nrn. 247–257 (J. C. Weiss). – Leipzig 1984, Nrn. 66 – 76 (E. Blume). – Erpel 1985, Nrn. 77-82. – Buenger 1989. – Hofmaier 1990, Nrn. 139–149. – Arndt 1996, S. 292 ff.

49

SELBSTBILDNIS 1919

Blatt 1 der Mappe *Die Hölle*

Lithographie, 668 x 515 mm (Darstellung 385 x 303 mm)

Bezeichnet unten rechts mit Bleistift: Beckmann, unten links: 45/75

Herzog Anton Ulrich-Museum Braunschweig – Miteigentum des

Braunschweigischen Vereinigten Kloster- und Studienfonds, Inv. Nr. ZL 95/ 6345

H 139 III

Das Blatt zeigt Beckmanns Kopf wie den eines Ansagers – aus einem Bühnenloch auftauchend, vom Rampenlicht grell beleuchtet, die Hände direkt vor der Brust und erregt sprechend: „Die Hölle / (Großes Spektakel / in 10 Bildern / von / Beckmann) Wir bitten das geehrte Publikum näher zu treten. Es hat die / angenehme Aussicht sich vielleicht 10 Minuten nicht zu langweilen. / Wer nicht zufrieden bekommt sein Geld zurück / Der Verlag I. B. Neumann Berlin".

So jedenfalls steht es auf dem zweiten Zustand der Lithographie. Im dritten, dem hier gezeigten, sind Titel, Text und äußere Rahmenlinie entfernt.

Literatur: Braunschweig 1976, Nr. 22. – Nahrwold 2000, Nr. 36

45/75   Beckmann

50
DER NACHHAUSEWEG 1919

Blatt 2 der Mappe *Die Hölle*
Lithographie, 733 x 580 mm (Darstellung: 733 x 488 mm)
Bezeichnet mit Bleistift unten rechts: Beckmann, unten in der Mitte: = Der Nachhauseweg =
Bezeichnet mit Bleistift unten links: 5/75
Herzog Anton Ulrich-Museum Braunschweig – Miteigentum des
Braunschweigischen Vereinigten Kloster- und Studienfonds, Inv. Nr. ZL 95/ 6346
H 140 B

Das erste Blatt der eigentlichen Erzählung steht sinnvoll an deren Beginn, zeigt es doch den Künstler am Anfang seines Weges durch die Hölle, den er als ein Nachfahre Dantes gehen wird. Im Schein der Laterne begegnet er einem typischen Wesen der modernen Unterwelt, einem Kriegskrüppel, dem er anteilnehmend – erregt in das zerfleischte Gesicht blickt, den er am Arm faßt und als Gefährten nach Hause mitzugehen heißt. Ein riesiger schwarzer Hund vorn symbolisiert die Bestialität dessen, was der Soldat erlebt hat, wie auch die Gefahr der nächtlichen Straße. Auf dem Gemälde *Die Nacht* hat er seine Entsprechung.

Zu der Besonderheit des Ortes gehört das Milieu der Prostituierten, die wir zwischen den beiden Köpfen erblicken und die nach den Seiten und nach der Tiefe hin im Zentrum steht, denn hinter ihr kommen zwei weitere Krüppel dahergehumpelt.

Bei der Hauptszene muß man berücksichtigen, daß Max Beckmann sich als freiwilliger Krankenpfleger gleich nach Kriegsausbruch gemeldet und daß er in Lazaretten wie an der Front die schlimmsten Verwundungen und das damit verbundene Leiden erlebt hatte. Mit-Leiden und daraus die Aufforderung, den schweren Weg gemeinsam zu gehen: Das ist es, was den Sinn der Hauptszene ausmacht.

Literatur: Braunschweig 1976, Nr. 23. – Nahrwold 2000, Nr. 37

Der Nachhauseweg Beckmann

51

DIE IDEOLOGEN 1919

Blatt 6 der Mappe *Die Hölle*
Lithographie, 713 x 506 mm
Bezeichnet mit Bleistift unten rechts: Beckmann,
unten links: 11/75 „Die Ideologen"
Privatbesitz
H 144

Der Künstler hat sich hier unmittelbar vor dem Rednerpult dargestellt, im Zentrum einer politischen Versammlung, doch zugleich fern von diesen Menschen. Während der Mann über ihm mit weit aufgerissenem Mund seine Tiraden losläßt und mit den Händen heftig gestikuliert, hat Beckmann mit der Rechten seinen Mund demonstrativ verschlossen. Er hat auch nichts gemein mit der bigotten Frau vor ihm, die verzückt den Worten lauscht, nichts mit der törichten hinten, die ebensowenig zu hören wie zu verstehen scheint. Fremd ist ihm der ‚blinde' Kleinbürger, der sich am Pult festhält, fremd der gegen den Redner Eifernde auf der anderen Seite. Max Beckmann ist unter ihnen, nimmt teil an dieser Versammlung, aber gehört nicht zu diesen Menschen.

Wiese hat den Mann mit der Brille zu Recht als Carl Einstein, die Frau vorn, wenig überzeugend, als Augusta Gräfin von Hagen identifiziert. Barbara Buenger übernimmt diese Identifikation und weitet sie noch aus. Der Redner sei Heinrich Mann, die Frau hinten Annette Kolb, in der Rückenfigur vorn habe man Max Hermann-Neisse und in dem links unten Carl Sternheim zu sehen. In der Überzeugung, daß diese Identifikationen richtig sind, erörtert Barbara Buenger deren politisches Leben und kommt zu dem Schluß, daß Max Beckmann zwar mit ihren Ideen wenig gemein gehabt hätte, daß er sich diesen Menschen als Künstler und Intellektuellen andererseits aber verbunden gefühlt habe.

Barbara Buenger läßt bei ihrer Erörterung die je besondere Art, in der die Menschen dargestellt sind, außer Acht. Hier handelt es sich nicht bloß um expressionistische Form, sondern auch um Ironie und Sarkasmus in der Charakterisierung. Das macht der Unterschied zu dem Selbstbildnis und zu anderen Figuren deutlich. Max Beckmann, obwohl unter ihnen, distanziert sich von diesen Menschen.

Die Darstellung hat ihre Entsprechung in dem zweiten Blatt der *Hölle* mit dem Titel *Das patriotische Lied*. Dort ist der Stumpfsinn grölender und schlafender Soldaten dargestellt, die politisch auf der anderen Seite stehen. Auch in der *Berliner Reise* hat Max Beckmann solche Pendants geschaffen und nicht zuletzt dadurch seine Distanz zum politischen Treiben bekundet.

Zu der Lithographie hat sich die Originalzeichnung in Privatbesitz erhalten (W 413).

Literatur: Buenger 1989

HI/75   „Die Ideologen"   Beckmann

52
DIE FAMILIE 1919

Blatt 11 der Mappe *Die Hölle*
Lithographie, 872 x 612 mm (Darstellung: 760 x 465 mm)
Bezeichnet mit Bleistift unten rechts: Beckmann, unten in der Mitte: = Die Familie =
Bezeichnet mit Bleistift unten links: 6/75
Herzog Anton Ulrich-Museum Braunschweig – Miteigentum des
Braunschweigischen Vereinigten Kloster- und Studienfonds, Inv. Nr. ZL 95/ 6347
H 149 B

Die Folge beginnt mit einer bedeutenden Selbst-darstellung, und sie endet mit einer solchen. Die Familie besteht aus dem Künstler, der alten Frau Tube und dem Sohn Peter; Minna ist nicht auf dem Blatt. Auch hier ist es Nacht: draußen tiefes Dunkel, innen grelle Helligkeit. Erregt, zornig blickt der Mann zu der Frau, seine Rechte Achtung fordernd erhoben, die Linke mit ausgestrecktem Zeigefinger samt dem Arm energisch nach oben gestreckt. Anlaß für Zorn und Erregung ist der Junge, der dem Vater in törichter Freude zwei Handgranaten entgegenstreckt, während eine Schüssel als Stahlhelm seinen Kopf bedeckt. Dieser Erscheinung liegt ein Vorfall zugrunde, von dem Peter Beckmann 1984 berichtet. Eine Zeichnung desselben Jahres zeigt Peter allein. Zwischen Vater und Sohn ist mit besorgter Mine die alte Frau zu sehen. Die Gebärden ihrer Hände deuten darauf hin, daß sie mäßigend den Vater zu beruhigen sucht. Offenkundig erregt dieser sich über die neu aufkommende Gefahr nach der Katastrophe des eben überstandenen Krieges. Und es ist deutlich, wo er die Schuld dafür sieht. „Mit der Demut vor Gott ist es vorbei. Meine Religion ist Hochmut vor Gott, Trotz gegen Gott. Trotz, daß er uns so geschaffen hat, daß wir uns nicht lieben können.

Ich werfe in meinen Bildern Gott alles vor, was er falsch gemacht hat." (Gespräch mit Reinhard Piper im Juli 1919)
Das Bedeutsame der Darstellung ist allerdings, daß Max Beckmann sich nicht nur mit der Anklage identifiziert, sondern auch mit der Weisheit der alten Frau. Indem er ihr eine zentrale Stellung in der Gruppe gibt, das schöne Greisengesicht groß zur Wirkung bringt und ihre Hände auf einen Ausgleich innerhalb der dramatischen Szene agieren läßt, relativiert er seinen eigenen Protest und nimmt letztlich die überlegene Haltung der alten Frau ein.
Das Blatt ist somit eines der eindrucksvollsten Beispiele dafür, daß sich Max Beckmann ungeachtet seines starken Selbstbewußtseins doch immer wieder besonderen Personifikationen von Lebensmächten ausgesetzt und sogar unterstellt hat.
Zu der Lithographie hat sich die Originalzeichnung in Privatbesitz erhalten (W 417).

Literatur: Nauheim 1946 (W. Menne). – Braunschweig 1976, Nr. 24. – P. Beckmann 1984a, S. 12f. – Busch 1984, o.S. – Max Beckmann. Schriften und Gespräche 1990, S. 28. – Braunschweig 1997, Nr. 41(Th. Döring). – Nahrwold 2000, Nr. 38

= Die Familie =   Beckmann

53
Grosses Selbstbildnis 1919

Kaltnadel auf Velin, 237 x 197 mm
Bezeichnet in der Platte unten rechts: Weihnachten/ 1919 Berlin/ B.
Bezeichnet mit Bleistift unten rechts: Beckmann, unten links: Selbstbildnis 1919
Herzog Anton Ulrich-Museum Braunschweig – Miteigentum des
Braunschweigischen Vereinigten Kloster- und Studienfonds, Inv. Nr. ZL 95/ 6348
H 153

Nahezu blattfüllend hat der Künstler seinen Kopf gegeben, unten mehrfach eingefaßt durch die Krägen von Hemd und Jacke. Der Blick ist merklich von oben genommen. Vermittelt schon diese Sicht, die das Gegenteil einer freien Entfaltung bewirkt, den Eindruck des Leidens, so wird dieser noch verstärkt durch die sorgenvolle, angespannte Miene. Unter zusammengezogenen Augenbrauen schaut uns der Künstler, schaut er sich fragend an, wobei ihm der Zigarettenstummel im Mundwinkel einen nervösen, die halbgeöffneten Lippen einen gehetzten Ausdruck verleihen.

Die Beschriftung in der Platte dokumentiert den genauen Zeitpunkt und den Ort der Entstehung: Weihnachten 1919 in Berlin. Max Beckmann wird wieder einmal seine Familie besucht und sich ansonsten umgesehen haben. Bei der Beschriftung geht es aber – ähnlich wie bei der Caféhaus-Szene mit Krüppel (H 155), die ebenfalls „Weihnachten 1919" in der Platte bezeichnet ist und diesen Titel auch trägt – weniger um diese Art der Dokumen-

tation, sondern um den Gegensatz zwischen dem hier dargestellten Leidenden und dem ‚Fest der Freude'. Das soll dem Betrachter und Leser bewußt werden. Das Selbstbildnis ist voller Selbstmitleid. Es erinnert so an das Selbstbildnis des von Max Beckmann gering geachteten Paul Gauguin, das dieser – mit dem Bildnis Bernards im Hintergrund – „Les misérables" genannt und 1888 van Gogh geschenkt hat. Der aber hat die Attitüde des Selbstmitleids, die sich in seinen eigenen Selbstbildnissen nirgends findet, nicht akzeptiert: „Gauguins Bildnis sagt mir vor allem, daß er so nicht weitermachen darf, er muß sich aufrappeln (...)" (Brief 545, an Theo). Max Beckmann hat sich immer wieder aufgerappelt, auch bald nach Weihnachten 1919.

Literatur: Braunschweig 1976, Nr. 25. – München 1984, Nr. 261 (J. C. Weiss). – Leipzig 1984, Nr. 77 (E. Blume). – Erpel 1985, Nr. 85. – Nahrwold 2000, Nr. 39

Beckmann

SELBSTBILDNIS BEIM MITTAGSSCHLAF 1919

Feder in blauschwarzer Tinte, 317 x 240 mm
Bezeichnet mit blauschwarzer Tinte
oben rechts: 16.2.19 /B.
Bezeichnet mit Bleistift von der Hand Reinhard Pipers unten links:
Blick aus dem/ Atelier Schweizerstr. /3 in Frankfurt. /B. hält Mittagsschlaf (rechts unten)
oben rechts: gotische/ Madonna, Mitte links: Dachaufbauten
Privatbesitz
W 427

Die Angabe Reinhard Pipers, daß Beckmann Mittagsschlaf halte, muß nicht falsch sein, aber es kann sich hier eigentlich nicht um eine Genredarstellung handeln. Dafür ist die Madonna zu groß, zu bedeutend. Wiese sieht in ihr zu Recht eine Art Genius. Wie eine Schutzgöttin thront sie über dem Künstler, während der Blick durch das Fenster, über die benachbarten Dächer schweift.

Max Beckmann hat sich mehrfach mit geschlossenen Augen und auch an entsprechender Stelle dargestellt, wie etwa *Die Kriegserklärung* und *Café-musik* zeigen (Kat. 18 und 45). Offensichtlich hält er dort keinen Mittagsschlaf, sondern versteht sich als einen Menschen, dem alles um ihn herum zu einem ‚Gesicht‘, einer Vision, einem Bild wird, bei dem sich das Äußere und das Innere, das Wirkliche und das Unwirkliche vermischen.

Vielleicht hat die gotische Madonna tatsächlich im Atelier gestanden; vielleicht hat Beckmann sie sich von dem befreundeten Kunsthändler Walter Carl ausgeliehen. Der berichtet, daß beide damals mit solchen Figuren gespielt hätten. Was sich im Atelier unter Umständen zufällig ergeben hatte, hat jedoch seinen tieferen Sinn und zwar in doppelter Hinsicht. Beckmanns Neigung zur Skulptur, zur mittelalterlichen Skulptur geht einher mit seiner stilistischen Entwicklung, innerhalb derer er zur kräftigen plastischen Form und zur Aufgabe der traditionellen Perspektive gelangt ist. Darüberhinaus zeigt sich in etlichen Werken Beckmanns Interesse an christlichem Stoff und metaphysischem Gehalt, so daß wir in dieser Zeichnung ein doppeltes Bekenntnis vor uns haben: Die christliche Figurengruppe möge als Skulptur das Schaffen dieses Künstlers behüten.

Literatur: Wiese 1978, S. 114. – Lenz 2000a, S. 122 ff.

Herr Müller, ich und die Bufettmamsell   1920

Kaltnadel auf Velin, 196 x 159 mm
Bezeichnet mit Bleistift unten rechts: Beckmann
Herzog Anton Ulrich-Museum Braunschweig – Miteigentum des
Braunschweigischen Vereinigten Kloster- und Studienfonds, Inv. Nr. ZL 95/ 6349
H 161 B b

Die Darstellung ist offenbar aus der Erinnerung an die Szene in einer Bar hervorgegangen. Den Allerweltsnamen Müller hat Beckmann vielleicht einem Unbekannten gegeben. Mit großer, spitz vorschwingender Nase, verkniffenem Mund und fliehendem Kinn ist dessen Häßlichkeit karikaturistisch herausgestellt. Er scheint der Frau hinten zugewandt, vielleicht gar mit ihr im Gespräch zu sein, während sich Max Beckmann in dieser Dreiergruppe als Unbeteiligter, bloß eben Anwesender gibt. Er blickt gerade in die entgegengesetzte Richtung wie „Herr Müller", mit großem Auge, aber gedankenverloren, den Zigarettenstummel im Winkel der leicht geöffneten Lippen. Das verleiht ihm einen animalischen, aggressiven Zug um den Mund, der ihn auch nicht gerade schön, aber gefährlicher, bedeutender als den anderen Mann erscheinen läßt.

Die Kaltnadelradierung gehört zu Beckmanns Gruppe von Selbstdarstellungen in Cafés und Bars wie etwa *Königinbar* (Kat. 61) desselben Jahres; verwandt ist auch der gedankenverlorene Gesichtsausdruck samt Zigarette beziehungsweise Zigarre im Mundwinkel. Das nebenstehende Blatt zeigt allerdings nur eine kleine Szene aus größerem Zusammenhang und auch diese fast nur mit Köpfen. Von vornherein also nicht bildmäßig konzipiert, das klingt schon in dem saloppen Titel an, ist auch die Zeichenweise roher und flüchtiger. So handelt es sich im doppelten Sinn des Wortes um eine Skizze, um die Skizze einer kleinen Bar-Szene, die uns eine eigene Facette vom Leben und der Selbstauffassung des Künstlers vermittelt.

Literatur: Galerie Rosenbach, Hannover, Katalog 9: Kunst des 20. Jahrhunderts, 1971, Nr. 48. – Braunschweig 1976, Nr. 26. – Erpel 1985, Nr. 86. – Nahrwold 2000, Nr. 40

56

SELBSTBILDNIS MIT KATZE UND LAMPE 1920

Lithographie auf imitiertem Japanpapier
590 x 460 mm (Darstellung: 470 x 320 mm)
Bezeichnet mit Bleistift unten rechts: Beckmann, unten links: Der Abend
Herzog Anton Ulrich-Museum Braunschweig – Miteigentum des
Braunschweigischen Vereinigten Kloster- und Studienfonds, Inv. Nr. ZL 95/ 6350
H 162 B a

Max Beckmann sitzt mit seinem Freund Ugi Battenberg und der Katze der Battenbergs am Abend beisammen. Eine Petroleumlampe erleuchtet hell die Szene. Der Freund schläft im Hintergrund, während der Künstler raucht und gedankenverloren ins Weite zu blicken scheint. So könnte es sich um eine kleine Genreszene handeln, wie sie sich hin und wieder in der Wohnung der Battenbergs ergeben mochte. Damit wäre der Sinn des Bildes allerdings nur zum Teil erfaßt.

Wichtig ist der Unterschied zwischen den ausdrücklich geschlossenen Augen Ugis und den weit geöffneten des Künstlers, denn es ist der Unterschied zwischen Nicht-Sehen und Sehen. Die Lampe unmittelbar vor Beckmann macht wie in etlichen anderen seiner Werke zusätzlich deutlich, daß ihm das Licht zum Sehen gegeben ist, und so ist sein Blick, der nichts Bestimmtes faßt, der Blick eines ‚Erleuchteten‘. Nicht müde, matt und versunken, sondern angespannt und staunend ist die Miene, als ob dem Manne ein Gesicht würde,

dessen er sich mit der Hand gleichsam zu vergewissern sucht.

Hat Max Beckmann sich so schon als Seher verstanden, so hat er sich mit der schwarzen geheimnisvollen Katze auch das angemessene Tier zugeordnet; mit gespannter Aufmerksamkeit blickt es zu ihm hin. Auf dem *Selbstbildnis mit steifem Hut* (Kat. 65), ein Jahr später, scheint es ihm gar ins Ohr zu flüstern. Die Katze könnte aber noch einen anderen Sinn haben, denn es war insbesondere die Katze der Fridel Battenberg. Dementsprechend vertritt das Tier auch seine Herrin, so daß die Darstellung zugleich etwas von der komplizierten Dreierbeziehung zwischen Max Beckmann und den Battenbergs offenbart. Die Namen von Fridels Katzen, Pummi und Titti, hat der Künstler als Kosenamen für die Frau verwendet.

Literatur: Leipzig 1984, Nr. 81 (E. Blume). – Erpel 1985, Nr. 87. – Nahrwold 2000, Nr. 41

STADTNACHT, GEDICHTE VON LILI VON BRAUNBEHRENS 1920

Sechs Lithographien von Max Beckmann

Der Band *Stadtnacht* vereint zwanzig Gedichte von Lili von Braunbehrens und sechs Illustrationen von Max Beckmann. Die nahezu erblindete Verfasserin, geboren 1894, war die Tochter des Major von Braunbehrens und seiner Frau Wanda. In Frankfurt lernte sie 1915 Ugi und Fridel Battenberg kennen und über diese Max Beckmann. Nachdem er von ihr einige Gedichte zur Ansicht mitgenommen hatte, spielte sich folgende Szene ab: „Nun saß ich im kleinen Wohnzimmer auf dem grünen Sofa, neben mir Flöra, und Beckmann saß uns gegenüber in dem gemütlichen grünen Sessel, der vor Joschis Schreibtisch stand, und rauchte. Auf der Sofalehne saß Titti, die Katze. Flöra hatte sie diesmal nicht eingesperrt. „Wir werden schon aufpassen", hatte Beckmann gesagt. Und dann hatte er die Katze heruntergenommen, sie am Schwanze gezerrt, gezogen, hatte sie schreien lassen, was ich wunderbar fand, was mir gefiel. Schließlich hatte er sie auf Joschis Bücherschrank gesetzt, und dann fing er an, mit Papieren in seiner Rocktasche zu rascheln. Ob das meine Gedichte waren – was würde er nur sagen? Ich hatte Angst! Es wäre mir sehr peinlich gewesen, wenn er sie schlecht gefunden hätte. Ich pickte an meinem Tortenstück, um meine Verlegenheit und Unruhe zu verbergen. Außerdem war ich gierig auf Kriegstorte. „Nur Schaum, gnädiges Fräulein", sagte Beckmann. Und wieder raschelte er mit Papieren in seiner Tasche. Dann trommelte er einen Tango auf die Tischplatte. Er tat das sehr rhythmisch und so, als wenn er ganz allein im Zimmer wäre.

Wenn Beckmann in einem Zimmer war, gehörten ihm das Zimmer und die Menschen, die darin saßen, alle Möbelstücke, auch die Tiere; alles, was da war, hatte sich nach ihm zu richten. Und wenn er einen richtete, möchte ich beinahe sagen, war

man „hingerichtet". Das fühlte ich vielleicht damals schon.

Schließlich legte er die Blätter auf den Tisch und sagte: „Ja, das sind Ihre Gedichte, gnädiges Fräulein, hm, sie sind gut, aber es müssen mehr werden, dann kann man sehen, was man damit macht. Versuchen Sie mal, jede Woche ein Ei zu legen und bringen Sie es mir."

Und ich legte jede Woche ein Ei.!"

Am 31. Mai 1920 hat Lili von Braunbehrens an den Verleger Reinhard Piper geschrieben: „Anbei sende ich Ihnen die sechs von Herrn Max Beckmann zur Illustration ausgesuchten Gedichte von mir, nebst 14 weiteren meiner Wahl, die hoffentlich einigermassen passend ausgefallen sind. Sollte Ihnen aber eins oder das Andere ungeeig-

Stadtnacht, Titelblatt 1920
Lithographie

net erscheinen, so steht noch eine grosse Anzahl Gedichte zu Ihrer Verfügung, die ich nur nicht schicke, um Ihnen die Durchsicht, vielleicht unnötige Arbeit zu ersparen." (nach Hofmaier I, S. 435)

Max Beckmann selbst hat Piper am 30. Juli geschrieben: „Ich habe also jetzt die Lithographie auf ‚erprobten‘ Umdruckpapier gemacht. Gestern bin ich mit der Arbeit fertig geworden. Auf Ihren Wunsch habe ich noch eine sechste Litho gemacht. Ich glaube, daß Ihnen manches Freude machen wird. – Mit der Feder konnte ich mich nicht entschließen zu zeichnen. Aber ich glaube, dass ich auch mit der harten Kreide einen Ausdruck gefunden habe der dem Format entspricht. – Was machen wir nun. Soll ich die Sachen nach München schicken und ist dort jemand zuverlässiges der die Sache übernimt? Dann würde ich es auch für ganz gut halten wenn ich noch einen Umschlag, den ich Ihnen für den ‚billigen‘ Preis von ‚Mark 500‘ liefern würde, dazu machte. Vorausgesetzt, dass Sie damit einverstanden, bitte ich Sie darum mir den Inhalt des Titelblatts wie Sie sich denken, mitzuteilen. Ich würde eventuell auch die Schrift zeichnen. Ebenso die Größe. Und ob es eine Federzeichnung werden soll, die clichirt wird oder noch eine Lithographie, die auf den Umschlag gedruckt wird. Ich schicke Ihnen, da Sie vielleicht keinen Anhalt haben wegen der Größe, dass gedruckte Gedicht mit."

Ende des Jahres 1920 ist das Buch in einer Auflage von 600 Exemplaren erschienen, davon 100 Vorzugsexemplare.

Literatur: Piper 1950, S. 26 f. – Lili von Braunbehrens, Gestalten und Gedichte um Max Beckmann. Dortmund 1969. – Braunschweig 1976, Nr. 27. – Leipzig 1984, Nr. 82 (E. Blume). – Carolyn Lauchner/William Rubin, Henri Rousseau and Modernism. In: Henri Rousseau. Ausstellungskatalog Paris/New York 1984/1985, S. 72. – Erpel 1985, Nr. 93. – Bozen 1990, Nr. 108 (R. Jentsch). – Briefe I, S. 184f. – München 1994, Nr. 24 (C. Lenz). – Nahrwold 2000, Nr. 42

57

VERBITTERUNG   1920

Blatt 3 aus dem Buch *Stadtnacht* von Lili von Braunbehrens
Lithographie auf Japanpapier, 350 x 244 mm (Darstellung: 195 x 150 mm)
Bezeichnet mit Bleistift unten rechts: Beckmann
Herzog Anton Ulrich-Museum Braunschweig – Miteigentum des
Braunschweigischen Vereinigten Kloster- und Studienfonds, Inv. Nr. ZL 95/ 6351
H 167 II

Die nebenstehende Lithographie bezieht sich auf
folgendes Gedicht:

Verbitterung

Auf Moos soll mein Kummer liegen,
Aus meinen Tränen braut Gelee!
Kocht was ihr wollt aus meiner Grimasse!
Ich höre nicht eure Schrille,
Ich sah das Lächeln der Welt.
Kennt ihr das auch?
Was kennt ihr nicht?

Offenkundig ist Max Beckmann auf das Gedicht
gar nicht eingegangen. Er hat sich als Halbfigur an
einem hochgelegenen Fenster gegeben, den Blick
auf die Straße und ein gegenüberliegendes Haus.
Nahe bei ihm liegt eine Katze, wie wir es auch von
anderen Selbstbildnissen kennen. Der Fez auf dem
Kopf verleiht ihm einen orientalischen, zumindest
fremdländischen Charakter. Zusammen mit dem
markanten Profil, den zusammengepreßten Lippen
und dem vorgereckten Kinn und nicht zuletzt
wegen der Katze wirkt er wie ein mächtiger Magier,
der die nächtliche Stadt beobachtet und der unversehens in ihr Leben eingreifen könnte.
Wie Carolyn Lauchner und William Rubin bemerkt
haben, ist Max Beckmann zu dieser Art der Darstellung durch das *Bildnis von Pierre Loti* angeregt
worden, das Henri Rousseau etwa 1891 gemalt hat.
Die Kopfbedeckung und die Katze finden sich dort,
auch ist Beckmanns Lithographie hinsichtlich der
einfachen, klaren Form Rousseau verwandt.

Henri Rousseau
Pierre Loti   um 1891
Ölfarbe auf Leinwand, Kunsthaus Zürich

58
SELBSTBILDNIS 1920

Kaltnadel auf Velin, 196 x 146 mm
Bezeichnet mit Bleistift unten rechts: Beckmann
Herzog Anton Ulrich-Museum Braunschweig – Miteigentum des
Braunschweigischen Vereinigten Kloster- und Studienfonds, Inv. Nr. ZL 95/ 6352
H 172 B

Das Selbstbildnis ist verlegt worden innerhalb der Luxusausgabe des Buches von Kurt Pfister *Deutsche Graphiker der Gegenwart*, Leipzig 1920. Entsprechend der Thematik dieses Bandes hat sich Max Beckmann wieder mit Griffel, als Graphiker dargestellt. Im Unterschied zu dem *Selbstbildnis* von 1916/1917 (Kat. 32) hat er nur die eine Hand dargestellt und diese auch nicht erhoben, sondern knapp vor der Brust, so daß der Griffel wie eine Art Zeigefinger, wie dieser bei der Zeichnung von 1915 (Kat. 24) den Sinn der Darstellung ‚auf den Punkt bringt'.

Es ist im Schaffen Beckmanns die Zeit, wo die Figuren kleinwüchsig erscheinen, aber auffallend große Köpfe haben. Die gnomenhafte Art ist verbunden mit einem puppenhaften Charakter. Dadurch wirken die Figuren fremd – halb lebendig, halb unlebendig. Diese Eigentümlichkeiten finden sich auch in dem nebenstehenden Selbstbildnis. Bezeichnend dafür ist nicht zuletzt die mimische Regungslosigkeit, die wiederum ihren deutlichsten Ausdruck in den gleichmäßig schwarzen Pupillen hat. Im Unterschied zu vorhergehenden Selbstbildnissen kommt nicht eigentlich ein Blick zustande; die Seele dieses Mannes bleibt verschlossen. Hier kündigt sich die Holzschnitt-Maske (Kat. 71) von 1922 an. Auch die einfachen, verhältnismäßig wenigen und stark gratigen Linien der Kalten Nadel sind denen eines Holzschnittes verwandt. Es ist dasselbe Jahr, in dem Max Beckmann (abgesehen von einem ganz frühen Blatt, H 1) zur Technik des Holzschnittes übergegangen ist. So hat denn Curt Glaser die Kaltnadelradierung in seiner Liste der Graphik irrtümlich, aber nicht ganz unverständlicherweise als Holzschnitt bezeichnet.

Literatur: Braunschweig 1976, Nr. 28. – Leipzig 1984, Nr. 90 (E. Blume). – Erpel 1985, Nr. 91. – Nahrwold 2000, Nr. 43

Beckmann

59

PIERROT UND MASKE 1920

Lithographie, 310 x 202 mm
Bezeichnet mit Bleistift unten rechts: Beckmann
Privatbesitz
H 173 II

Die beiden Figuren lassen sich als Max Beckmann
und dessen Sohn Peter identifizieren, weil wir den
Künstler wiedererkennen und weil es eine entsprechende Darstellung gibt: Im Jahr zuvor hat sich
Beckmann mit dem Sohn in der Lithographie *Die
Familie* (Kat. 52) dargestellt. 1920 hat er Peter
allein in einer Kaltnadelradierung gegeben
(H 178). Auch in anderen Werken taucht der Sohn
hin und wieder auf. Unter den Gemälden ist außerdem an das *Selbstbildnis als Clown* (G 211) von
1921 zu erinnern, das Beckmann allein zeigt, aber
ebenfalls kostümiert und mit Fastnachtspritsche.

Vgl. außerdem Bemerkungen zu Kat. 60

Selbstbildnis als Clown   1921
Ölfarbe auf Leinwand
Von der Heydt-Museum Wuppertal

60
PIERROT UND MASKE 1920

Lithographie, mit Pinsel koloriert von Beckmann
in Blau, Gelb, Rot, Rosa, Grün, Braun und Weiß, 310 x 202 mm
Bezeichnet mit Bleistift unten rechts: Beckmann
am Rand unten von der Hand Reinhard Pipers:
Einziges von Beckmann koloriertes Exemplar der Litho./
Geschenk B's Weihnachten 1922
Privatbesitz
H 173 II, dieses Exemplar nicht aufgeführt

Ein weiteres, mit Kreide koloriertes Exemplar ist als Nr. 32 auf der Auktion 79, 1958, bei Hauswedell gewesen. Da es verschollen ist, läßt sich nicht beurteilen, ob dessen Kolorierung von Beckmann gewesen sein könnte.

Pierrot und Maske erwähnt der Künstler − sicher im unkolorierten Zustand − am 16. Dezember 1920 Reinhard Piper gegenüber; er habe keinen Abzug. Anfang November 1922 schreibt er an ihn: „Die zu aquarellierende Litho konnte wegen des Bildes [*Vor dem Maskenball*] noch nicht vor sich gehen, aber sie kōmt bestimmt nach." Damit ist offenbar *Pierrot und Maske* gemeint, und es läßt sich schließen, daß die Kolorierung auf einen Wunsch Pipers zurückgeht.

Obwohl die Motive dieselben wie bei der Schwarz-Weiß-Lithographie sind, hat sich die Darstellung, hat sich ihr Sinn merklich verändert. Die kräftigen, teils kontrastierenden, teils nuancierten Farben bringen die Figuren, die in der anderen Fassung ‚abstrakter', distanzierter wirken, hier zum Leben. Der Pierrot und das maskierte Kind sind uns nun gegenwärtig als ein skurriles Paar bunten Fast-

nachtstreibens. Dieses bunte Treiben, das die beiden mit ihren Kostümen verkörpern, hat seine lustige Note, doch ist das nicht alles. Können die Fastnachtspritschen nicht nur zum leichten, sondern auch zum derben, schmerzhaften Schlagen verwendet werden, so deutet überhaupt manches auf den gefährlichen Charakter der beiden Figuren hin: die klauenartigen Hände des Mannes, die Tiermaske des Kindes und die gebleckten Zähne der beiden.

Die Verbindung des Lustigen mit dem Gefährlichen, der Umschlag des Heiteren ins Bedrohliche, das Doppelsinnige ist eigentümlich für Werke Max Beckmanns, insbesondere für seine Darstellungen aus der Welt der Fastnacht, des Zirkus, des Theaters. Es sei nur an die Gemälde *Fastnacht* von 1920 und *Variété* von 1921 erinnert (G 206 und G 213). Bei ersterem hat sich der Künstler selbst eine sehr ähnliche Tiermaske aufgesetzt wie er sie in der Lithographie dem Kind gegeben hat.

Literatur: Briefe I, S. 189 und 224

61
KÖNIGINBAR 1920

Kaltnadel auf Japanpapier, 318 x 243 mm
Bezeichnet in der Platte unten links: Königin
Bezeichnet mit Bleistift unten rechts: Beckmann
Herzog Anton Ulrich-Museum Braunschweig – Miteigentum des
Braunschweigischen Vereinigten Kloster- und Studienfonds, Inv. Nr. ZL 95/6354
H 176 B b

Groß hat sich Max Beckmann hier in der Königinbar dargestellt, aber eigentlich ist er gar nicht richtig darin. Wir sehen ihn vielmehr in halber Figur erhöht an einem Tischchen sitzen, vielleicht auf einer Empore, zum Teil eingefaßt von der üblichen Innenarchitektur und so ausdrücklich ,gerahmt'. Hinter ihm nimmt man weitere Besucher der Bar wahr, unter denen links eine Sitzende und ein tanzendes Paar sowie rechts eine Frau, die merkwürdigerweise mit Beckmann den Kontur der Wange gemein hat, besonders auffallen.

Doch der Künstler hat sich von diesem Menschen abgewendet, hat den Kopf weit über die Schulter nach hinten gedreht und blickt, den Zigarrenstummel im Mundwinkel, mit großen Augen auch am Betrachter vorbei. „Sternenaugen" möchte man mit Thomas Mann sagen, denn die Pupillen strahlen und glitzern, so daß der Blick und damit der Mann einen unwirklichen Charakter erhält. Er wirkt, als ob er etwas Außerordentliches sähe, als ob er von einem Gesicht erfüllt sei.

Dieses Visionäre verbindet sich mit der Kopfwendung, denn der gewöhnliche Barbetrieb tritt doppelt in den Hintergrund, während aus der entgegengesetzten Richtung die Vision aufsteigt.

Damit ergibt sich ein Zusammenhang mit dem *Selbstbildnis mit Sektglas* (G 203), das Max Beckmann im Vorjahr gemacht hat (J.C. Weiss). Sein unsicheres Lächeln dort erklärt sich nur vordergründig durch den Champagner; die fragend zur Schulter zurückgebogene Hand deutet stattdessen auf einen Anruf, dem sich der Künstler ausgesetzt sieht. Die beiden Fratzen hinter ihm, eine davon mit spitzem Teufelsohr, und die Tapete im ,höllischen' Rot-Gelb-Muster machen auch deutlich, woher der Anruf kommt: Es sind die Dämonen, die diesen Mann rufen und denen er unsicher-ironisch zuprostet.

Der Sinn der Kaltnadelradierung ist nicht derselbe, aber auch hier ist der Künstler von einem Gesicht erfüllt, ist aus der Wirklichkeit in eine andere Sphäre entrückt.

Literatur: Lempertz, Köln, Auktionskatalog 482, 1965, Nr. 61. – Braunschweig 1976, Nr. 29. – München 1984, Nr. 269 (J. C. Weiss). – Leipzig 1984, Nr. 92 (E. Blume). – Erpel 1985, Nr. 95. – Braunschweig 1997, Nr. 42 (Th. Döring). – Nahrwold 2000, Nr. 44

Selbstbildnis mit Sektglas 1919
Ölfarbe auf Leinwand, Privatbesitz

62

ENTWURF ZUM FAMILIENBILD 1920

Tintenstift, 144 x 216 mm
Bezeichnet mit Bleistift von anderer Hand oben links:
Max Beckmann Entwurf, oben rechts von anderer Hand:
„Für & Wider" S. 100/ Westheim
Auf der Rückseite ein Brief der Commerz- und Privatbank Berlin N 4, Chausseestraße 117
vom 17. September 1920
Staatsgalerie Stuttgart, Graphische Sammlung, Inv. Nr. C 48/ 136
W 441

Die Zeichnung ist in ihrer einfachen Linearität, im weitgehenden Verzicht auf Details und der großen Bedeutung des Konturs charakteristisch für die Entwicklung zur klaren Form um 1920. Sie geht einem Gemälde gleichen Titels (G 207) voraus und ist nur mit diesem zusammen ganz verständlich. Dem Bild hat Karl Arndt eine gründliche Beschreibung und erhellende Deutung gewidmet.

Nur wenig geschieht. Drei Frauen sitzen um einen Tisch; sie werden den Abend dort lesend und sinnend verbringen. So auch der Junge am Boden. Die Eltern aber werden an einem Kostümfest teilnehmen. Von ihnen beiden ist jeder auf seine Art Hauptperson des Bildes: der Mann auf der Bank vor dem Flügel, eine Selbstdarstellung Beckmanns, durch den gewaltigen Kopf, durch das Selbstbewußtsein in Miene und Haltung wie durch seine Männlichkeit überhaupt – die Frau durch ihre erotische Darbietung, durch den suggestiven Spiegelblick und als einzige stehende Figur. Es ist Minna Beckmann. Auch die anderen Personen gehören zur Familie.

Mann und Frau sind hier nicht als natürliches Paar in selbstverständlicher Zusammengehörigkeit, sondern in einem komplexen Verhältnis von Zuneigung und Abwendung gegeben, bei dem letztere überwiegt, so daß die verlöschende Kerze und die kreuzweise Figuration sinnfällige Hinweise darauf sind. Der beschnittene Spiegelblick bringt den Betrachter in ein intimes Verhältnis zu der Frau, und in der Wahrnehmung dieses Blickes deutet sich ihm das Bild insgesamt als ein geheimnisvolles an. Die Frau, die über solches Sehen für sich und andere verfügt, ist auch eine Magierin – in

Beckmanns Werk nicht das einzige Beispiel für eine Verbindung von Erotik und Magie.

Zum Unterschied von der unruhigen, spannungsvollen Gruppierung des Paares links mit dem Auf und Ab, Vor und Zurück sowie den vielfältigen Umkehrungen herrscht bei der Gruppe der Frauen rechts Ruhe und Sammlung. Dort ist die Greisin nicht nur Teil der Frauengruppe, sondern sie nimmt im ganzen Bilde einen bedeutsamen Mittelplatz ein. Einzigartig an dieser Frau ist das hohe Alter und das völlige In-sich-gekehrt-sein, das weit über das Sinnen oder das bloße Lesen der anderen hinausgeht. Unterscheidet sich schon ihr Buch als der gewichtigere Lesestoff von der Zeitung der rechten Frau, so ist das in die Hand geborgene Gesicht samt den geschlossenen Augen Ausdruck eines Zustandes, der sich weder als Nachdenken über das Gelesene, noch als beiläufige Gebärde etwa der Müdigkeit erklären läßt. Die verhältnismäßig gerade und stille Haltung mit dem aufgeschlagenen Buch läßt vielmehr erkennen, daß Beckmann diese Frau in der völligen Versunkenheit eines nach innen Schauens und somit in einer hohen Form der Geistigkeit gegeben hat.

Hinsichtlich des Paares im *Familienbild* ist wichtig, daß Mann und Frau sich nicht für einen bestimmten Zweck, zu einer bestimmten Gelegenheit kostümieren, sondern daß sie Kostümierte an sich sind. Ihre Kleidung gehört zum Kostümfest – des Lebens. Mann und Frau, deren je besondere geschlechtliche Natur auf dem Höhepunkt ihrer Entfaltung steht, bereiten sich vor auf ihr Karnevalstreiben als Paar. Darüber ist die Greisin hinaus, während es dem Kind noch bevorsteht. Die Natur

Familienbild 1920
Ölfarbe auf Leinwand
The Museum of Modern Art, New York

der beiden anderen Frauen ist aber offenbar nicht
dafür bestimmt, sich mit einer Natur anderen
Geschlechtes zum Paare zu vereinen. Insofern ist
der Kreis um den runden Tisch von dem Paar links
abgesondert.

In der Abgeschlossenheit einer Stube sind Menschen beisammen, die als Familie die natürliche
Zusammengehörigkeit verschiedener Generationen verkörpern. Jeder ist als Person benenn- und
identifizierbar. Insofern handelt es sich um ein
Familienporträt. Das Porträt ist jedoch erzählerisch
zum Genre erweitert, wodurch eine Aufreihung

vermieden und ein szenischer Zusammenhang hergestellt ist (,abendliches Beisammensein'). Aber
weder das Porträt, noch der genrehafte Charakter
liegen auf der höchsten Sinnebene des Bildes, sondern sie sind durchdrungen und überlagert von
einem Sinn, der sich daraus ergibt, daß die Darstellung exemplarisch für menschliche Verhältnisse überhaupt ist. Dieser Sinn wiederum ist zwei-
schichtig insofern, als er in den Beziehungen der
Dargestellten zwar unmittelbar zur Anschauung
kommt, aber durch die Relativierung der Darstellung als Scheinwelt gebrochen wird. Erst in der

Brechung kommt die Wahrheit des Bildes zum Vorschein. Von ihr wird alles bestimmt, was auf den ersten Blick unmittelbar wirkt.

Ernst und still sitzen die Menschen beieinander. Obwohl sie zusammengehören, wendet keiner sich dem anderen zu. In dem engen Raum wirken sie wie zusammengebracht und eingeschlossen, unausweichlich dem grellen Licht ausgesetzt. Sie scheinen ein gemeinsames Schicksal zu haben, innerhalb dessen irgendein unheilvolles Ereignis heraufzieht: so erwartungsvoll ernst wirken alle. Ein Druck lastet auf diesen Menschen, von dem es keine Befreiung gibt. So trennt sich auch das Paar nur innerhalb dieser bedrückenden Welt von den anderen, vermag diese Welt aber nicht zu verlassen. Unter dem Druck allerdings leben die verschiedensten Menschen, sind sehr unterschiedliche Zustände und Regungen möglich, so auch die erotische Entfaltung der Frau. Belanglose Lektüre,

dumpfes Sinnen, tiefe Meditation sind andere Arten der Einstellung innerhalb der bedrückenden Welt. Auch der Mann hat die seine gefunden. Bei ihm verbindet sich der verhangen meditative Blick, Ausdruck anhaltender Regungslosigkeit wie das Lagern, mit der Attitüde von Verwegenheit, die im piratenhaften Kopftuch und den aufgekrempelten Ärmeln zum Ausdruck kommt. Die enge Verbindung von Meditation und Aktivität findet sich aber im Gesicht selbst. Zu ihr gehört außerdem das Horn, das nicht benutzt, sondern nur bereit gehalten wird. So steht die Natur des Mannes unter einer polaren Spannung, die exemplarisch für den melancholischen Charakter alles Dargestellten ist.

Literatur: Karlsruhe 1963, Nr. 20 a. – Göpel 1976, zu Nr. 207. – München 1984, Nr. 157 (J. C. Weiss). – Frankfurt 1984, Nr. 123. – Erpel 1985, Nr. 96. – Arndt 1996, S. 301 ff.

63
Tanzbar in Wiesbaden 1920

Schwarze Kreide auf Umdruckpapier, ca. 354 x 240 mm
Bezeichnet mit schwarzer Kreide oben links:
Wiesbaden/ 6. Juli 20/ Beckmann
Privatbesitz
W 452

Der Blick zeigt einige Paare dicht gedrängt beim Tanzen, darunter vorn den Künstler und im Hintergrund die Kapelle mit Geiger, Bassist, Klavierspieler. Am Rande der Tanzfläche links sitzt eine einsame Zuschauerin.

Das Blatt gehört zu der größeren Gruppe von entsprechenden Darstellungen, in denen Max Beckmann das gesellschaftliche Leben schildert, an dem er regen Anteil genommen hat. Solche Bilder durchziehen von 1912 an das ganze Werk. Charakteristisch für die Entwicklungsstufe des Jahres 1920 sind die verhältnismäßig einfache Form, die wenigen Details, die deutliche Wirkung des Konturs und die verhalten karikaturistischen Elemente.

Voraussetzung für eine solche Darstellung sind persönliche Eindrücke, in diesem Falle am 6. Juli 1920 in Wiesbaden, die zum Teil auf kleineren Skizzenblättern festgehalten worden sind. Als ausgeführte, bildmäßige Zeichnung ist das Blatt ungewöhnlich. Die meisten Zeichnungen Beckmanns, sieht man einmal von Portraits ab, haben vorläufigen beziehungsweise vorbereitenden Charakter. *Tanzbar in Wiesbaden* steht aber den Lithographien der Zeit, *Stadtnacht* und *Berliner Reise* auffallend nahe (Kat. 57, 68–70). Insofern überrascht es nicht, daß es auf Umdruckpapier ausgeführt ist. Es sollte in Lithographie vervielfältigt werden, gehört aber zu der kleineren Gruppe von Zeichnungen, die nicht in dieser Technik reproduziert worden sind. Reinhard Piper, der leidenschaftliche Graphik-Sammler und ehemalige Besitzer des Blattes, hat aus demselben Jahr auch eine Illustration zur *Stadtnacht* besessen, die ebenfalls nicht vervielfältigt worden ist. Abgesehen davon sind der Zeich-

nung nahe verwand die Lithographie *Theaterfoyer* aus *Berliner Reise* von 1922, die Kaltnadelradierung *Königinbar II* und das Gemälde *Tanz in Baden-Baden*, beide aus dem Jahre 1923 (H 270 und G 223).

Literatur: Bremen 1974, Nr. 70. – Franke 1975, Nr. 70. – Bielefeld 1976, Nr. 92. – Karl & Faber 1981, Nr. 144. – Erpel 1985, Nr. 92

Tanz in Baden-Baden 1923
Ölfarbe auf Leinwand
Pinakothek der Moderne, München

SELBSTBILDNIS MIT STEIFEM HUT 1921

Kaltnadel, 313 x 247 mm, bezeichnet mit Bleistift unten rechts:
Beckmann/ der kleinen Bummi/ Battenberg
Bezeichnet mit Bleistift unten links:
Selbstportrait (Handprobedruck) I. Zustand
Städtische Galerie im Städelschen Kunstinstitut Frankfurt am Main, Inv. Nr. SG 2993
H 180 II

Diese Radierung ist in vier Zuständen bekannt. In allen hat sich Beckmann als Brustbild von vorn gegeben, doch hat er die Darstellung mit dem dritten Zustand tiefgreifend verändert. Zuerst sehen wir ihn zu nächtlicher Stunde in seinem Atelier, das mit Bretterfußboden, aufgestellten Leinwänden, einer offenstehenden Tür und einer Lampe ausführlich geschildert ist. Der Künstler hält eine Katze im Arm und steht − von der Lampe abgewandt − im Schatten, aber in einem Schatten, der offenbar von Reflexlichtern erhellt ist. Alles Dunkle ist durchlichtet, so daß insgesamt Zwielicht herrscht, das durch die vielfältigen Schraffuren wechselnder Richtung einen magnetischen Charakter hat.

Im Ausdruck und damit im Sinn dieser Selbstdarstellung macht sich eine polare Spannung bemerkbar, die zu Beckmanns Natur gehört, entsprechend der jeweiligen Verfassung aber in den verschiedensten Nuancen auftritt: einerseits die ausdrückliche Ausrichtung auf den Betrachter, mit den groß blickenden, weit offenen Augen und der ,redenden' Geste der Hand, andererseits diese Geste doch zugleich bekennend, also auf den Künstler bezogen, sich verbindend mit dem ernsten, versonnenen Gesichtsausdruck und dem verschlossenen Mund. Von solcher Polarität zeugt auch die energische Einfassung empfindlicher Menschlichkeit durch die seitlichen Rahmenformen zusammen mit dem oberen Bildrand.

Aus der doppelten Verborgenheit, der seines nächtlichen Ateliers und der seiner verhüllenden Kleidung, tritt der Künstler vor den Betrachter hin − ohne herauszutreten. Die frontale Ansicht, die ernste Miene, die bedeutsame Geste der Hand und der wie eine Bekrönung wirkende Hut haben einen feierlichen Charakter, der in Verbindung mit dem Zwielicht und der Katze magisch wird.

Literatur: siehe Kat. 65

Selbstbildnis vor rotem Vorhang 1923
Ölfarbe auf Leinwand
Privatbesitz

65

Selbstbildnis mit steifem Hut 1921

Kaltnadel auf geripptem Bütten, 323 x 247 mm
Bezeichnet mit Bleistift unten rechts: Beckmann
Bezeichnet mit Bleistift unten links von anderer Hand: 2. Zustand
Herzog Anton Ulrich-Museum Braunschweig – Miteigentum des
Braunschweigischen Vereinigten Kloster-und Studienfonds, Inv. Nr. ZL 95/6355
H 180 III B

Beckmann hat offenbar bemerkt, daß die detaillierte Schilderung des Ateliers in den vorhergehenden Zuständen den feierlichen Charakter mindert. Deshalb hat er im dritten Zustand die Bohlen, die Leinwände und die Tür weggelassen, so daß man den Fußboden und die helle Wand hinten mit dem großen Schatten der Figur kaum noch als solche wahrnimmt und dementsprechend den Künstler eigentlich nicht mehr in einem Innenraum dargestellt sieht. Neu ist eine Petroleumlampe vorn rechts, deren Zylinder die Rahmung übernommen hat, die vorher durch die Türkante geleistet wurde. Neu ist auch, daß die Katze jetzt aufrecht links hinter dem Dargestellten sitzt, ihn auf dieser Seite rahmt und ihm zudem noch gleichsam ins Ohr flüstert. Geblieben dagegen ist im Probedruck des dritten Zustandes noch der lichte Charakter der dunklen Partien, die beim vorherigen Zustand als lichte Schatten in den Beleuchtungsverhältnissen ihre verständliche Ursache haben.
Max Beckmann hat auch den nun unbefriedigenden Charakter der Dunkelheiten noch geändert und diese zum großen Teil wesentlich verdichtet, zugleich einzelne Linien, insbesondere Konturen entschiedener gezogen, so daß im hier vorliegenden Auflagendruck des dritten Zustandes kräftige Formen, das heißt kräftige Kontraste von Hell und Dunkel zur Wirkung gelangen. Damit aber hat sich der Sinn dieses Selbstbildnisses wesentlich geändert, denn durch den Verzicht auf das genrehaft geschilderte Interieur einerseits und die weiche, zwielichtige Atmosphäre andererseits hat sich der Künstler unabhängig von alltäglichen Bezügen und zugleich unabhängig von anekdotischen Stimmungen dargestellt. Lampe und Katze gehören jetzt auch nicht mehr dem Genre an, sondern sind in ihrer bewußten Anordnung und Eigenständigkeit Attribute symbolhaften Charakters. Die Lampe ist Symbol der Erleuchtung und die Katze Symbol magischer Eingebung. Als Sehender und Magier stellt sich der Künstler nun entschieden dem Betrachter dar.
Der vierte Zustand der Kaltnadelradierung ist gegenüber dem dritten lichter, ,kristalliner'. Andeutungen des Hintergrundes sind ganz beseitigt.

Literatur: O. Fischer 1932, S. 41 f. – Busch 1960, S. 24 ff. – Braunschweig 1976, Nr. 30. – München 1984, Nrn. 266 – 268 (J. C. Weiss). – Leipzig 1984, Nr. 94 (E. Blume). – Busch 1984, o. S. – Erpel 1985, Nr. 98. – Braunschweig 1997, Nr. 43 (Th. Döring). – Nahrwold 2000, Nr. 45

Selbstbildnis mit steifem Hut 1921
Kaltnadel, Vierter Zustand

2. Zustand   Beckmann

DER AUSRUFER (SELBSTBILDNIS) 1921

Blatt 1 der Mappe *Der Jahrmarkt*
Kaltnadel auf geripptem Japanpapier, 340 x 257 mm
Bezeichnet mit Bleistift unten rechts: Beckmann
Blindstempel der Marées-Gesellschaft unten rechts
Herzog Anton Ulrich-Museum Braunschweig – Miteigentum des
Braunschweigischen Vereinigten Kloster- und Studienfonds, Inv. Nr. ZL 95/ 6356
H 191 II B a

Die Mappe *Der Jahrmarkt* besteht aus zehn Blättern mit Kaltnadelradierungen, und wie bei den Mappen *Die Hölle* und *Berliner Reise* (Kat. 49–52, 69–70) hat Max Beckmann auch hier eine wichtige Selbstdarstellung an den Anfang gesetzt. Er ist Besitzer und Ansager des *Circus Beckmann*, der zugleich den Jahrmarkt darstellt. Dort begegnen wir ihm auch als Besucher.

Auf dem ersten Blatt lehnt er offenbar an einer Brüstung, schwingt mit der linken Hand die Glocke, daß die Vorstellung gleich beginne, und weist mit der anderen Hand nach rechts, während er scheinbar zu möglichen Besuchern nach links blickt, die Zigarette zwischen den halb geöffneten Lippen.

Das Gesicht mit dem verzogenen Mund, den vorn liegenden Augen und der schwachen Modellierung wirkt unlebendig, wie eine Maske leicht kretinhaften Charakters. Damit aber sind zwei Facetten zur Geltung gebracht, die sich auch sonst bei Selbstbildnissen Max Beckmanns finden, zumal in jener Zeit. Sie dienen dem Künstler zur Distanzierung und Ironisierung.

Zum Jahrmarkt wie auch zum Zirkus und Theater hatte Max Beckmann ein enges Verhältnis. Er schätzte diese Art Unterhaltung und hat die Figuren wie ihr Treiben, das ist seit jeher so verstanden worden, für den ‚Jahrmarkt des Lebens' überhaupt genommen. 1940 hat er sich auf dem Gemälde *Im Artistenwagen* (G 552) wiederum als Zirkusdirektor dargestellt, um sich herum weitere Zirkusleute, die verschiedene Lebensmächte personifizieren.

Literatur: Rosen, Berlin, Auktionskatalog 36, 1961, Nr. 1056. – Braunschweig 1976, Nr. 31. – Erpel 1985, Nr. 100. – Nahrwold 2000, Nr. 46

67

DER GROSSE MANN 1921

Blatt 5 der Mappe *Der Jahrmarkt*
Kaltnadel auf Japanpapier, 308 x 204 mm
Bezeichnet mit Bleistift unten rechts: Beckmann
Blindstempel der Marées-Gesellschaft unten rechts
Privatbesitz
H 195 II B a

Wir blicken hier aus der Schaubude heraus auf den Jahrmarkt, sehen den großen Mann – lang, dünn und ergeben – an der Rampe stehen, vorgestellt von einem Mann in kariertem Anzug, mit Fez und Tuba. Hinter beiden sieht man die Zuschauer, unter ihnen links unten den Künstler, dann ein großes Gerüst mit Luftschaukel und schließlich einige Häuser.

Max Beckmann blickt aufmerksam, ernst, traurig zu dem großen Mann, während eine Frau von rechts hinten schreit, ein Mann vorn grinst. Wahrscheinlich hat sich Beckmann in dieser Darstellung nicht nur als Besucher des Jahrmarktes und Zuschauer bei der Vorstellung verstanden, sondern hat Anteil an dem großen Mann genommen, an dessen Schicksal, fremden Menschen zu öffentlicher Unterhaltung dargeboten zu werden. Die pfahlartige, lange dünne Gestalt kontrastiert zur bewegten Menschenmenge und zu den hoch-schwingenden Luftschaukeln, als ob in ihr das Leben aufs Äußerste geschrumpft sei. Keine Bewegung, keine Geste hilft aus der Not der abnormen Bildung und der öffentlichen Darbietung heraus. Die Erinnerung an den *Gilles* von Watteau stellt sich ein.

Hofmaier erwägt, ob in dem Mann mit Fez I. B. Neumann, in dem unten rechts Reinhard Piper, also zwei Verleger Beckmanns dargestellt sind. Die physiognomische Ähnlichkeit spricht dafür. Blume sieht beim Kopf des großen Mannes eine Ähnlichkeit mit Max Beckmann. Das ist nicht von der Hand zu weisen, so daß es sich bei dem Bild um eine doppelte Selbstdarstellung handeln würde.

Literatur: Leipzig 1984, Nr.103 (E. Blume). – Kornfeld, Bern, Auktionskatalog 225, 2000, Nr. 28 (Musterdruck aus der Sammlung Piper)

BERLINER REISE 1922

Titelblatt und zwei von zehn Lithographien

Es handelt sich hier um den dritten eigenständigen Zyklus, den Beckmann innerhalb der Druckgraphik geschaffen hat und damit um einen der wichtigsten Werkkomplexe des Künstlers. Er besteht aus zehn Lithographien im Hochformat, die 1922 von I. B. Neumann herausgegeben wurden, in dessen Verlag schon *Die Hölle* erschienen war. Von Beckmann selbst wissen wir, daß er beide Zyklen in engem Zusammenhang gesehen hat: „Berlin 1922 ist auch gewissermaßen eine Ergänzung zur ,Hölle', gehören also moralisch zusammen" (21. April 1922 an Piper). Tatsächlich hat *Berliner Reise* mit der *Hölle* die Technik, die Anzahl der Blätter und deren großes Format sowie das Großstadtthema gemein, innerhalb dessen noch Unterthemen einander verwandt sind. Nähere Beziehungen ergeben sich jedoch auch zwischen *Berliner Reise* und dem Zyklus *Stadtnacht* von 1920, vor allem in der Art der lithographischen Zeichenweise. In der *Berliner Reise* ist im Unterschied zur *Hölle* jede Figur und jedes Ding erkennbar und benennbar, weil alles klarer ist. Trotz perspektivischer Unregelmäßigkeiten und wechselnder Proportionen, die jedoch nicht mehr so stark wie in dem früheren Zyklus auftreten, erweist sich der Raum als verhältnismäßig kontinuierlich in seinen Erstreckungen. Er ist in seinen Begrenzungen von Boden, Wänden, Decke etc. deutlicher erkennbar, und diese Begrenzungen selbst erscheinen zusammenhängender. Dieser Tatsache entspricht es, daß die Figuren in Haltung, Gebärden und Gruppierung einfacher sind. Die so entstandene Klarheit bewirkt größere Ruhe. Figuren und Dinge überschneiden sich weniger, sind mehr für sich und stärker an den Grundrichtungen von Vertikaler und Horizontaler orientiert, wogegen sie in der *Hölle* in ein winkeliges, sperriges Gefügte gebracht sind. Ruhe entsteht auch dadurch, daß Beckmann in der *Berliner Rei-*se auf ähnliche Kontraste von Licht und Dunkel wie in der *Hölle* verzichtet hat. Die späteren Blätter wirken in dieser Hinsicht gleichmäßiger und zwar lichter. Tiefste Dunkelheiten, die in der *Hölle* zahlreich vorkommen, gibt es nur sehr wenige. Beckmann hat statt dunkel geschlossener Flächen hier meistens schraffierte geschaffen, deren Schraffen außerdem mehr in ruhigen Parallelen gezogen sind, als daß sie so heftig wechselten wie in den Blättern der *Hölle*.

Von einigen Blättern der *Berliner Reise* ergeben sich engere Beziehungen zu den Lithographien der *Hölle*. Der Reisende zum Beispiel, der auf sein Programm weist, entspricht dem Ansager auf dem Titelblatt der *Hölle*. Auch die Blätter, mit denen beide Zyklen eigentlich einsetzen, erweisen ihren engen Zusammenhang dadurch, daß beide Male der Künstler am Beginn des nun folgenden ,Weges' durch die Stadt gegeben ist. Beide Male ist das Großstadtleben in seinen öffentlichen und privaten, gesellschaftlichen und politischen Facetten — Amüsierbetrieb, Straßenleben, Armut und Ideologie — dargestellt und mehrfach in Selbstdarstellungen des Künstlers reflektiert worden. In der *Berliner Reise* ist dieses Gefüge aber wesenlich strenger. Nach dem Auftakt des Umschlagbildes und dem Beginn mit der Selbstdarstellung im Hotel folgen vier Bilderpaare, bevor der Zyklus mit dem Einzelblatt *Schornsteinfeger* endet. Außer den Beziehungen innerhalb der Paare können noch Beziehungen über die Paare hinweg aufgezeigt werden, die sich nach der Absicht des Künstlers auch ausdrücklich so ergeben sollten (*Die Enttäuschten* I und II). Dadurch erhält das Gefüge des Zyklus eine weitere Festigung.

Aus dem Zyklus der *Hölle* sind es gerade die Ereignisbilder, die in der *Berliner Reise* keine Entsprechung gefunden haben, weil der ganze Zyklus ohne

Ereignisse ist – weder politische, noch kriminelle. Dementsprechend ist auch kein Blatt durch besonderes Format hervorgehoben. Querformate kommen nicht mehr vor. Aus den politisch sich Bekämpfenden wie im *Martyrium* oder in den *Letzten* sind ‚Enttäuschte‘ geworden, und die brutalen Verbrecher der *Nacht* von 1919 vergnügen sich nun in der *Kaschemme*. Es fehlen 1922 demzufolge Bilder heftigen Leidens, aber auch ein Bild ausdrücklichen Mit-Leidens wie *Die Straße*. Nicht mehr zu finden sind außerdem Andeutungen von Religiosität wie bei dem Blatt *Der Hunger*, wo die Familie betet und hinten das Lamm mit dem Kreuz zu sehen ist, oder bei der *Familie*, wo der Mann zornig Gott anklagt, daß er all dieses geschehen läßt. Es fällt außerdem auf, wie viele Portraits in der *Berliner Reise* gegenüber der *Hölle* vorkommen, wo zahlreiche Menschen offensichtlich rein erfunden sind. Besonders aufschlußreich sind natürlich die Blätter, auf denen sich der Künstler selbst dargestellt hat. In der *Berliner Reise* kommt er dreimal vor, zuletzt als Schornsteinfeger; immer ist er allein.

In der *Hölle* kommt er sechsmal vor, ist dort aber nur auf dem Titelblatt allein, 1919 hat er Familie, erbarmt sich eines Kriegskrüppels, hört den ‚Ideologen‘ zu, nimmt am Kampf der ‚Letzten‘ teil und vergnügt sich auch im Tanzlokal. Er ist unter den Menschen und engagiert sich für sie, zum Teil aufs äußerste. In der *Berliner Reise* dagegen ‚reflektiert‘ er sich wie es das Selbstbildnis im Hotel zeigt; er ist seinem Traum hingegeben wie der Schlittschuhläufer und maskiert sich als ein Schornsteinfeger.

Das Thema der Selbstdarstellung zu Beginn des Zyklus erweist seine ganze Besonderheit erst durch den Ort, an dem sich der Künstler hier befindet: das Hotel. Mit dieser Lithographie hat Beckmann sich zum ersten Mal im Hotel dargestellt. Wie die Großstadt, so war für ihn innerhalb der Großstadt das Hotel d e r Ort, an dem sich Leben in höchster Vielfalt vollzog, ein Mikrokosmos modernen menschlichen Lebens schlechthin. Das unstete Dasein, bei dem der Reisende nirgendwo zu Hause und doch mit allen vertraut ist, bei dem er im Hotel unterkommt, sich einrichtet und doch stets reisefertig bleibt, bei dem er so vielen Menschen ganz nahe und doch völlig fremd ist, bei dem es nur momentane, flüchtige Erlebnisse gibt und die Begegnungen mit Menschen oder Landschaften wesentlich vom Abschied, von der Trennung bestimmt werden, dieses Dasein, dessen symbolhafter Ort das Hotel ist, war für Beckmann symptomatisch für Leben schlechthin. Eines der beiden Dramen, die Max Beckmann geschrieben hat, trägt den Titel *Das Hotel*. Indem der Autor ausdrücklich ein Hotel als Schauplatz gewählt hat, läßt er erkennen, wie exemplarisch ihm das Geschehen hier für das Leben ist. Thomas Döring erinnert zudem an die Szene im Spiegelsaal des Hotels, wo der Direktor Zwerch einen Dialog mit seinen Spiegelbildern führt.

Macht man sich die Bedeutung des Hotels für Max Beckmann bewußt, so ergibt das für die Lithographie in der *Berliner Reise*, daß es sich zwar einerseits um eines der zehn Reise-Bilder, um eine Facette modernen Großstadtlebens handelt, daß zum anderen jedoch hier eine grundsätzliche Vorstellung des Künstlers Bild geworden ist: Sein Leben ist Leben im Hotel. Dieser Sinn der Darstellung ist sowohl für Beckmann wie für die nachfolgenden Darstellungen der *Berliner Reise* im besonderen charakteristisch. Vom Hotel aus ‚wahrgenommen‘ und gestaltet, von einem Reisenden, Vorüberziehenden, relativiert sich die Gültigkeit dieser Bilder von vornherein. Damit ist nicht gemeint, daß der Betrachter sie nicht ernst zu nehmen habe; er muß sie vielmehr darin ernst nehmen, daß sie nicht allein wahre Bilder modernen Lebens sind, sondern daß es zu ihrem Wesen gehört, die flüchtige Beziehung zwischen dem Reisenden im Hotel und diesem Leben und somit das Flüchtige des Lebens überhaupt zur Darstellung zu bringen.

Literatur: Dückers 1983. – Leipzig 1984, Nrn. 116–126 (E. Blume). – Buenger 1989. – Hofmaier 1990, Nrn. 212–222

68

Selbstbildnis mit Koffer 1922

Umschlag der Mappe *Berliner Reise*
Lithographie, 537 x 353 mm
Kunsthalle Bremen – Kupferstichkabinett, Inv. Nr. 53/29
H 212

Der Künstler erscheint im Mantel, mit Hut, Stock und Köfferchen – als Reisender. Dreifach macht er darauf aufmerksam, daß es seine Reise ist, die hier zur Darstellung kommt: im Selbstbildnis, in der Überschrift auf einer Programmtafel und in den Initialen auf dem Köfferchen. Unter dem kindlich beschwingten Doppelbogen der Überschrift tritt er auf die Tafel zu, wendet den Kopf zu einem imaginären Anderen, als den sich der Betrachter zu verstehen hat, und weist diesem die einzeln numerierten Programmpunkte. In solchem Herantreten an die Tafel und Hinweisen ist zu erkennen, daß der Reisende eben ankommt. Die Darstellung hat also über Titel, Inhaltsverzeichnis (Programm) und Verlag hinaus, der dem Künstler im doppelten Sinne den Weg nach Berlin bereitet, den Charakter einer Einführung. Darin ist sie dem ersten Blatt der *Hölle* verwandt, wo freilich der Künstler, aus einem Bodenloch auftauchend, viel ‚spektakulärer‘, nämlich als Ansager eines „Großen Spektakels" in Erscheinung tritt (Kat. 49).

Literatur: Bremen 1984, Nr. 190

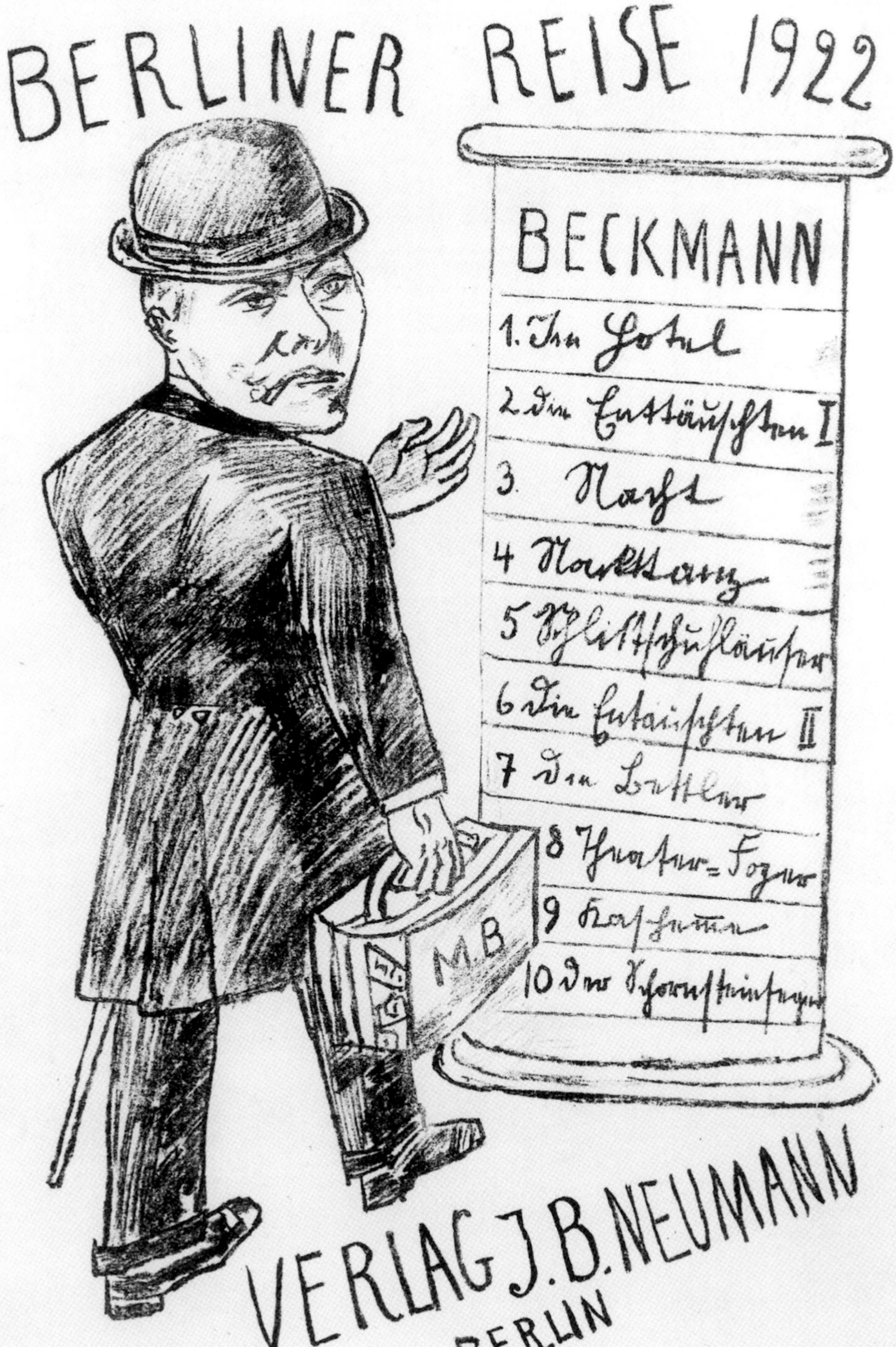
BERLINER REISE 1922
BECKMANN
M.B
VERLAG J.B. NEUMANN
BERLIN

69
Selbst im Hotel 1922

Blatt 1 der Mappe *Berliner Reise*
Lithographie, 445 x 325 mm
Bezeichnet mit Bleistift unten rechts: Beckmann
unten links: 16/100
Herzog Anton Ulrich-Museum Braunschweig – Miteigentum des
Braunschweigischen Vereinigten Kloster- und Studienfonds, Inv. Nr. ZL 95/ 6357
H 213 B

Auf der zweiten Darstellung hat der Reisende seine Unterkunft bezogen. So beginnt eigentlich mit diesem Blatt, das in seiner Art bildmäßiger Darstellung ganz den folgenden gleicht, der Zyklus. Beckmann ist hier gleich mehrfach zu sehen: unmittelbar von vorn, außerdem aber noch in zwei Spiegeln, von der Seite und von hinten. Diese zweifache Bespiegelung läßt vermuten, daß der Künstler in einen weiteren Spiegel blickt und ein Selbstbildnis zeichnet, eben die vorstehende Darstellung. Darüber hinaus sieht und zeichnet er, was dann in dem Zyklus folgt.

In dem Hotelzimmer ist Beckmann nun in Berlin. Von seinem entschiedenen Dasein an diesem Orte zeugt vor allem der mächtige Schädel im Zentrum. Der angespannt nachdenkliche Blick, der nahe gefaßte Zeichenblock und darüber die Hand mit dem Stift deuten zusätzliche Konzentration an, während die Zigarre verwegen-unternehmend hervorsticht und die Weinflasche mit dem Glas wie auch die bequeme Kleidung erkennen lassen, daß sich der Künstler eingerichtet hat. Nun arbeitet er konzentriert, wobei das helle Licht der Lampe zugleich der Wachheit des Geistes, dem sehenden Blick entspricht, den es bedingt und verstärkt in einem.

Beckmann hat sich hier in einer vielfältigen Polarität dargestellt: künstlerisch tätig und genießend – in Dunkelheit, doch erhellt – in der Enge des Zimmers, diese aber verdrängend – in einer Abgeschlossenheit, die jedoch durch Spiegel ‚geöffnet'

wird – wahrnehmend/reflektierend, zugleich aber selbst ‚reflektiert'. Wie Dinge der Lebensfreude (Zigarre und Wein) dieses Dasein vielfältiger Polarität mit bestimmen, so hat auch die Natur andeutungsweise Anteil daran, denn der Künstler wußte wohl die Lampe in Form einer Blume von seinen zahlreich dargestellten Petroleumlampen in anderen Bildern zu unterscheiden.

Nicht tiefsinniger, nicht kunstvoller hätte Beckmann sich und sein Verhältnis zur Welt darstellen können. Aufschauend erblickt er, wohin er sich auch wendet, nur sich selbst, sieht ‚Spiegel'-Bilder von sich. Was er darzustellen hat, ist er letztlich alles selbst. Mit dieser Darstellung wird das Programm der *Berliner Reise* wie Beckmanns Kunst überhaupt auf ein Thema von grundsätzlicher Bedeutung gebracht, dem die anderen Darstellungen radial zugeordnet sind.

Max Beckmann lebte seit 1915 in Frankfurt am Main und blieb dort bis zu seiner Entlassung von der Städel-Schule 1933. Aber weder in der *Hölle*, noch in der *Berliner Reise* hat er Bilder von Frankfurt gegeben. Die moderne Großstadt ist für ihn vielmehr Berlin gewesen. Beide Zyklen sind dieser Stadt gewidmet. Dort fand Beckmann das für den modernen Menschen typische Leben.

Literatur: Braunschweig 1964, Nr. 8. – Braunschweig 1976, Nr. 33. – Erpel 1985, Nr. 106. – Braunschweig 1997, Nr. 44 (Th. Döring). – Nahrwold 2000, Nr. 47

16/100   Beckmann

70
DER SCHORNSTEINFEGER 1922

Blatt 10 der Mappe *Berliner Reise*
Lithographie, 450 x 335 mm
Bezeichnet mit Bleistift unten rechts: Beckmann, unten links: 31/100
Staatliche Graphische Sammlung München, Inv. Nr. 1953: 1 D
H 222

Dieses ist das letzte Blatt des Zyklus und muß deshalb in der Einschätzung von Beckmanns Sinnhaftigkeit etwas Besonderes sein. Das läßt auch die Tatsache vermuten, daß es sich hier um ein Einzelblatt handelt, ohne unmittelbares Pendant.

Nach der langen Nacht der *Berliner Reise* ist es jetzt Morgen geworden: die Sonne geht auf. Der Schornsteinfeger ist mit dem anbrechenden Tag aus der Tiefe hochgestiegen und blickt weit über die Stadt: Er überblickt alles. Er sieht zwei Betrunkene auf dem Heimweg und sieht die Arbeiter in die Fabrik gehen: privates und öffentliches Leben, Vergnügen und Arbeit, der Einzelne und die Menge werden als Gegensätze und als Vielfalt des Lebens in der Stadt noch einmal knapp angedeutet.

Mit gespreizten Beinen hockt der Mann gerade über einem Schornstein und hält in der Hand die Schnur mit der Eisenkugel, die er eben herabläßt, als ob er die Tiefe auslote. Diese Tätigkeit muß in engem Zusammenhang mit dem Blick über die Stadt gesehen werden, denn wer den Überblick über die Stadt, das heißt über das Leben hat und wer es vermag, dessen Tiefe auszuloten, der ist kein Schornsteinfeger, sondern der Künstler selbst. Insofern ergibt sich von diesem Einzelblatt am Ende des Zyklus eine Verbindung zum Hotelgast. Im Hotel begann die Nacht, die Wanderung durch die Berliner Nacht, die nun zu Ende ist. Max Beckmann taucht wieder auf in einer neuen Verwandlung wie später Mephisto, dessen Gestalt in den *Faust*-Illustrationen bereits hier vorgeprägt ist.

Literatur: Bremen 1984, Nr. 190. – Leipzig 1984, Nr. 126 (E. Blume)

31/300

71

SELBSTBILDNIS 1922

Holzschnitt, 222 x 155 mm
Bezeichnet unten rechts: Beckmann
unten links: 31/60
Herzog Anton Ulrich-Museum Braunschweig — Miteigentum des
Braunschweigischen Vereinigten Kloster-und Studienfonds, Inv. Nr. ZL 95/6358
H 226 III B f

Welch hohes Maß an Empfindsamkeit läßt das *Selbstbildnis mit steifem Hut* (Kat. 65) auch in seinem dritten Zustand noch erkennen , wenn man es mit dem ein Jahr später entstandenen Holzschnitt vergleicht! Weder in Blick noch in Geste findet sich hier eine Zuwendung zum Betrachter. Der Künstler hat sich merklich von unten gegeben, also den Betrachter überragend, und hat den Kopf leicht erhoben, also noch einmal Abstand nehmend. Die Miene zeigt den Widerstreit von Anspannung als Merkmal lebendiger, momentaner Regung und von Verschlossenheit als Anzeichen des Unlebendigen. Das ist besonders deutlich an den Augen, denn die heftig zusammengezogenen Brauen und die zu Schlitzen verengten Augen, die ein bohrendes Nachdenken verraten, haben doch keinerlei Blick im Gefolge. Ganz schwarz, blicklos sind diese Augen. Sie geben dem Gesicht einen ganz besonderen und zwar eindeutigen Sinn: den einer Maske. Der Künstler hat sich hier nicht wie in den Darstellungen, von denen schon die Rede war, eine Maske übergezogen, sondern er hat sich ohne Maske als Maskierten dargestellt, dessen eigentliches Wesen seiner Natur nach verborgen ist. In der Beziehungslosigeit zum Betrachter und in der totalen Maskierung liegen wesentliche Unterschiede zu dem Selbstbildnis des Vorjahres. Nun gibt es aber auch keine Attribute mehr und nicht einmal mehr die Andeutung eines Ortes. Der Künstler hat sich hier in hohem Maße aus den Bezügen von ‚Raum und Zeit‘, aus den Bezügen der Welt, des Lebens gelöst.

Daran ist wesentlich die Technik des Holzschnittes beteiligt, die in der vereinfachten Struktur ihres Lineaments starke Abstraktionen bedingt. So sehr der Künstler Einzelheiten gegeben und diese auch stofflich unterschieden hat, etwa den Anzug von den Haaren und den Falten des Gesichts, so handelt es sich doch im Vergleich zu der Radierung von 1921 um vereinfachte Formen, die einen starren, unregsamen, unlebendigen Charakter haben und somit die maskenartige Erscheinung verstärken.

Der Begriff Maske ist nicht dinglich zu verstehen. Das Gesicht ist kein dünnwandiger Hohlkörper, im Gegenteil; es fällt gerade die Wucht der plastischen Gestaltung auf. Wie auf einem kräftigen Sockel sitzt auf dem Oberkörper der Kopf, der seinerseits von mächtiger Rundheit, von ausdrücklicher Plastizität ist. Dementsprechend hat dieser Holzschnitt eine starke Tendenz zur Plastik. Das betrifft zugleich eine Abstraktion, das Unlebendige. So wirkt dieses Bildnis wie ein Vorgriff auf das große verschlossene Sebstbildnis, das Max Beckmann 1936 in Bronze geschaffen hat.

Literatur: Jedlika 1959, S. 122. – Busch 1960, S. 27. – Lempertz, Köln, Auktionskatalog 467, 1961, Nr. 32. – Braunschweig 1964, Nr. 8. – Busch 1984, o. S. – Leipzig 1984, Nr. 130 (E. Blume). – Erpel 1985, Nr. 106. – Braunschweig 1997, Nr. 45 (Th. Döring). – Nahrwold 2000, Nr. 48

31/60

In der Trambahn 1922

Kaltnadel auf Japanpapier, 290 x 434 mm
Bezeichnet mit Bleistift unten rechts: Beckmann
Herzog Anton Ulrich-Museum Braunschweig – Miteigentum des
Braunschweigischen Vereinigten Kloster- und Studienfonds, Inv. Nr. ZL 95/ 6359
H 235 B a

Wie der *Schornsteinfeger* auf dem letzten Blatt der *Berliner Reise* (Kat. 70), so stellt sich der Künstler auch hier gleichsam maskiert und doch unverkennbar dar. Zwischen einer alten Frau und einem ihm neugierig zugewandten Mann sitzt er in der Ostbahn Nr. 18. Vor der Türe, auf dem Perron, erblicken wir noch einen Pfeife rauchenden Alten und hinten durch die Scheiben einige Häuser und kleine Straßenszenen.

Max Beckmann hat sich zwar mit Hut und Anzug gegeben, aber mit einem kragenlosen gestreiften Hemd und einem Verband um die Mitte des Gesichtes, so daß man ihn der Unterwelt zurechnen möchte. Gefährlich wie die eines Tigers blicken denn auch seine Augen aus dem schattigen Dunkel unter der Hutkrempe hervor. Obwohl ganz ruhig sitzend, die Hände auf den Knien, wirkt er doch, als könne er jeden Moment aufspringen und

Unheil anrichten. Ironisch kontrastierend dazu ist der Ort gestaltet: der gewöhnliche Wagen der Ostbahn Nr. 18 mit den Bürgern, die ihn benutzen. Unter ihnen sitzt ein gefährlicher Mann – der verkappte Künstler.

In der Attitüde des Gewaltmenschen und Verbrechers hat sich Max Beckmann auch in den Illustrationen zu *Ebbi* (Kat. 82 und 83) und *Der Mensch ist kein Haustier* (Kat. 88–90) dargestellt. Wie im Gemälde *Die Nacht* bei einem der Gangster dort, deutet der Verband einerseits auf die Gewalttätigkeit seines Lebens, zum anderen verfremdet er den Mann unheimlich und macht ihn umso bedrohlicher.

Literatur: Leipzig 1984, Nr. 138 (E. Blume). – Erpel 1985, Nr. 107. – Nahrwold 2000, Nr. 49

73

KINDER AM FENSTER 1922

Kaltnadel auf Japanpapier, 322 x 227 mm
Bezeichnet mit Bleistift unten rechts: Beckmann, unten links: I/XXV
Herzog Anton Ulrich-Museum Braunschweig – Miteigentum des
Braunschweigischen Vereinigten Kloster- und Studienfonds, Inv. Nr. ZL 95/ 6360
H 237 II B b

Hofmaier erinnert zu Recht an die Tagebucheintragung Max Beckmanns vom 14. September 1945:
" (…) und des Nachts ist der Rokin wieder hell und
ich dachte an mich als Kind in Leipzig, wenn ich
mit Lixer auf die nächtlich erleuchteten Straßen
sah …" Offenbar hat sich Max Beckmann bereits
im Jahre 1922 daran erinnert, so daß wir in dem
Jungen rechts ein Selbstbildnis zu sehen haben. Er
kniet und blickt mit großen Augen fast ehrfürchtig
staunend auf die von Lampen erleuchtete nächtliche Straße. Sein Freund dagegen, im Schritt stehend und die Hände in den Hosentaschen, scheint
davon nicht berührt zu sein.

Verwandt der Radierung, wenn auch nicht so eng
wie Hofmaier meint, ist eine Federzeichnung von
1916, wo ein junger Mann mit geschlossenen
Augen zum Sternenhimmel gewandt ist, während
eine alte Frau in demselben Zimmer mit dem
Rücken zu ihm sitzt (W 349).

Die Erinnerung an das Kindheitserlebnis ist nicht
nur in die Radierung eingegangen, sondern auch
in das linke Bild des Triptychons *The Beginning*
(G 789), das Max Beckmann 1949 gemalt hat. Dort
erblickt der Junge, mit einer Krone auf dem Kopf
und in Gesellschaft eines Mädchens, einen alten
Leierkastenmann wie Gottvater hinter den Scheiben, der von Engelschören begleitet wird.

Der Künstler hat also aus Kindheitserinnerungen
heraus die Radierung um 1922 geschaffen und den
darin angelegten Zauber einer erleuchteten nächtlichen Straße in dem erwähnten Triptychon viel
später gesteigert zur Vision einer überirdischen
Erscheinung.

The Beginning 1949, linkes Bild
Ölfarbe auf Leinwand
Metropolitan Museum of Art, New York

Literatur: Nahrwold 2000, Nr. 50

SELBSTBILDNIS MIT FAHRENDEM ZUG 1922

Feder in schwarzer Tinte über Bleistift, auf Postkarte, 140 x 89 mm
Bezeichnet mit Feder als Ausruf: fort, unten: Dieses ist mein Portrait als ich zurückkam/
und Minna verschwunden war./ Alles Gute mein Liebes. Bald auf Wiedersehen./
Dein Maxe Beckmann
Bezeichnet mit Feder auf der Vorderseite der Karte:
Ich schick's lieber/ im Brief, damit Du/ dieses schöne Selbstportrait/ auch wirklich
kriegst. Sobald ich Durchschlag [?] habe, kriegst Du/ auch das andere/
Es war schön und ich denke/ viel an Dich/ Mäxchen
Herzog Anton Ulrich-Museum Braunschweig – Miteigentum des
Braunschweigischen Vereinigten Kloster- und Studienfonds, Inv. Nr. ZL 95/ 6353
W 483

Die Karte bezieht sich offenbar auf ein verpaßtes Treffen mit Minna Beckmann-Tube beziehungsweise eine unvorhergesehene Abreise von ihr. Wann und wo das genau war, konnte bisher ebensowenig geklärt werden wie die Tatsache, worum es sich bei dem anderen Selbstbildnis handelt. Einen Hinweis gibt wahrscheinlich die Widmung der handkolorierten Kaltnadelradierung *Frauenbad* (H 234). Dort steht: „Mein. lieben kleinen Minkchen in Erwartung der großen Reise Passau von Maken/ Juni 22 Berlin Pension Kurfürstenheim". Offenbar hat sich Max Beckmann bald nach

dem 22. Juni mit seiner Frau, die damals in Graz engagiert war, in Passau treffen wollen.
Wiese datiert die Karte um 1922. Nach freundlicher Auskunft von Irmgard Krause, Museum für Kommunikation Berlin, ist die amtliche Postkarte vom 1. Januar bis 30. September 1922 in Umlauf gewesen.

Literatur: Ketterer, Stuttgart, Auktionskatalog 20, 1954, Nr. 752. – Ketterer, Stuttgart, Auktionskatalog 30, 1957, Nr. 51. – Lempertz, Köln, Auktionskatalog 570, 1979, Nr. 43. – Erpel 1985, Nr. 77 [„um 1919 (?)"]. – Nahrwold 2000, Nr. 51

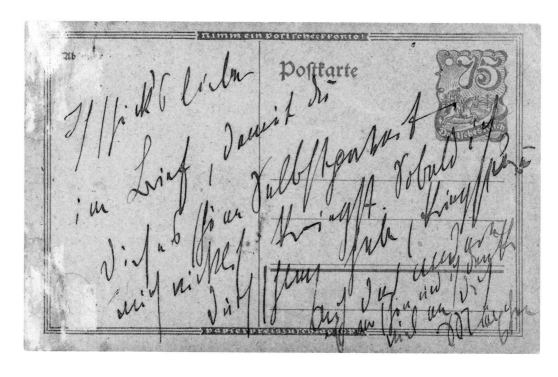

75
VERFÜHRUNG 1923

Holzschnitt auf imitiertem Japanpapier, 158 x 242 mm (Blatt 245 x 393 mm)
Bezeichnet mit Bleistift unten rechts: Beckmann
unten links: Verführung (Probedruck)
Privatbesitz
H 257 II

Der Holzschnitt ist in der Komposition verwandt der Kaltnadelradierung *Siesta* (Kat. 79) aus demselben Jahr. Beide Male wird das Querformat weitestgehend von der Frau auf dem Lager eingenommen, beidemale hat sich Max Beckmann links hinten in der Ecke dargestellt. Auf dem Holzschnitt liegt die Frau aber nicht halbnackt und entspannt da, sondern trägt ein langes dunkles Kleid und birgt das Gesicht schamhaft-verzweifelt in den Händen. Der Kopf des Mannes hinter ihr wirkt wie eine dunkle Maske – unheimlich, bedrohlich, ungerührt.

Er deutet auf eine der Selbstdarstellungen im Drama *Der Mensch ist kein Haustier* voraus (Kat. 88, 89).

Der Künstler wollte sich als Person aus dem Erlebnis, denn um ein solches handelt es sich unzweifelhaft, zurückziehen in die Anonymität eines ‚wilden Gesellen‘, wie er denn auch die Individualität der Frau verdeckt hat. Das aber ist charakteristisch für ihn: daß er einerseits ganz aus Erlebnissen heraus schafft und diese Erlebnisse im Werk dokumentiert, daß er sie andererseits aber immer wieder verhüllt, verschleiert, verfremdet, damit die Darstellung nicht ohne weiteres entschlüsselt werden kann.

Wir werden dementsprechend nie wissen, wer die Frau ist, und in gewisser Hinsicht kann uns das auch gleichgültig sein. Die Tatsache aber, daß es von dem Holzschnitt nur wenige Abzüge gibt, daß keine Auflage gedruckt, eine solche vielmehr aufgegeben worden ist, läßt einen Abbruch der Beziehung zwischen Max Beckmann und dieser Frau vermuten.

Verführung (Holzschnitt)   Beckmann

76
Im Hotel (Der Dollar) 1923

Kaltnadel auf Velin, 296 x 200 mm
Bezeichnet mit Bleistift unten rechts: Beckmann, unten links: 4/21
Herzog Anton Ulrich-Museum Braunschweig – Miteigentum des
Braunschweigischen Vereinigten Kloster- und Studienfonds, Inv. Nr. ZL 95/ 6361
H 260 B a

Hofmaier schreibt richtig, daß es mit dem Dollar für Beckmann etwas ganz Besonderes auf sich haben muß. Er bekommt ihn von seinem Kunsthändler I.B. Neumann (1887–1961) gereicht, während dessen Freundin Martha Stern links rauchend sitzt und im Hintergrund wohl – nach Billeter – Günther Franke dargestellt ist.
Neumann hat Max Beckmann seit 1911 vertreten. Er war einer der wichtigsten Kunsthändler Berlins und hatte, zusätzlich zu Filialen in Bremen und Düsseldorf, 1923 noch in München das *Graphische Kabinett* gegründet, dessen Leitung von September an Günther Franke übernahm, weil Neumann wegen der Inflation nach den USA gegangen war. In einem Brief vom 9. August 1924 erinnert sich Max Beckmann: „Als Sie damals nach Amerika gingen gaben Sie das feste Versprechen spätestens zur Cassirerausstellung im Januar zurück zu seien. – Dann bekam ich nach einigen Monaten die Mitteilung, daß Sie nicht wieder kämen. – Gleichzeitig mit dieser Mitteilung hätte nun von Ihrer Seite ein völlig klares Bild unserer pekuniären Beziehungen erfolgen müssen. Aber davon war nicht die Rede, sondern nur unbestimte und vage Andeutungen. – Ohne meine Zustimmung hatten Sie das ganze deutsche Geschäft einem Mann übertragen, von dem Sie genau wußten, daß ich niemals immer mit ihm zusamen arbeiten würde, der auch ohne weiteres mich quasi moralisch hinauswarf indem er Dix und Kandinsky an meine Stelle setzte. – Ich war also völlig ohne feste Stütze. – Ich mußte annehmen daß Sie es pekuniär äußerst schwierig hatten, denn sonst hätten Sie mir wenigstens eine feste sichere Zusage senden müssen, als Ersatz für alles andere."
Die Szene muß also vor Neumanns Übersiedlung nach den USA spielen. Max Beckmann berichtet in einem Brief vom 10. Oktober 1923, er schließe Geschäfte wegen der Inflation nur noch in Dollarschatzanweisungen ab. Wahrscheinlich hält die Radierung ein solches Geschäft fest.
Der Künstler hat I.B. Neumann und Martha Stern 1922 in einer Lithographie dargestellt (H 209) sowie diesen allein 1919 in einer Kaltnadelradierung (H 154); außerdem sind eine Porträtzeichnung (Leipzig 1998, Nr. 194) und Neumanns Bildnis im Gemälde *Fastnacht* (G 206) von 1920 bekannt.

Literatur: Braunschweig 1976, Nr. 34. – Leipzig 1984, Nr. 147 (E. Blume). – Erpel 1985, Nr. 112. – Briefe I, S. 252f. – Leipzig 1998, S. 108 (J. Nicolaisen). – München 2000a, S. 9f. (F. Billeter). – Nahrwold 2000, Nr. 52

4/27   Beckmann

Vor dem Maskenball 1923

Kaltnadel auf geripptem Bütten, 200 x 329 mm
Bezeichnet mit Bleistift unten rechts: Beckmann
unten links: Vor dem Maskenball (Probedruck) zur Erinnerung an d. 9. Mai 24
Herzog Anton Ulrich-Museum Braunschweig – Miteigentum des
Braunschweigischen Vereinigten Kloster- und Studienfonds, Inv. Nr. ZL 95/ 6362
H 264 A

Die Kaltnadelradierung gibt mit geringen Abweichungen, aber seitenverkehrt, ein Gemälde (G 216) wieder, das Max Beckmann im Vorjahr für Reinhard Piper geschaffen hat. Piper wollte „ein Gemälde ungefähr in der Art des *Familienbildes* von 1920 (vgl. Kat. 62), also ein niedriges Breitformat mit fünf bis sechs Figuren.“

Die Radierung nach dem Gemälde und das Bild selbst werden in einem Vertrag zwischen Piper und Beckmann vom 30. September 1922 erwähnt (Hofmaier). Beide waren damals noch nicht fertig. Anfang November hat der Künstler die Arbeit am Gemälde beendet und hat das Bild kurz darauf an Piper geschickt. Am 21. April 1923 bittet er ihn um eine Photographie für die Radierung, und er fügt hinzu: „Sie wissen ja ich mache keine direkte Wiederholung aber als Anregung muss ich die Photo haben. Ich glaube ich werde etwas Gutes machen. Ich bin sehr geladen.“ Offenbar geht die fragliche Reproduktion des Gemäldes ebenfalls auf einen Auftrag Reinhard Pipers zurück. Das nebenstehende Exemplar stammt aus der Sammlung Pipers; höchstwahrscheinlich hat es der Künstler ihm am 9. Mai 1924 geschenkt.

Die dargestellten Personen sind für das Gemälde von Reinhard Piper und Peter Beckmann identifiziert worden und dementsprechend auf der Radierung von links nach rechts: die alte Frau Tube, Grete Skalla (eine Lehrerin und Freundin von Minna in Graz), Dr. Erich Stichel (Arzt in Graz), Max Beckmann, Minna und Peter Beckmann.

Der Sinn der Darstellung entspricht dem des *Familienbildes*. Auch hier warten die Menschen, jeder für sich, auf den Beginn des Maskenballes, der mit dem Leben selbst gleichzusetzen ist. Dementsprechend ist jede Figur zugleich ein Typus: die Alte mit der Kerze eine Weise, eine Seherin, die Frau im gepunkteten Kleid eine gleichgültige Nebenperson, der Mann im Trikot ein körperlich wendiger Artist, der Künstler mit der Maske, ein geheimnisvoller, mächtiger Unbekannter, die Frau mit dem Tamburin eine erotisch Verlockende und der lesende Junge wieder eine Nebenfigur.

Literatur: Piper 1950, S. 38 (Gemälde). – Briefe I, S. 223 (Gemälde), S. 236f. (Kaltnadelradierung). – Leipzig 1984, Nr. 150 (E. Blume). – Erpel 1985, Nr. 113. – München 1994, Nr. 33 (C. Lenz). – Arndt 1996, S. 307f. – Nahrwold 2000, Nr. 53

Vor dem Maskenball 1922
Ölfarbe auf Leinwand
Pinakothek der Moderne, München

Vor dem Maskenball (Prokürnik) zu 1 freunde ag u. d. 9. Mai 14   Beckmann

78

Selbstbildnis im Auto   1923

Lithographie auf imitiertem Japanpapier, 418 x 641 mm
Bezeichnet mit Bleistift unten links: Autofahrt (Probedruck) Beckmann
Herzog Anton Ulrich-Museum Braunschweig – Miteigentum des
Braunschweigischen Vereinigten Kloster- und Studienfonds, Inv. Nr. ZL 95/ 6363
H 275 A, nicht aufgeführte Variante

„– Übrigens ist im neuen Querschnittheft wieder was von mir »die Autofa[h]rt« eine verwelkte Blüte aus d. Naïlazeit. – Kauf Dir das Heft", schreibt Max Beckmann am 14. oder 15. Juni 1925 an Quappi, die er in zweiter Ehe am 1. September heiraten wird, nachdem er sich kurz vorher von seiner ersten Frau hat scheiden lassen. In dem Brief spielt er auf seine Beziehung zu Naila an, die der Bekanntschaft mit Quappi unmittelbar voraus lag. *Der Querschnitt* war eine Monatsschrift. Im Juniheft 1925 erschien als Illustration des Textes *Stierkampf* von Ernest Hemingway auf S. 531 die nebenstehende Lithographie (Schneede in: Briefe I, S. 491).

Die Lithographie zeigt Max Beckmann an der Seite von Naila im Fond einer offenen Autodroschke, den rechten Arm lässig auf das hochgestellte Bein gestützt. Der Chauffeur ist konzentriert seiner Tätigkeit hingegeben. Am Straßenrand, vielleicht durch ein Brückengeländer angeschnitten, ist noch eine Frau zu sehen, außerdem gehen nach rechts zwei Tiere, die sich zoologisch schwer identifizieren lassen. Esel?

Das Autofahren gehörte wie der Champagner und die teuren Hotels zu Beckmanns luxuriösem Lebensstil. Zudem kam es ihm bei dieser Lithographie auch nicht auf die eindringliche Charakterisierung der Personen an. Für sich und seine Gefährtin kann er sich ein Auto mit Chauffeur leisten, in dem er ‚offen' dahinfährt! Die Darstellung bringt das Gemälde von 1914 in Erinnerung (vgl. Kat. 16), wo sich Max Beckmann mit seiner ersten Frau und dem Sohn Peter ebenfalls in einer offenen Autodroschke dargestellt hat. Das Bedürfnis, solchen Lebensstil auch künstlerisch zu demonstrieren, war ihm also geblieben.

Literatur: Erpel 1985, Nr. 118. – Briefe I, S. 304 und 491. – Nahrwold 2000, Nr. 54

Siesta   1923

Kaltnadel auf Japanpapier, 201 x 394 mm
Bezeichnet mit Bleistift unten rechts: Beckmann
Herzog Anton Ulrich-Museum Braunschweig – Miteigentum des
Braunschweigischen Vereinigten Kloster- und Studienfonds, Inv. Nr. ZL 95/ 6364
H 280 II A, nicht aufgeführte Variante

Ein Probeabzug des zweiten Zustandes trägt nach Hofmaier die Widmung „Meiner lieben süßen Minetta z[um] Andenken an München im heißen [Hotel] Königshof Sommer 1923". Ein Probeabzug des ersten Zustandes ist mit „August" noch genauer datiert. Minetta oder Minette ist einer der Kosenamen gewesen, die Max Beckmann für seine erste Frau, Minna, benutzt hat. Sie liegt hier halb bekleidet auf dem Bett, während der Künstler mit nacktem Oberkörper vor dem Fenster sitzt, im Mundwinkel eine Zigarette.

Die Frau ist sinnend gegeben mit verschränkten Armen unter dem Kopf und übereinandergeschlagenen Beinen, wobei je unterschiedliche Schatten das hell schimmernde Inkarnat und die seidig glänzenden Strümpfe anschaulich machen. Zudem rufen Nacktheit, Helligkeit und lichte Schatten suggestiv die Vorstellung von sommerlicher Hitze hervor. Max Beckmann hat, von Erpel richtig vermutet, 1924 auf die Komposition für ein Gemälde zurückgegriffen und hat dieses 1931 überarbeitet. Es zeigt nun die zweite Frau, die der Künstler 1925 geheiratet hat und trägt die Widmung „für Quappi Beckmann F 31". Unter der Darstellung von Quappi befindet sich wohl immer noch das Bildnis von Minna.

Literatur: Göpel 1976, zu Nr. 353. – Braunschweig 1976, Nr. 35. – Erpel 1985, Nr. 116. – Nahrwold 2000, Nr. 55

Siesta   1924/1931
Ölfarbe auf Leinwand, Privatbesitz

80
Tamerlan 1923

Kaltnadel, 398 x 200 mm
Bezeichnet mit Bleistift unten rechts: Beckmann, unten links: 19/60
Privatbesitz
H 284 B

Tamerlan (= Timur Lenk) war um 1400 Großkhan der Mongolei und Begründer eines mongolischen Weltreiches mit der Hauptstadt Samarkand. Er ist hier auf einem Büffel reitend dargestellt, dieser wiederum auf einer Kugel stehend. Das große Bildwerk ist offenbar die Hauptattraktion eines Restaurants oder Nachtlokals mit Namen *Tamerlan*, denn links sieht man zwei Läufe einer steilen Treppe, auf der Kellner ihre Tabletts mit Gläsern nach oben tragen. Auch der Stehgeiger unten rechts gehört zu diesem Ambiente.

Hofmaier vermutet, daß sich das Lokal in Berlin befunden habe; wahrscheinlich ist es aber in Frankfurt gewesen, denn der Geiger spielt Max Beckmann und seiner Frankfurter Freundin Naila auf, die dicht hinter einer Brüstung dargestellt sind. Das Datum 10.4.23, das sich unter dem Namenszug *Tamerlan* findet, ist für beide offenbar wichtig gewesen; Max Beckmann hat es noch einmal in einer Radierung zu Brentanos *Fanferlieschen Schönefüßchen* (H 298) angebracht, dort auf dem Grabkreuz des Königs Jerum, neben dem Ursula – mit den Zügen der Naila – trauert.

Max Beckmann hat sich und die Frau in *Tamerlan* zwar nahe beieinander, aber nicht aufeinander bezogen gegeben. Sie, vom Rücken gesehen, blickt nach rechts, er, im Halbschatten, ausdrücklich nach links. Wichtiger als die Erläuterung ihrer Beziehung sind dem Künstler offenbar Andeutungen gewesen, zu denen das Datum, aber auch die Gestaltung des Ortes gehört. Denn hier ,stoßen zwei Welten zusammen': die der modernen Zivilisation und die einer wilden, fremden, asiatischen Macht. Max Beckmann lebte nicht nur intensiv in der ersteren, sondern durchstreifte in seiner Vorstellung auch noch die andere und manche weitere. 1938 bekennt er in seiner Londoner Rede: „Wenn meine Träume über Oanes Dagon zu den letzten Tagen der versunkenen Kontinente unserer Planeten wandern. Nichts andres ist mir die Straße mit dem Mann, der Frau und dem Kind, der Aristokratin oder Prostituierten, dem Dienstmädchen oder der Fürstin. Zwiespältige Träume – laufen sie mir durcheinander, Samothrake – Piccadilly – oder Wallstreet." Tamerlan ist dementsprechend nicht nur ein Lokal gewesen, in dem Beckmann zufällig mit Naila einen Abend verbracht hat, sondern der Herrscher dieses Namens wird ihm auch eine Lebensmacht verkörpert haben, der er sich – so fremd, so fern und scheinbar längst vergangen – verwandt gefühlt haben wird. Wir sehen offenbar Max Beckmann zweimal auf diesem Bild.

Literatur: Aufsätze und Vorträge 1984, S. 136. – Erpel 1985, Nr. 114. – Lenz 1999b, S. 453

BILDNIS FRITZ P. (SELBSTBILDNIS MIT BART) 1923

Kaltnadel, 280 x 217 mm
Bezeichnet in der Platte links: Fritz P./ 10 XI 23
Bezeichnet mit Bleistift unten rechts: Beckmann, unten links: 9/ 60
Herzog Anton Ulrich-Museum Braunschweig – Miteigentum des
Braunschweigischen Vereinigten Kloster- und Studienfonds, Inv. Nr. ZL 95/ 6365
H 288

Der Sinn dieser Darstellung ist bisher noch nicht entschlüsselt worden. Offensichtlich handelt es sich um ein Selbstbildnis, warum aber *Fritz P.* und warum der Bart? Ungewöhnlich überhaupt sind Schrift und Datum in der Platte, wenn auch nicht der einzige Fall. Auf der Radierung *Tamerlan* (Kat. 80) lesen wir nicht nur den Namen des Lokals, sondern auch noch ein Datum: 10.4.23. Dasselbe Datum steht auf dem Holzkreuz des toten Jerum auf dem letzten Blatt der Illustrationen zu *Fanferlieschen Schönefüßchen*. Da sich Max Beckmann in der Radierung *Tamerlan* mit seiner Freundin Naila dargestellt und diese auch in die Prinzessin Ursula der *Fanferlieschen Schönefüßchen*-Illustrationen projiziert hat, dürfte die nebenstehende Selbstdarstellung gleichfalls mit der Beziehung zu Naila zu tun haben. Sie wird ebenso eine verschlüsselte Erinnerung enthalten wie die Radierung *Frau im Spiegel mit Pierrot* (H 274), wo Naila dargestellt ist und der Pierrot einen ähnlichen Bart wie Fritz P. trägt. Dasselbe gilt für die Kaltnadelradierung *Kasbek* (H 281).

Im übrigen deuten die halb geschlossenen Augen in Verbindung mit Glas und Flasche auf einen leicht alkoholisierten Zustand, wobei das breitbeinige Sitzen mit der aufgestützten Rechten und der Zigarette in der erhobenen Linken den Künstler in seiner bekannten souveränen Lässigkeit zeigt.

Literatur: Braunschweig 1976, Nr. 36. – Erpel 1985, Nr. 117. – Nahrwold 2000, Nr. 56

Frau im Spiegel mit Pierrot 1923
Kaltnadel

Fritz P.
10 XI 23

Ebbi, Komödie von Max Beckmann 1924

Zwei von sechs Kaltnadelradierungen

Max Beckmann war nicht nur Maler, sondern er hat auch Stücke geschrieben, wie denn überhaupt seine Schriften zeigen, daß er durchaus ein künstlerisches Verhältnis zum Wort besaß. Die Komödie *Ebbi* ist 1924 von der Johannes-Presse in Wien für die *Gesellschaft der 33* veröffentlicht worden.

Die Komödie in vier Akten zeigt den Versuch des Kaufmannes Eberhard (Ebbi) Kautsch, mit Hilfe der Malerin Johanna Löffel aus seinem bürgerlichen Leben auszubrechen und Dichter zu werden. Dieser Versuch wird nicht durch die Vorhaltungen der Ehefrau Frieda und der neureichen Freunde Ostpark verhindert, sondern er scheitert letztlich an der Fehleinschätzung des Ebbi und zwar seiner eigenen wie der Johannas. Ebbi kann weder dichten, noch ist er zu den außerordentlichen Taten fähig, zu denen ihn Johanna anstachelt. Nach ihrer Meinung ist die Voraussetzung für Künstlertum die skandalöse, antibürgerliche Tat und in deren Gefolge das außerordentliche Erlebnis. Dazu wählt sie für Ebbi, aber auch für sich selbst, den Bordellbesuch und das Verbrechen. Ebbi versagt jedoch hier durch Impotenz und dort durch Gewissensskrupel, während sich Johanna in ihrem lesbischen Treiben sogar über die Konvention der Dirnen hinwegsetzt und beim Verbrechen eine führende Rolle übernimmt. Der souveräne Herrscher in beiden Reichen ist aber nicht sie, sondern der Verbrecher Jakob Nipsel, in jeder Hinsicht die Gegenfigur zu Ebbi. Ihm wendet sich Johanna schließlich ganz zu, während sie Ebbi fallen läßt. Ebbis Gewissensbisse während des Einbruchs bei Ostparks, den Johanna geplant hatte und unter seiner Beteiligung, vor allem jedoch unter der sachkundigen Führung Nipsels bewerkstelligte, haben den Abbruch des Unternehmens und Ebbis Rückkehr in den vertrauten bürgerlichen Kreis zur Folge.

Die Komödie ist ein Hohn auf die biederen Bürger, die Ostparks und Kautschs, mehr noch ein Hohn auf das Bemühen des Spießbürgers, in Fehleinschätzung seiner Natur aus dieser Welt auszubrechen. Versucht er künstlerisch, sexuell und kriminell seine Grenzen zu überschreiten, so muß er scheitern. Das Außerordentliche ist ihm versagt. Der Fehleinschätzung unterliegt aber nicht nur Ebbi selbst, sondern auch Johanna, diese sogar weit mehr als er, denn sie hat ihn überhaupt erst zu dem Ausbruchsversuch angetrieben, wie sie ihn dann auch weiter treibt, bis sie schließlich ihren Irrtum einsehen muß. Diese Einsicht wird ihr ganz unmittelbar durch das Versagen Ebbis und darüber hinaus durch den Vergleich mit Nipsel, der Johannas Vorstellungen vom außerordentlichen Menschen außerhalb der bürgerlichen Gesellschaft erfüllt. Johanna selbst ist durchaus anderer Natur. Sie gehört zwar nicht zum Kreise der Spießbürger, hat dazu jedoch mehr Beziehungen als Nipsel, der gänzlich außerhalb steht. Ihre Vorstellung vom außerordentlichen Menschen entspringt eigentlich der Situation des Intellektuellen, der den Überblick über das Leben hat. Er unterscheidet sich darin vom einfachen, beschränkten Bürger, mit dem er deshalb nichts gemein haben möchte, aber er unterscheidet sich auch vom absoluten Tatmenschen und zwar doppelt, indem er diesem einerseits vom Bewußtsein her überlegen ist und es ihm andererseits doch an dessen Vitalität mangelt. Der Mangel an Vitalität wird als unerfüllte Sehnsucht schmerzlich empfunden, und es wird auf vielfältige Weise versucht, sich dafür einen Ersatz zu schaffen. Bei Johanna ist es das Rauschgift, die Sexualität und schließlich die Anschmiegung an den Tatmenschen, womit sie sich über ihren Mangel hinwegzutäuschen versucht. Aber weder richtig zu diesem, noch zu den Bürgern gehörend, sondern zwischen beiden stehend, ist sie eigentlich haltlos, weil sie nicht an dem Genüge hat, was ihre Natur ausmacht: das Bewußtsein. Während die Bürger und der Verbrecher mit ihrem jeweils hohen Maß an Naivität in sich ruhende Naturen sind, wird an Johanna die durch das Bewußtsein irritierte Natur sichtbar, die nur im Rausch Naivität erlangt, ansonsten jedoch alles intellektuell erlebt.

Wenn Feller vermutet, daß sich Beckmann in Eberhard Kautsch unter einer ironischen und selbstzynischen Maske beschrieben habe, so hat er weder die Figur des Ebbi, noch die der anderen Personen erkannt, noch hat er Beckmanns Illustrationen zu dem Stück zur Kenntnis genommen, denn in diesen Radierungen hat sich der Künstler gleich dreimal selbst dargestellt – als Nipsel.

Literatur: Feller 1984, S. 5–17. – Erpel 1985, Nrn. 119–122. – Hofmaier 1990, Nrn. 306-308. – Bozen 1990, Nr. 151 (R. Jentsch)

Die erste Illustration zeigt im 1. Akt die Szene vor dem Auftreten Johannas. Der fette Ebbi erscheint in Schrittstellung, Kopfwendung und Miene hier ganz energisch vor Ostparks und seiner Frau, die in je unterschiedlichem Grade der Überraschung seinen Entschluß aufnehmen, Dichter zu werden und zu „leben".

Ebbi: Ebbi will Dichter werden und leben   1924
Kaltnadel

82
Im Bordell 1924

Illustration zu der Komödie *Ebbi* von Max Beckmann
Kaltnadel auf imitiertem Japanpapier, 196 x 148 mm
Bezeichnet mit Bleistift unten rechts: Beckmann
Herzog Anton Ulrich-Museum Braunschweig − Miteigentum des
Braunschweigischen Vereinigten Kloster- und Studienfonds, Inv. Nr. ZL 95/ 6366
H 306 II B

In der zweiten Illustration zum 1. Akt erscheint Ebbi in kläglicher Haltung mit den Dirnen Erika und Josephine, während hinten in der Mitte der brutale Kopf Nipsels zu sehen ist, auf den von rechts Johanna blickt. Links neben Nipsel ist die Bordellbesitzerin Olga Fritsch zu sehen, die zwei Flaschen herbei bringt. Durch seine Position in der Mitte, durch die energische Physiognomie, durch die Rahmung von vier Frauenköpfen und als Gegensatz zu dem jämmerlichen Ebbi ist Nipsel in jeder Hinsicht die beherrschende Figur.

Literatur: Nahrwold 2000, Nr. 57

83

Ritt auf dem Untier 1924

Illustration zu der Komödie *Ebbi* von Max Beckmann
Kaltnadel auf imitiertem Japanpapier, 198 x 145 mm
Bezeichnet mit Bleistift unten rechts: Beckmann
Herzog Anton Ulrich-Museum Braunschweig – Miteigentum des
Braunschweigischen Vereinigten Kloster- und Studienfonds, Inv. Nr. ZL 95/ 6367
H 307 II A

Hauptfigur ist Nipsel auch auf der ersten Illustration zum 3. Akt, wo er im Kokainrausch auf einem Untier reitet und ihm der Ermordete als Toter beziehungsweise Tod begegnet. Die Szene ist insofern besonders wichtig, als Nipsel seinem Gegenüber die Frage nach Gott und dem Jenseits stellt: „Na und Er? Au verdammt? (Der Tote macht zwei große Bewegungen.) Na siehste, ooch so'n Reinfall, Kinderschwindel. (Der Tote grinst ihn auf einmal fürchterlich an und verschwindet grinsend langsam nach rückwärts.) Hu, pfui Deibel, was war denn das? Ach was – Kinderschwindel! (...) Ick sage ja, nur nicht im-im-imponieren lassen! Aber komisch war's doch! Warum der August nur so jegrinst hat, als ich von Ihm sprach? Ach was, pfeif drauf, muß leben, Jeld, Jeld, Geld und denn Wei-

ber!!!" Der Ermordete hat mit seinen leeren Bewegungen also die Frage nach Gott verneint. Was bedeutet aber das fürchterliche Grinsen, das Nipsel so entsetzt und dessen Wirkung er mit dem neuerlichen Ausdruck „Kinderschwindel" zu verscheuchen sucht? Es kann nur eine ganz ungeahnte Bedrohung des Jenseits sein, ohne Gottheit die Bedrohung durch das absolute Nichts, das totale Ende der Existenz. Wie sehr Max Beckmann von dieser Angst betroffen war, zeigt die unvollendete *Auferstehung* (G 190) und belegen entsprechende Äußerungen der *Briefe im Kriege*. Die Szene der Komödie gibt also einen ganz wesentlichen Einblick in Beckmanns Weltanschauung.

Literatur: Nahrwold 2000, Nr. 58

Die zweite Illustration zum 3. Akt zeigt Johanna im Kokainrausch, der bei ihr zur sexuellen Entfesselung führt. Umgeben von fünf Männern, darunter als wichtigster links Nipsel, während rechts einer mit den Zügen I. B. Neumanns herankommt, ist Johanna zu sehen. Längere Passagen ihrer Rede lassen sich auf diese Darstellung beziehen, etwa: „Mehr, mehr, ja, in mich hinein, alles, was Mann ist" oder: „Alle sollt ihr mich haben, ich brauche Euch alle für meinen Durst. Ach Männer, Männer, Männer!"

Die erste Illustration des 4. Aktes ist dem Einbruch bei Ostparks gewidmet. Vorn sitzt Ebbi in Ganovenkleidung am Boden, aber steif vor Angst und mit kläglicher Miene, wie denn auch die verrutschte Maske auf seinen jammervollen Zustand, einer Mischung aus Angst und Gewissensbissen, hindeutet, die ihn schließlich zur Aufdeckung des Verbrechens dem Portier gegenüber führt, der hier noch bewußtlos geschlagen auf Ebbis Beinen liegt. Im Hintergrund sind Johanna und Nipsel, beide unheimlich maskiert, mit dem Schneidbrenner am Geldschrank zu sehen.

Für die letzte Darstellung hat Beckmann eine Blasmusik erfunden, die sich einerseits auf die unverhofft zu hörende Musik anläßlich des fünfundzwanzigjährigen Geschäftsjubiläums von Ostpark im Stück bezieht, andererseits aber innerhalb der Bildfolge einen ironischen Abschluß bildet.

Die Zeichnung der Figuren in den Radierungen entspricht deren Zeichnung im Stück, denn auch hier handelt es sich um ganz einfache, derb charakterisierte Menschen, an denen nicht die Vielfalt, nicht der Reichtum des Lebens, sondern ein primitives Muster sichtbar wird. Die Menschen im Stück sind auf allgemeine, primitive Vorstellungen hin vereinfacht, sind ein standardisiertes Personal wie Puppen, das in diesem Falle auch nicht viel mehr als eine Rolle spielt: Die Bürger, die Dirnen, der Verbrecher sind wie sie sind, und auch das Geschehen mit dem Ausbruchsversuch des Ebbi, seinem sexuellen Versagen, der Hinwendung der Intellektuellen zum Tatmenschen sowie der Kreislauf von Bürgerhaus über Bordell zurück zum Bürgerhaus sind weitestgehend klischeehaft.

Ebbi: Johanna im Kokainrausch   1924
Kaltnadel

Ebbi: Einbruch bei Ostparks   1924
Kaltnadel

Ebbi: Finis   1924
Kaltnadel

84 SELBSTBILDNIS MIT MASKE   UM 1925

Füllfeder in Schwarz auf Briefpapier (Wasserzeichen: M. K. Papier)
280 x 222 mm
Nachlaß Mathilde Q. Beckmann im Museum der bildenden Künste Leipzig

Im Zentrum des Blattes erscheint, vignettenhaft klein, Beckmanns Profil nach rechts. Augen, Stirn und Nase sind von einer dunklen Halbmaske mit Augenschlitz bedeckt. Sie hebt sich vom Nasenrücken ab und verfremdet so das Profil durch ihren schnabelartig abstehenden unteren Abschluß. Die Strichführung beschränkt sich auf ein Minimum an Federzügen. Die fein gestrichelte Schraffur der Maske und die brüchig immer wieder neu ansetzende Linie der Kinnlade erinnern an das Lineament in Beckmanns späten Kaltnadelradierungen wie *Gelage* von 1925 (H 309).

Das Blatt steht in engem Zusammenhang mit zwei sehr ähnlichen Selbstbildniszeichnungen auf Briefpapier mit gleichen Maßen und dem gleichen Wasserzeichen. Eine zeichnerisch noch weiter vereinfachte, eckigere Version ziert einen launigen Brief (Abb. S. 44), den Beckmann Ende Januar 1925 aus Frankfurt an Marie-Louise von Motesiczky und Mathilde von Kaulbach nach Wien schrieb (Briefe I, S. 263 f.). In ihm berichtet Beckmann von seinem Besuch eines Maskenfests als „Muselmann" und zeichnet – „Um Ihnen beiden ebenfalls einen Begriff meiner Schönheit zu geben" – kurzerhand sein Profil mit Halbmaske und Turban auf den Briefbogen. Die weitgehende Übereinstimmung der beiden Selbstbildnisse hat zu der Vermutung geführt (Leipzig 1998, S. 236), die Zeichnung auf dem leeren Briefbogen sei eine Vorstudie für jene im Brief. Ebenso wäre denkbar, daß Beckmann sein spontan in den Brief gezeichnetes

Selbstporträt unter Konzentration auf das reine Gesichtsprofil wiederholte, um es für sich zu bewahren. Eine dritte Version zeigt eine abweichende Stilisierung desselben Motivs (Kat. 85).

Der Maske als Symbol der Rätselhaftigkeit und Fremdheit des Selbst kam in Leben und Werk Beckmanns seit etwa 1920 eine hohe Bedeutung zu. Bis in seine amerikanischen Jahre hinein liebte er es, auf Maskenfesten als ‚großer Unbekannter' zu erscheinen („Ich mit schwarzer Halbmaske wurde natürlich wieder sofort erkannt", Tagebücher, 22. Mai 1948). Eine wichtige Voraussetzung für die Gruppe der maskierten Profilbildnisse ist sein Selbstbildnis in dem Gemälde und der Kaltnadelradierung *Vor dem Maskenball* von 1922 (G 216) bzw. 1923 (Kat. 77). Direktes motivisches Vorbild aber scheint das Profil des – nicht als Selbstdarstellung angelegten – Maskierten in der Kaltnadelradierung *Fastnacht* von 1922 (H 231) zu sein. Dieser sucht die Zuwendung einer ebenfalls maskierten Frau zu erlangen, womit gleichsam ein szenischer Zusammenhang für das an eine begehrte Adressatin gerichtete Selbstporträt im Brief rekonstruiert werden kann. Nicht von ungefähr erwähnt Beckmann dort, er sei „intensivst an der Arbeit an einem Pieretten Bild, was recht gut zu werden verspricht". Gemeint ist das Gemälde *Pierrette und Clown* (G 236), in dem Beckmann als maskierter Clown um Mathilde von Kaulbach wirbt.

Literatur: Leipzig 1998, S. 236, Nr. 225 m. Abb.

Selbstbildnis mit Maske um 1930 (?)

Feder in Schwarz auf Briefpapier (Wasserzeichen: M. K. Papier)
280 x 222 mm
Privatbesitz

Diese Darstellung von Max Beckmanns maskiertem Profil ist motivisch zwei gleichgroßen, doch im Gegensinn gegebenen Selbstbildnissen eng verwandt (Abb. S. 44, Kat. 84). Eines von ihnen, es zeigt Beckmann mit Turban, zeichnete Beckmann im Januar 1925 in einen Brief. Der Turban kehrt in nebenstehender Zeichnung andeutungsweise wieder. Das Thema ist hier jedoch nicht die subtile Differenzierung zwischen Gesicht und Maske, sondern ihre Verschmelzung. Statt hinter einem Ausschnitt hervorzublicken, scheint das Auge der Maske vielmehr appliziert zu sein. Die ‚geradansichtige‘ Verbindung von Profilansicht und frontal gezeigtem Auge mutet archaisch, ja tierhaft an. Man fühlt sich an den starren, rätselhaften Blick einer Katze erinnert. Von sphinxhaftem Ausdruck ist auch die leicht gekräuselte Linie von Beckmanns fest geschlossenem Mund.

Gegenüber der kantigen Umrißführung der beiden anderen Profilselbstbildnisse herrscht hier eine ondulierend-kalligraphische Liniensprache. Aus diesem Grunde ist das Blatt bisher frageweise um 1929 (Erpel) und in die 40er Jahre (Weisner in: Bielefeld 1977) datiert worden. So schwer es angesichts des reduzierten Motivs und der zeichnerischen Selbstbeschränkung auch fällt, die Zeitstel-

lung des Blattes stilkritisch zu bestimmen, scheint Weisners Verweis auf den Duktus der *Faust*-Illustrationen doch eine zu späte Datierung zur Folge zu haben. Eine vergleichbar weitgehende Profilstilisierung samt frontal gesehenem Auge bietet etwa die Kreidezeichnung *Ilonka* von 1931 (Bielefeld 1977, Nr. 137). Die wenigen bekannten Federzeichnungen der Zeit um 1930 sind motivisch nicht vergleichbar, doch weist der *Große stehende Halbakt* von 1929 (Bielefeld 1977, Nr. 131) eine prinzipiell verwandte Reduktion auf wenige geschwungene Linien auf. Schließlich macht auch die mit den beiden anderen Maskenselbstbildnissen übereinstimmende Verwendung von ‚Max Krause‘-Briefpapier einen engeren zeitlichen Abstand zwischen den drei vignettenhaften Selbstbildnissen wahrscheinlich. Die Wahl von Briefpapier legt nahe, daß es Beckmann hier nicht um autonome Zeichnungen ging, sondern um die Entwicklung eines ‚Signets‘ für seine geheimnisvolle ‚Persona‘ und für seine Suche nach dem wahren Selbst.

Literatur: P. Beckmann 1951, S. 149. – P. Beckmann 1955, S. 7. – Bielefeld 1977, Nr. 163. – Hamburg 1979, S. 32, 138. – Erpel 1985, Nr. 134. – Leipzig 1998, unter Nr. 225

86

Selbstbildnis mit Zigarette vor der Staffelei 1932

Aquarell über Kohle, 610 x 457 mm
Bezeichnet unten links: Beckmann / F. 32
North Carolina Museum of Art, Raleigh, Inv. Nr. 65.10.4
Bequest W. R. Valentiner

Das 1932 in Frankfurt entstandene Selbstbildnis gehört in die nach 1930 einsetzende Reihe großformatiger und bildmäßig vollendeter Aquarelle (vgl. Abb. S. 51). Unter diesen ist es bemerkenswerterweise das einzige Selbstbildnis im strengen Sinne. Beckmann zeigt sich nicht etwa beim Aquarellieren, sondern vor der Staffelei als Maler. Der korrekte dunkle Anzug und die förmliche Haltung mit der Zigarette in seiner linken Hand schaffen deutliche Distanz zum eigentlichen Akt des Malens, lassen die Staffelei eher als Attribut erscheinen. Die gedämpfte Farbigkeit mit ihrer Dominanz von Grau und Ocker unterstreicht den Eindruck des Sachlichen und Zurückhaltend-Repräsentativen. Das Aquarell gehört zu den kompositionell geschlossensten und, wenn man so will, konventionellsten Selbstbildnissen Beckmanns: Nichts lenkt hier ab von der durchdringenden Intensität des Blickes aus dem energiegeladenen Rund des Kopfes.

Aus Haltung und Blick Beckmanns sprechen wache Aufmerksamkeit und ein Selbstbewußtsein ohne Überheblichkeit. Dieser Eigenschaften bedurfte er in hohem Maße, um von den Zumutungen der wirtschaftlichen und politischen Krise des Jahres 1932 nicht erdrückt zu werden.

Daß er die beginnende Verfemung bereits in dieser Zeit selbst spürte, führt unmißverständlich sein ebenfalls 1932 datiertes Gemälde *Selbstbildnis im Hotel* (G 359) vor Augen. Dieses Bild zeigt eine gegen die Kälte der Umwelt bis zur Unkenntlichkeit vermummte Gestalt, unbehaust, anzutreffen an anonymen Orten. Aus dem Aquarell dagegen spricht eine Haltung, die Beckmann in einem Brief vom 15. Februar 1932 an Reinhard Piper bezeugte: Gegen den „talentlosen Irrsinn der Zeit" und „dieses ganze politische Gangstertum" behaupte er sich „durch intensivste Arbeit." Das waren keine leeren Worte. Tatsächlich brach er in diesem Jahr der Krise mit dem Beginn seines ersten Triptychons *Abfahrt* als Maler zu neuen Ufern auf.

Literatur: Göpel 1962, S. 245, Anm. 4; S. 246, Nr. 1. – Bielefeld 1977, Nr. 138. – Erpel 1985, S. 56 f., Nr. 141. – Selz 1992, S. 58, S. 116

Selbstbildnis im Hotel   1932
Ölfarbe auf Leinwand
Privatbesitz

87

SELBSTBILDNIS BADEN-BADEN 1936

Bleistift, 200 x 135 mm
Bezeichnet mit Feder in Braun unten rechts:
Beckmann / Baden-Baden / 36. Frühling
Ahlers Collection

Die rasch und heftig hingeworfene Selbstbildnisskizze entstand im April 1936 während eines Kur-
aufenthaltes in Dr. Denglers Sanatorium in Baden-
Baden, einer der angesehensten Heilstätten des
mondänen Kurorts. Beckmann hatte dort bereits
im Frühjahr 1935 einige Wochen verbracht und
sollte im März 1937 ein drittes und letztes Mal
zurückkehren. Aus den Briefen an seine Frau (mit
der er Baden-Baden 1928 gemeinsam besucht
hatte) geht hervor, daß ihn seine „strapazierten
Nerven", das Gefühl allgemeiner Erschöpfung, zu
den Kuren bewogen hatten.
Gegenüber dem Aufenthalt von 1935, in dem er
sich zu seiner Erleichterung fast nur unter Auslän-
dern fand, mußte Beckmann bei seiner Wiederkehr
zu seinem Verdruß bemerken, daß nun auch zahlreiche Nationalsozialisten dort kurten. Die Möglichkeit eines offenen Meinungsaustauschs – etwa
mit der gleichzeitig dort weilenden Ricarda Huch
– wurde ihm nun auch in diesem Refugium nahezu unmöglich. Die Anwesenheit von Berühmthei-
ten wie Gerhart Hauptmann und Wilhelm Furt-
wängler, die Beckmann für Opportunisten hielt,
konnte seine Stimmung ebenfalls nicht heben:
„Die Menschen hier sind mir alle nicht sehr ange-
nehm und ich halte mich (...) sehr für mich. Das
ist mir immer noch die beste Gesellschaft" (Briefe II,
S. 261). Beckmann suchte in Baden-Baden auf ein-

samen Waldspaziergängen vor allem das länger
entbehrte Naturerlebnis, aus dem nach seiner
Rückkehr nach Berlin mehrere Gemälde mit Landschaften aus der Umgebung Baden-Badens resul-
tierten (G 440–444). In Gesellschaft beschränkte
er sich auf seine Rolle als Zuschauer: „Sehr amü-
sant sind die verschiedenen Nuancen der Men-
schen zu studiren in ihrem Verhältnis zur Zeit"
(Briefe II, S. 257). Von diesem Studium zeugen
Blätter eines 1936/37 in Baden-Baden benutzten
Skizzenblocks (Leipzig 1998, Nrn. 278–287), dem
wohl auch das Selbstbildnis entstammt.
So zeigt sich Beckmann in der Baden-Badener
Selbstbildnisskizze als unbestechlicher, skepti-
scher Beobachter: Durchdringend und starr ist der
Blick des unnatürlich weit geöffneten linken
Auges, als habe er ein Monokel eingeklemmt. In
Verbindung mit der Wellenlinie des fest verschlos-
senen Mundes verleiht dies dem Gesicht einen ver-
kniffenen, ja sarkastischen Ausdruck. Dieser spiegelt Beckmanns angespannte und resignative innere Verfassung ebenso wider wie die nun überle-
bensnotwendige Gewohnheit, sich gegenüber der
Außenwelt mit einer undurchdringlichen Fassade
abzupanzern.

Literatur: Bielefeld 1977, Nr. 152. – Hamburg 1979,
Nr. 134. – Hannover 1998, Nr. 19

DER MENSCH IST KEIN HAUSTIER
DRAMA VON STEPHAN LACKNER 1937

Drei von sieben Lithographien

Der Schriftsteller Stephan Lackner (*1910 in Paris als Ernest Morgenroth), seit 1933 Sammler und Freund Beckmanns, hatte 1934 eine erste Fassung des Dramas *Der Mensch ist kein Haustier* geschrieben. Als Beckmann ihn im Oktober 1936 in Paris besuchte, wurde die Idee geboren, daß Beckmann die endgültige Fassung des Stücks mit Lithographien illustrieren sollte. In einem Brief vom 26. Oktober 1936 (Briefe II, S. 266) bestätigte Beckmann sein Interesse an dem Projekt. Nach der Lektüre des Stückes schrieb er Lackner am 4. August 1937: „Jedenfalls bitte ich Sie mir bis zum 14. Zeit zu lassen, damit ich nicht's Gehetztes mache, sondern in Ruhe auf den Zeitpunkt warten kann wo ich wirklich etwas zu sagen habe (…). Im Drama selbst hat mich vieles überascht, was in gemeinsamen Ideen u. Gedanken besteht. Sonderbare Affinität der Zustände" (Briefe III, S. 19). Bereits am 31. August konnte Beckmann nach dem Empfang von Probedrucken sein Einverständnis zum Auflagendruck geben (Briefe III, S. 19). Diesen überwachten Beckmann und Lackner Mitte September in der berühmten Imprimerie Desjobert in Paris. Für die 20 Exemplare umfassende Luxusausgabe wurden die Lithographien auf Japanpapier abgezogen und von Beckmann signiert: „Da saß Beckmann nun wie ein Schlotbaron, der Businessdeals unterzeichnet. Die Berührung mit dem edlen Papier schien seiner Hand zunächst wohlzutun, aber hundertvierzig Signaturen waren keine Kleinigkeit. Als ich eine Pause vorschlug, da er zu ermüden schien, sagte er, ‚Macht nichts – das erinnert mich an bessere Zeiten –‘." (Lackner 1967, S. 26). In der Standardausgabe mit einer Auflage von 100 Exemplaren sind die Lithographien auf Bütten gedruckt und nicht signiert. Das Buch erschien im Pariser Exilverlag Editions Cosmopolites.

„*Der Mensch ist kein Haustier* ist die Tragödie des unbedingten Freiheitswillens. Das Drama ist zwar in eine utopische Phantasiewelt versetzt, aber die menschlichen Probleme sind real. Die kultivierte Fürstin Louise, der messerscharf denkende und handelnde Revolutionär Felix Faber, der übermächtig temperamentvolle Umstürzler Peter Giel, in den sich die Fürstin rettungslos verliebt: Diese Charaktere und ihre persönlichen verwickelten Schicksale sind der eigentliche Inhalt des Stückes" (Lackner 1988, S. 99 f.). Gert Ueding (1983, S. 250 f.) hat Lackners bis heute zu wenig bekanntes Stück als „eins der wenigen bedeutenden deutschen Revolutionsdramen" gewürdigt. Er betont „das ganz unhistorische Ineinander verschiedenster Motive, aus der französischen Revolution, der proletarischen Revolution und der nationalsozialistischen Machtergreifung: auch sie wird als revolutionäres Geschehen begriffen, in dem nur das aller Revolution inhärente Scheitern um so krasser zum Ausdruck kommt. Was schließlich bleibt, ist die Existenz unter den Bedingungen der Katastrophe, die Verpflichtung auf den Augenblick des Glücks." Beckmann schuf seine Illustrationen in der Technik der Umdrucklithographie, was auch rein praktische Gründe gehabt haben dürfte. Der weiche, körnige Duktus der Kreidelithographie entsprach seinem Streben nach malerischer Wirkung. Den recht kleinformatigen Darstellungen ist die rasche, aus der Begeisterung für den Stoff geflossene Ausführung deutlich anzusehen. Sie stehen zwischen Skizze und bildhaft ausgearbeiteter Zeichnung. Beckmanns Verteilung seiner Illustrationen ist überaus selektiv. Von den zehn Szenen des Dramas sind nur sechs berücksichtigt, nämlich jene, in denen Peter Giel im Mittelpunkt steht. Mit diesem äußerlich rauhen Vertreter eines kompromißlosen Individualismus konnte Beckmann sich derart identifizieren, daß er ihm die eigenen Züge verlieh. Damit reagierte er auf eine Qualität des Stücks, deren Ursache Lackner (1988, S. 99 f.) später selbst erläutert hat: Das Grundmotiv des Dramas bewege sich „ebenso in beckmannesken Gedankenbahnen, wie die Charaktere von seiner Bildwelt angeregt waren." Tatsächlich sah sich der junge Schriftsteller zu jener Zeit nach eigenem Eingeständnis „als Beckmanns Schüler in einem anderen Material." So scheint er die Figur des Peter Giel sowohl von ihrer inneren Überzeugung als auch ihrer äußeren Erscheinung (bis hin zur Vorliebe für den steifen Melonenhut) bewußt oder unbewußt im Blick auf Beckmann geformt zu haben. Dieser malte 1939 ein Bildnis Lackners (G 519), in dem er seinen Freund das gemeinsam geschaffene Buch bekenntnishaft an die Brust pressend zeigt.

Literatur: Lackner 1967, S. 21–26. – Jannasch 1969, S. 9. – Hannover 1983, Nr. 235 (E. W. Uthemann). – Ueding 1983. – Leipzig 1984, Nrn. 179–185 (A. Hüneke). – Erpel 1985, S. 63 f., Nrn. 153–155. – Ehrsam 1987. – Lackner 1988, S. 99–102. – Hofmaier 1990, Nrn. 323–329. – Zürich 1998, S. 202 f. – Lenz 2000b, S. 20–31

88

DER MENSCH IST KEIN HAUSTIER   1937

2. Illustration zur 2. Szene
Lithographie auf festem, gelblichen Papier
155 x 102 mm (Darstellung)
Herzog Anton Ulrich-Museum Braunschweig – Miteigentum des
Braunschweigischen Vereinigten Kloster- und Studienfonds, Inv. Nr. ZL 95/6368
H 325 A

Thema der am Ende der 2. Szene stehenden Lithographie ist der erste Abschied der Fürstin Louise Hall von Peter Giel. Schauplatz ist das Auswandererschiff, mit dem sie aus dem Zwangsstaat des Felix Faber geflüchtet sind. Louise, die Giel nicht lieben kann, will das Schiff an der Insel „Unbekannt" allein verlassen: „GIEL: Geben Sie mir einen Abschiedskuss. LOUISE: Ja, das kann ich tun. (Sie küssen sich.)" Kurz vor ihrem eiligen Abgang sagt Louise noch zu Giel: „Jetzt dieses Bild, diesen Abschiedsmoment werde ich immer lieben, wohin ich auch verschlagen werde. Deinen dicken erschütternd bösen Kopf, deine Riesenschultern gegen den aufblauenden Morgen. Lass uns das nicht zerstören. Adieu mein Mörder."
Das dunkle, trauernde Gesicht Giels gestaltete Beckmann als eindrucksvolles Selbstporträt in Dreiviertelansicht. Damit nicht genug, verlieh er dem hellen Profil Louises Züge, die denen Quappis zumindest sehr ähnlich sind. Damit ergibt sich die paradoxe Situation, daß er in diesem – nun einmal wörtlich zu nehmenden – Rollenporträt überhaupt das erste ohne jede Maskierung auskommende Doppelbildnis von sich und Quappi schuf. Darin berührt sich die Lithographie mit dem ebenfalls 1937 entstandenen Gemälde *Paar am Fenster* (G 473), das im übrigen von Stephan Lackner erworben wurde. Dort finden sich die beiden Gesichter in jeweils gleicher Ansicht, doch innerhalb einer komplizierteren Disposition. Die Frau ist dort in kalkuliert-zufälliger Abwendung von Beckmann gezeigt, verdeckt ihn zum Teil, wodurch ihre Verführungsmacht über den Mann um so deutlicher hervortritt.
In der ebenso monumental wie berührend wirkenden Komposition der Lithographie gelingt es Beckmann, zugleich die Gegensätzlichkeit und innige Zusammengehörigkeit von Louise und Giel sinnfällig werden zu lassen. Offenbar erinnerte er sich hier der Komposition der Kaltnadelradierung *Der Neger* von 1921 (H 196), die ebenfalls eine durch die Geste einer Hand verbundene Gegenüberstellung eines hellen Profils und einer dunklen Enface-Ansicht bietet.

Literatur: Göpel 1976, Bd. II, S. 305. – Jannasch 1969, S. 9. – Erpel 1985, S. 346, Nr. 153. – Lenz 2000b, S. 24 f. – Nahrwold 2000, Nr. 59

Paar am Fenster   1937, Ölfarbe auf Leinwand
Slg. Stephan Lackner, Santa Barbara

DER MENSCH IST KEIN HAUSTIER 1937

Illustration zur 6. Szene
Lithographie auf Japan, 155 x 108 mm
Bezeichnet mit Bleistift unten rechts: Beckmann
Herzog Anton Ulrich-Museum Braunschweig
Schenkung aus dem Nachlaß von AD, Braunschweig
Inv. Nr. ZL 99/7815
H 328 B

Als Giel und Louise sich in einer Blockhütte des nordamerikanischen Urwalds wiedertreffen, hört Louise im Radio eine per „Weltfunk" von Faber verbreitete Suchmeldung nach ihr. Sie will in ihre Heimat zurückkehren, aber die letzte Nacht vor Abfahrt des Schiffes mit Giel verbringen. Die 6. Szene ist dem Abschiedsdialog des ungleichen Paares nach ihrer gemeinsamen Nacht gewidmet. Beckmanns Darstellung folgt recht genau der Exposition der Szene: „Mansarde eines Hafen-hotels (Offene Koffer, Durcheinander. Schmutzige Vorhänge. Durchs Fenster Blick auf den Hafen. GIEL im Pyjama liegt auf dem zerwühlten Bett. LOUISE zieht sich an.)". Die Physiognomie, die sich Beckmann in der Rolle als Giel anverwandelt, bezieht sich auf einen Satz Louises: „Roh und gemein, zahnlückig und blaugesichtig und doch geliebt".

Eine Selbstdarstellung beim melancholisch-inti-men Nebeneinander nach der körperlichen Um-armung hatte Beckmann bereits 1923 in der Kalt-nadelradierung Siesta gestaltet (Kat. 79). In dem graphischen Blatt und der 1924 entstandenen Erstfassung des danach begonnenen Gemäldes (G 353) trägt die auf dem Bett liegende Frau noch die Züge seiner ersten Frau Minna, die er im Gemälde 1931 in jene Quappis umarbeitete. Das Motiv der lasziv ihre Strümpfe anziehenden – oder strumpftragenden – Frau im Deshabillé wird in Beckmanns Spätwerk nachgerade zu einem In-begriff der Verführungskraft der Frau, so in der Zeichnung Frau im Bett von 1946 (Bielefeld 1977, Nr. 195, Abb. 197).

Literatur:
Erpel 1985, S. 64; Nr. 154. – Lenz 2000b, S. 30 f.

90
DER MENSCH IST KEIN HAUSTIER 1937

Illustration zur 10. Szene
Lithographie auf festem, gelblichen Papier, 156 x 107 mm (Darstellung)
Herzog Anton Ulrich-Museum Braunschweig – Miteigentum des
Braunschweigischen Vereinigten Kloster- und Studienfonds, Inv. Nr. ZL 95/6369
H 329 A

Die Darstellung des scheinbar ungerührt seinen Hut zum Abschied lüftenden Giel/Beckmann ist das Schlußbild dieses illustrierten Buches. In der letzten Szene des Stücks wollen Giel und Louise – inzwischen die unglückliche Ehefrau des Diktators Faber – der Herrschaft Fabers erneut entfliehen, werden aber von dem zufällig auf dem Bahnsteig anwesenden Faber und Polizisten gestellt. Louise erkennt die Ausweglosigkeit der Situation und erschießt sich. Faber verfällt augenblicklich dem Irrsinn. Er befiehlt die Freilassung Giels, „um experimentell festzustellen, wie der Dämon sich in der Welt auswirkt." Vergebens will er die Leidenschaften, die zur Tragödie geführt haben, mit einem Rechenschieber auseinanderdividieren. Indessen besteigt Giel den Zug, um „in ferne Kontinente" aufzubrechen: „GIEL (grüsst kurz mit dem Hut): Adieu, Louise".
Beckmann stellt Giel – und das heißt: sich selbst – hier mächtig und bildfüllend in den Mittelpunkt.

Attributiv ordnet Beckmann die übrigen Geschehnisse der Schlußszene um seine Büste herum an: die tote Louise, den abfahrbereiten Zug und den mit dem Rechenschieber hantierenden Faber, dessen Versinken im Irrsinn durch die Überschneidung vom unteren Bildrand suggeriert wird. Wie wichtig Beckmann gerade hier die Identifikation mit Giel ist, läßt sich auch daran erkennen, daß er Giel nicht, wie von Lackner beschrieben, mit dem zur Tarnung getragenen kurzgeschnittenen Bart zeigt. Denn Beckmann gibt hier ein Bild seines eigenen Abschiedes aus dem irrsinnig gewordenen Deutschland. Ohne Bedauern blickt er kurz aus angewidert zusammengekniffenen Augen zurück, um den menschenverachtenden Verhältnissen den Rücken zu kehren und ins Ungewisse aufzubrechen.

Literatur: Erpel 1985, Nr. 155. – Ehrsam 1987, S. 67. – Lenz 2000b, S. 30 f. – Nahrwold 2000, Nr. 60

APOKALYPSE   1941–1942

Vier von 27 aquarellierten Lithographien, Blattmaß 400 x 300 mm
Privatbesitz

Impressum: „Im vierten jahre des zweiten weltkrieges, als gesichte des apokalyptischen
sehers grauenvolle wirklichkeit wurden, ist dieser druck entstanden. Die bilder des buches
sind steinzeichnungen von Max Beckmann. Die ersten fünf exemplare sind vom künstler per-
sönlich mit der Hand koloriert. Als textschrift fand die von F. H. E. Schneidler entworfene
‚Legende‘ verwendung.
Privatdruck der Bauerschen Gießerei, Frankfurt am Main, 1943
Es wurden vierundzwanzig numerierte Exemplare gedruckt, von denen ist dieses Nr. eins.
Vom Künstler persönlich mit der Hand koloriert für Georg Hartmann“

Wie auch andere Illustrationen Beckmanns entstand die *Apokalypse* als Auftragsarbeit. Auftrag-
geber war Georg Hartmann (1870–1954), der
wohlhabende und mäzenatisch aktive Inhaber der
Bauerschen Schriftgießerei in Frankfurt. Seinem
persönlichen Exemplar des illustrierten Buches
entstammen die hier ausgestellten Blätter. Der
Gedanke, Beckmann den Auftrag zur Illustration
der Offenbarung des Johannes zu erteilen, war in
einem Kreis von liberal gesinnten Frankfurtern
geboren worden, dem neben Hartmann auch Ernst
Holzinger, der Direktor des Städelschen Kunstin-
stituts und Beckmanns Vertraute Lilly von Schnitzler angehörten. Um die Zensur zu umgehen, ließ
Hartmann die *Apokalypse* als Privatdruck erscheinen. Die Auflage betrug lediglich 24 numerierte
Exemplare, die er persönlich als Jahresgabe an
Freunde seines Hauses verschenkte. Denn erst ab
25 Exemplaren mußten Druckwerke der Zensur-
stelle des Propagandaministeriums vorgelegt werden. Es wurden jedoch mehr Exemplare gedruckt,
die bei der Bauerschen Gießerei verblieben (Hofmaier 1990, S. 806; Wagner 1999, S. 191 f.).
Der Auftrag sollte eine Ermutigung für den einsam
im Exil lebenden und als ‚entartet‘ verfemten
Beckmann sein, um dessen Empfänglichkeit für
apokalyptische Gesichte die Freunde wußten. Mit
der Wahl des Themas hatte Hartmann eine verschlüsselte Aussage zum katastrophalen Zeitge-
schehen und dessen Auslösern im Sinn, wie aus
dem Anfangssatz des Impressums eindeutig hervorgeht. Entstehung, Druck und Herausgabe des
Werkes mußten im geheimen vonstatten gehen. So
wurde der Auftrag von Ernst Holzinger dem Künstler am 2. April 1941 persönlich überbracht.
Wie aus seinen Tagebüchern hervorgeht, arbeitete
Beckmann vom 22. August 1941 („Apo angefan-
gen“) bis zum 28. Dezember 1941 („Endgültig Apo
– Gott sei Dank!“) an den 27 Lithographien. Die
Zeichnungen wurden mit Lithokreide auf Umdruckpapier ausgeführt. Unter den 27 Darstellun-
gen sind 16 blattfüllende Bilder. Die übrigen sind
gestreckte Querformate von der Breite des Satz-
spiegels (200 mm), die im gedruckten Buch als
Kopf- oder Fußleisten Verwendung fanden.
Der Druck der Lithographien erfolgte in Frankfurt.
Am 12. März 1942 erhielt Beckmann die ersten
Probedrucke, die er zwischen dem 11. und 14.
April 1942 mit Aquarellfarben illuminierte. Offenbar war die Kolorierung der Lithographien von
vornherein gewünscht und abgesprochen worden.
Erhard Göpel, der in Den Haag als Kunstschutzof-
fizier stationiert war, schaffte die Blätter wieder
nach Frankfurt, wo dann im Herbst 1942 die Auf-
lage gedruckt wurde. Im Dezember aquarellierte
Beckmann weitere Exemplare der *Apokalypse*.
Nach Angabe des Impressums wurden von Beckmann selbst nur fünf Exemplare koloriert. Die

übrigen wurden in Frankfurt nach eigenhändigem Vorbild von anderen Händen aquarelliert. Wagner (1999, S. 193 ff.) unterscheidet zwei Kolorierungstypen, eine weitere Variante stellt das Exemplar für Quappi dar: Es weicht von den übrigen durch seinen opaken Farbcharakter ab. Beckmann überarbeitete das Exemplar für seine Frau laut Tagebuch am 16. März 1944 (Abb. S. 283).

Beckmann stellte sich in Erfüllung dieses Auftrages in die mehr als tausend Jahre alte Tradition der *Apokalypse*-Illustration, deren Höhepunkte in der Buchmalerei ottonischer Zeit — etwa der *Bamberger Apokalypse* — und in Dürers 15 großen Holzschnitten von 1498 zu finden sind. Letztere waren ihm wohlvertraut, doch läßt sich eine direkte Wirkung Dürers auf Beckmanns *Apokalypse* nur ganz selten feststellen, etwa in den Bildern der *Apokalyptischen Reiter* (H 337) oder der *Babylonischen Buhlerin* (H 350).

Die Eigenständigkeit von Beckmanns Verbildlichung des Unfaßbaren liegt in seiner Verbindung von Textnähe und totaler Identifikation mit dem Stoff. Ein Beispiel für diese Textnähe ist die Umsetzung von Apk. 10, 6 („... daß hinfort keine Zeit mehr sei") in das Bild einer Uhr, deren Zeiger von zwei Engeln um Mittag festgehalten wird und sich in Form eines nach unten zeigenden, über den Menschen hinweggehenden Pfeils verlängert (H 342). Beckmann nimmt die Offenbarung in ihrer überzeitlichen Bedeutung zu ernst, als sie in Bezug auf Naziherrschaft und 2. Weltkrieg bildlich zu aktualisieren. Vielmehr dominiert seine gnostisch-theosophische Sicht auf das Offenbarungsgeschehen. Beckmanns totale Identifikation mit der *Apokalypse* zeigt sich zum einen in der Integration seiner großen Transzendenzsymbole wie Fisch, Kerze, Schlange, Krone und Meer. Zum anderen erweist sich das Ausmaß und die Tiefe dieser Identifikation in vier Selbstdarstellungen, davon — wie in seinen früheren Zyklen — je eine am Anfang und am Schluß. In diesen beiden herausgehobenen Darstellungen erscheint Beckmann als der im Dunkel seine Visionen empfangende Johannes. Sein Selbst bemächtigt sich aber auch anderer Aspekte der Erzählung (Kat. 92, 93), wo diese eigenes Empfinden, eigene Erlösungssehnsucht besonders berührt. So wird er zu dem im Kerker Verschmachtenden, der für seine Treue mit der Krone des Lebens belohnt wird, und zu dem vom Engel Gottes Getrösteten. Wenn Beckmann sich in Gesichte und Gestalten der *Apokalypse* versetzt, so geschieht dies nicht zuletzt gemäß der Maxime, die er anläßlich der Vollendung des Triptychons *Perseus* am 2. Mai 1941 im Tagebuch notierte: „Gestaltung ist Erlösung".

Literatur: Göpel 1962. – Goergen 1955. – Jannasch 1969, S. 10 f. – P. Beckmann 1982, S. 69 ff. – Hannover 1983, Nr. 236 (E. W. Uthemann). – Leipzig 1984, Nr. 186 (A. Hüneke). – P. Beckmann 1984b. – München 1984, S. 424 ff. (C. Lenz) (zu diesem Ex.). – Ludwigshafen 1985, Nr. 72 (U. C. Gärtner). – Erpel 1985, Nrn. 171–174. – P. Beckmann 1984c. – Wagner 1987. – Smitmans 1988. – P. Beckmann/Marquardt 1989. – Hofmaier 1990, Nrn. 330–356. – Lenz 1993 (m. ausführl. Literaturangaben bis 1992). – Bilbao 1997. – Hannover 1999, Nrn. 268–294. – Wagner 1999. – Wiese 2000

91

APOKALYPSE 1941–42

Frontispiz, Evangelium des Johannes, Kap. 1, Vers 1: „Im Anfang war das Wort …"
in Verbindung mit: Apokalypse des Johannes, Kap. 14, Vers 13: „Selig sind die Toten …"
Lithographie auf Bütten, aquarelliert, 333 x 278 mm (Darstellung)
Privatbesitz
H 330

Gemäß dem Leitinteresse dieser Ausstellung sei es erlaubt, die Betrachtung des Frontispizes entgegen allen Gepflogenheiten von hinten nach vorne vorzunehmen. Denn im dunklen, räumlich in den Hintergrund gerückten Zentrum der portalartigen Komposition steht Beckmann selbst: im bürgerlich-korrekten Anzug (der im ausgestellten Exemplar Nr. 1 giftgrün aquarelliert ist) und – kaum zu diesem Aufzug passend – von einer Schlange umschlungen. Er greift sie unterhalb ihres Kopfes, der sein im Profil gegebenes Gesicht mit dem geschlossenen Auge an der Stirn zu berühren scheint. In der kolorierten Fassung, die den Bildraum von tiefem Purpur erfüllt zeigt, gewinnt Beckmanns Gestalt im übrigen weit größere Deutlichkeit und Prominenz als in dem unkolorierten Blatt (Abb. S. 283). Dort ist sie nur schwer im Dunklen auszumachen.

Seitlich vor Beckmanns Gestalt sind verschiedene Motivpaare symmetrisch angeordnet. Zunächst zwei Schrifttafeln, die wie geöffnete Torflügel schräg aufgestellt sind und jeweils von einer brennenden Kerze flankiert werden. Die Inschrift übergreift auf eigenwillige Weise beide Tafeln – und damit auch die Figur Beckmanns: „IM ANFANG = WAR DAS WORT / SELIG SIND / DIE TOTEN = DIE IN DEM HERRE / S(T)ERBEN UND / IHRE WERKE / FOLGEN IHNEN NACH". Die erste Zeile gibt die ersten Worte des Johannes-Evangeliums wieder, dann erst folgt ein Satz aus der Apokalypse des Johannes, und zwar aus Kap. 14, Vers 13. Vor jeder Tafel hängt oder schwebt in einem dreieckigen Gebilde jeweils ein aufrecht gezeigter Fisch.

Die Dreiecke sind wohl räumlich aufzufassen, d. h. als Pyramiden aus Kristall oder Eis. Dafür spräche ihre vertikale Mittelachse, die die Fische jeweils in eine äußere, von den Kerzen beleuchtete Hälfte und eine innere, verschattete Hälfte teilt (deutlicher in der unkolorierten Fassung). Über der Flosse des linken Fisches ist die Zahl 666 zu lesen, die – über Kopf gespiegelt – auch in Kiemenhöhe des rechten Fisches erkennbar ist. Nach Apk. 13, 11–18, ist diese Zahl das Malzeichen, das sich die Anhänger des Tieres auf Stirn und rechte Hand geben. Die Kreuze in den Fischaugen spielen vielleicht auf das Zeichen auf den Stirnen der Gottesknechte an (Apk. 7, 3). Über diesen Fischen (und noch vor den Tafeln) schwebt oder schwimmt ein freier und großer Fisch, dessen Auge – im Gegensatz zu den durchkreuzten Augen der unteren Fische – lebendig blickt.

Die emblematisch anmutende Komposition stellt den Interpreten vor kaum lösbare Probleme. Den konkretesten Anhaltspunkt bieten die Zitate der Inschrift. Der Verweis auf den Schöpfungsakt durch den Beginn des Johannes-Evangeliums ist sicher motiviert durch Beckmanns eindringliche Beschäftigung mit dem Logos im Sinne der gnostischen Schöpfungslehre. Den Satz „Im Anfang war das Wort" hatte Beckmann vier Jahre zuvor bereits im Mittelbild des Triptychons *Versuchung* (G 439) zitiert, wo er auf die Schöpfer-Rolle des dort dargestellten Künstlers anspielt. Tatsächlich ist das Verhältnis zwischen göttlicher und künstlerischer Schöpfung eines der Leitmotive in Kunst und Selbstzeugnissen Beckmanns. Es liegt auch dem

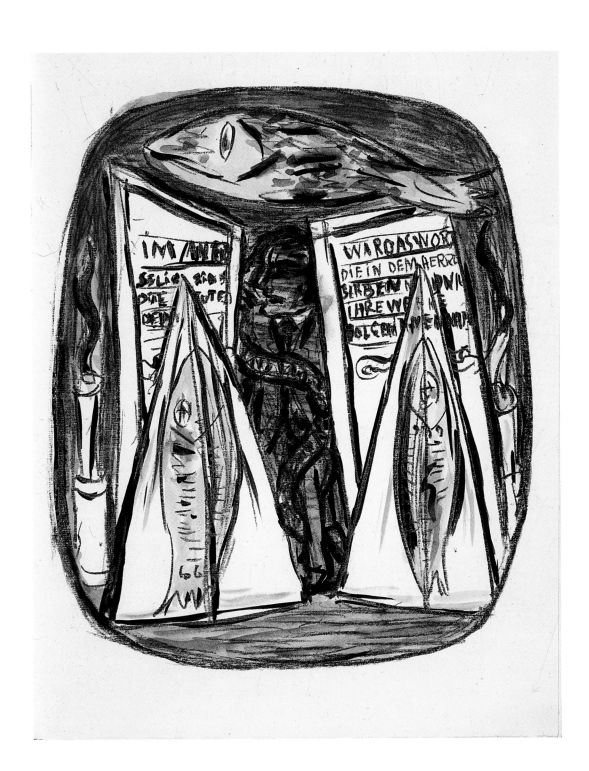

im Oktober 1941, also während der Arbeit an der *Apokalypse*-Illustration gemachten *Selbstbildnis mit Plastik* zugrunde (G 578; vgl. dazu Arndt 1981). Vor diesem Hintergrund mag auch die unorthodoxe Wahl von Apk. 14, 13 begreiflicher werden. Hier führt Beckmann zwei für sein Verständnis der *Apokalypse* – und seiner selbst – zentrale Themen an: den Tod und die ‚Werke‘. Wie er 1938 in seiner Londoner Rede betonte, besteht der Sinn seiner Werke – und auf diese dürfen, ja müssen wir die in der *Apokalypse* genannten ‚Werke‘ wohl beziehen – in folgendem: „Das einmalige und unsterbliche Ego zu finden – in Tieren und Menschen – in Himmel und Hölle“ (zit. nach Wagner 1999, S. 142).

Wie in der Londoner Rede umfaßt die Evokation von Schöpfung und Werk auch im Titelblatt der *Apokalypse* den Gedanken an das Tier. Fische, die im Frontispiz eine so rätselhaft dominante Rolle spielen, fungieren in Beckmanns Kunst als umfassende Existenzsymbole, deren Bedeutung freilich je nach Bildzusammenhang changieren kann (Fischer 1972a, S. 195 f.; Soiné 1984; Smitmans 1988, S. 18 f.; Wagner 1999, S. 56 f.; vgl. auch Kat. 102, 103). Im Titelblatt bietet die Unterscheidung der Fische in zwei qualitative Kategorien den Ansatz für einen Deutungsversuch. Die Gegenüberstellung gefangener Fische – die Beckmann im Oktober 1941 auch zum Gegenstand eines Stillebens machte (G 577) – mit dem im Wortsinne ‚übergeordneten‘ freien Fisch könnte als Bild dualistischer Auffassung vom Selbst verstanden werden: unten die in das Gefängnis des Materiellen gebannten „niedrigeren persönlichen Selbste“ (H. P. Blavatsky, vgl. P. Beckmann/Schaffer 1992, S. 196), oben der Atman oder Allgeist – „unser eigentliches Selbst und mit ihm das Selbst der ganzen Welt“ (Deussen 1922, S. 20).

Zwischen diesen Realisierungsformen der Existenz erscheint die Gestalt Beckmanns. Wie in der letzten ganzseitigen Darstellung (Kat. 94) projiziert er sich hier zweifellos in den Seher selbst. Auf Johan-

nes („Er war nicht das Licht, sondern er sollte zeugen von dem Licht“, Joh.-Ev. 1, 8) spielt wohl auch die um die Gestalt herrschende Dunkelheit an, die in auffallendem Kontrast zur hellen Kerzenlichtbeleuchtung von Fischen und Schrifttafeln steht. Nicht einfach zu deuten ist die um den Seher sich windende Schlange, auch wenn – oder gerade weil – dieses Motiv bei Beckmann eine große Rolle spielt. Smitmans (1988, S. 24) sieht in der sich windenden Schlange die Fesselung des Menschen an den leiblich-materiellen Kreislauf des Lebens thematisiert. Lenz (München 1984, S. 426) hingegen bezeichnet die Schlange als Symbol der Weisheit. Auf die Verbindung von Erkenntnis und Sündenfall spielt Beckmann in einem Tagebucheintrag vom 29. Juli 1948 an, in dem er von der „(Schlange) Erkenntnis“ spricht. Verbildlichungen dieses Gedankens finden sich in Beckmanns Darstellungen des von einer Schlange umwundenen Adam (Franzke 1987, Abb. 5, S. 33 f.; H 370). Vielleicht darf auch an das kabbalistisch-gnostische Motiv der „von der Schlange des geistigen Reiches Gebissenen“ erinnert werden, das in Gustav Meyrinks vielgelesenem Roman *Der Golem*, erstmals erschienen 1916, eine wichtige Rolle spielt (Ausg. Frankfurt am Main 1994, S. 250 f.). Bei Meyrink sind diese Auserkorenen, denen der Traum zum eigentlichen Leben wird, am Ende Propheten und ‚Spiegel Gottes‘ – ein Begriff, den Beckmann 1927 in seinem Aufsatz *Der Künstler im Staat* selbst verwendet hatte, um die Aufgabe der Kunst zu umreißen (Schriften und Gespräche 1990, S. 38). Als Beckmann im März 1944 ein Exemplar der *Apokalypse* für seine Frau Quappi mit dem Pinsel überarbeitete (Ex. Nr. 25; P. Beckmann/Marquardt 1989), erschien ihm das Schlangensymbol zur Charakterisierung dieser Rolle bereits verzichtbar. Im Zentrum erscheint nun allein sein wohlbekanntes Profil mit geschlossenen Augen (Abb. S. 283). Damit gewinnt seine Präsenz gegenüber der lithographierten Fassung zugleich an Direktheit und Transzendenz. Gestärkt wird zudem die Beziehung zum großen Schlußblatt mit ebendiesem Profil (Kat.94) – und damit die Verklammerung des ganzen Zyklus durch die Chiffre für seinen Seher und Schöpfer.

Literatur: Leipzig 1984, Nr. 186, 1 (A. Hüneke). – München 1984, Nr. 294 (dieses Ex.) (C. Lenz). – Erpel 1985, S. 72, Nr. 171. – P. Beckmann 1984c, S. 39. – Smitmans 1988, S. 20–24. – Lenz 1993, S. 178 ff. (dieses Ex.). – Wagner 1999, S. 15. – Wiese 2000, S. 65

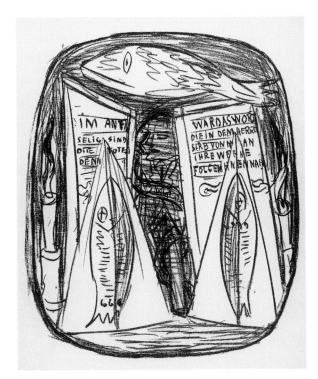

Apokalypse, Frontispiz   1941
Lithographie, unkoloriert
Herzog Anton Ulrich-Museum Braunschweig

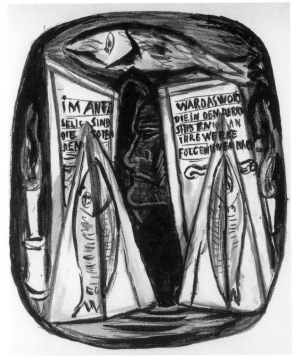

Apokalypse, Frontispiz   1941
Lithographie, übermalt 1944
National Gallery of Art, Washington

92

APOKALYPSE 1941–42

Kap. 2, Vers 10 f.: „Fürchte Dich vor keinem …"
Lithographie auf Bütten, aquarelliert, 80 x 187 mm (Darstellung)
Privatbesitz
H 332

Beckmanns zweite Selbstdarstellung innerhalb der *Apokalypse* erfolgt bereits in der zweiten schmalen Kopfleiste, dem insgesamt dritten Bild des Zyklus. Illustriert wird das Schreiben an die Gemeinde zu Smyrna in Kap. 2, Vers 10: „Fürchte Dich vor keinem, was Du leiden wirst! Siehe, der Teufel wird etliche von euch ins Gefängnis werfen, auf daß ihr versucht werdet, und werdet Trübsal haben zehn Tage. ‚Sei getreu bis an den Tod, so will ich Dir die Krone des Lebens geben'." Den letzten Satz hatte Beckmann in seiner eigenen Bibel durch Unterstreichen hervorgehoben (P. Beckmann/Schaffer 1992, Bibliothek MB, S. 101).

Beckmann zeigt sich als einen ins Gefängnis Geworfenen, schon gestorben oder doch dem Tode nahe. Mit geschlossenen Augen und abgezehrt-leidendem Gesicht liegt er auf einer Pritsche, neben sich die verliehene ‚Krone des Lebens'. Von rechts grinst ihn spottend der groteske Kopf des Teufels an. Es ist kaum verwunderlich, daß Beckmann von diesem Vers besonders ergriffen wurde und dem Eingekerkerten die eigenen Züge verlieh. Spätestens seit der deutschen Besetzung Hollands fühlte er sich gefangen und war es faktisch auch. Davon legen seine Tagebücher ebenso Zeugnis ab wie sei-

ne wiederholten Ermahnungen an sich selbst, in dieser hoffnungslosen Situation auszuhalten – getreu bis an den Tod.

Jenseits der biographischen Situation berührt sich der Verweis auf das innere Königtum des Dulders unmittelbar mit Beckmanns gnostisch beeinflußter Vorstellungs- und Bildwelt, in der die Figur des Königs eine herausragende Rolle spielt (Fischer 1972a, S. 163 f.; Spieler 1998, S. 83 ff.). Wiederholt ließ Beckmann eigene Züge in die Charakterisierung archaischer Königsgestalten einfließen, so im Gemälde *Der König* von 1933/37 (G 470) oder in der Mitteltafel des seit Mai 1941 parallel zur *Apokalypse* gemalten *Schauspieler*-Triptychons (Abb. S. 57), in dem sich der König auf offener Bühne entleibt. Ein der *Apokalypse*-Illustration verwandter Tenor klingt aus einer Tagebuchnotiz Beckmanns vom 19. Januar 1943. Dort imaginiert er einen heimatlosen König, auch er zweifellos eine Selbstprojektion, und schließt: „so sterben alle wahrhaft großen Könige des Lebens".

Literatur: Leipzig 1984, Nr. 186, 3 (A. Hüneke). – München 1984, Nr. 294, 3 (dieses Ex.) (C. Lenz). – Erpel 1985, S. 353, Nr. 172. – Smitmans 1988, S. 26. – Lenz 1993, S. 182 (dieses Ex.). – Wagner 1999, S. 16

APOKALYPSE 1941–42

Kap. 21, Vers 1: „Und ich sah einen neuen Himmel…"
und Vers 4: „Und Gott wird abwischen alle Tränen…"
Lithographie auf Bütten, aquarelliert, 332 x 263 mm (Darstellung)
Privatbesitz
H 354

Wahrscheinlich bezieht sich Beckmanns Tagebucheintrag vom 10. November 1941: „den Engel gemacht zu Apo" auf diese Darstellung. Das vorletzte ganzseitige Bild der *Apokalypse* nimmt Bezug auf zwei Verse des 21. Kapitels, auf Vers 1: „Und ich sah einen neuen Himmel und eine neue Erde …" und Vers 4: „Und Gott wird abwischen alle Tränen von ihren Augen, und der Tod wird nicht mehr sein, noch Leid noch Geschrei noch Schmerz wird mehr sein; denn das Erste ist vergangen".

Im Vordergrund werden einem Verzweifelten, der starr wie ein Toter auf einer Bahre liegt, die Tränen getrocknet – nicht von Gott, wie es geschrieben steht, sondern von einem prachtvoll gekleideten Engel. Das Gesicht des Weinenden trägt die Züge Beckmanns. In seinen gemalten und gezeichneten Selbstbildnissen sowie in den Tagebüchern der Kriegsjahre läßt sich seine Trostbedürftigkeit hinter der Lakonik des Ausdrucks, der Betonung von „Stolz und Trotz den unsichtbaren Gewalten gegenüber" (4. Mai 1940) nur erahnen. Wie groß diese Trostbedürftigkeit gewesen sein muß, offenbart er in dieser Vision vom Ende von Leid und Tod, im übrigen der zweiten Darstellung des Abwischens von Tränen innerhalb des Zyklus (vgl. H 339, Apk. 7, 17).

Hinter der Hauptszene gibt ein rundes, im ausgestellten Exemplar Nr. 1 regenbogenfarbig aquarelliertes Fenster den Blick frei auf den ‚neuen Himmel' mit seinen unwirklich anmutenden Gestirnen. Statt der ‚neuen Erde' erstreckt sich unter dem Horizont jedoch das Meer, auf dem in der Ferne Segelboote dahinziehen. Rein gegenständlich betrachtet erinnert die runde Öffnung weniger an das Fenster einer Behausung als an das Bullauge eines Schiffes und damit an eine Situation, wie sie Beckmann 1934 in dem Gemälde *Blick aus der Schiffsluke* (G 409) gestaltet hatte. Mit der Darstellung des Meeres begibt sich Beckmann allerdings in Widerspruch zu Vers 1, in dem es weiter heißt: „und das Meer ist nicht mehr". Beckmann sah in der Unendlichkeit des Meeres zeitlebens einen Spiegel des Göttlichen. Hier wird es nun explizit zum Versprechen der Erlösung. Der im Rund gefaßte Meereshorizont mit den Gestirnen erinnert an verschiedene entsprechende (Spiegel-)Bilder in Beckmanns Stilleben (G 254, 257, 303, 648). Fischer (1972a, S. 66 f.) hat das Motiv mit der kabbalistischen Hieroglyphe En-Soph – ‚Horizont der Ewigkeit' –, die für das Absolute, Höchste und Göttliche steht, in Zusammenhang gebracht. Zweifellos weist es auch in der *Apokalypse* auf den transzendenten Charakter des Gesehenen hin. Indem Beckmann das Rund wie ein Bullauge ausgestaltet und damit eine Seefahrt als Ort der Tröstung suggeriert, spielt er – wie Wiese sicher zu Recht vermutet – zugleich auf seine eigene Biographie an. Denn bis zum Einmarsch der Deutschen in Holland hatte er sich verzweifelt um eine Emigration in die USA bemüht. Das Scheitern des Plans, sich in eine ‚Neue Welt' zu retten, wurde für ihn zum Trauma.

Literatur: München 1984, S. 432 f, Nr. 25 (C. Lenz) (dieses Ex.). – Erpel 1985, S. 72, Nr. 173. – Smitmans 1988, S. 62. – Lenz 1993, S. 188, Farbabb. S. 206 (dieses Ex.). – Wagner 1999, S. 24 f. – Wiese 2000, S. 75 f.

Kap. 22, Vers 7 ff.: „Siehe, ich komme bald …"
Lithographie auf Bütten, aquarelliert, 337 x 270 mm (Darstellung)
Privatbesitz
H 355

Die dem Schlußkapitel gewidmete letzte blattfüllende Lithographie nahm Beckmann erneut zum Anlaß für ein prominentes Selbstbildnis. Dunkel schiebt sich sein Profil mit den geschlossenen Augen von links ins Bild. Mit einer Hand berührt er sein Gesicht, kaum entscheidbar, ob im Gestus des Lauschens, der Konzentration oder der Abwehr äußeren Geschehens. Geradezu gleißend hell erscheint dagegen das in der Bildmittelachse frontal gegebene Gesicht über einer brennenden Kerze. Es ist durch überirdisch leuchtende Augen, Bart und um die Stirn schwebendes Gewölk charakterisiert. Die zugehörige Hand weist nach rechts oben. In Fortsetzung des vorangehenden Bildes und ebensowenig textkonform wie dort, wird das Haupt von dem — hier blau und rot aquarellierten – Meer hinterfangen, das auch in der folgenden Schlußvignette zu sehen ist. Wieder wird es durch Segelboote belebt, und wieder leuchten am Himmel zwei Gestirne. Vom himmlischen Jerusalem ist auch in diesem Bild nichts zu sehen.

Beckmanns dunkles Profil läßt sich hier eindeutig als Antlitz des Johannes identifizieren, gemäß Apk. 22, 8: „Und ich, Johannes, bin es, der solches gehört und gesehen hat". Die geschlossenen Augen kennzeichnen das hier gemeinte Sehen als visionär und introspektiv. Das beschriebene Blatt auf dem Tisch läßt sich mit Apk. 22, 7 verbinden: „Selig ist, der da hält die Worte der Weissagung in diesem Buch". Mit der Kerze wiederum verhält es sich ähnlich wie mit dem Meer in der vorhergehenden Darstellung und der folgenden Schlußvignette, denn sie steht für einen Zustand, dessen ‚Überwindung' der Text verheißt: „und sie werden nicht bedürfen einer Leuchte oder des Lichts der Sonne; denn Gott der Herr wird sie erleuchten" (Apk. 22, 5). Wie auch in anderen Blättern der *Apokalypse* (vgl. Kat. 91) ist die Kerze weniger Lichtquelle als

vielmehr Bedeutungsträger. Hier ist sie eng mit dem Gesicht über ihr verbunden, das wie aus dem Kerzenrauch aufgestiegen erscheint.

Mit der Deutung des großen hellen Antlitzes hat sich die Forschung schwergetan. Jannasch sah hier noch Johannes selbst, flankiert von Beckmanns Selbstbildnis, das hier pars pro toto die Menschheit repräsentiere. Von Lenz und anderen ist der Weisende im wesentlichen auf den ersten Vers des 22. Kapitels bezogen worden: „Und er zeigte mir einen lautern Strom des lebendigen Wassers". „Er" ist gemäß Apk. 21, 9 einer der sieben Engel mit den Schalen voller Plagen. Peter Beckmann (1982) hat in dem Gesicht das Antlitz Christi erkannt und von Apk. 22, 3–4 hergeleitet: „Und seine Knechte werden ihm dienen und sehen sein Angesicht". Dieser Auffassung sind Smitmans und Wagner gefolgt. Allerdings hat Peter Beckmann 1984 (in: P. Beckmann 1984c) die zentrale Gestalt entgegen seiner früheren Interpretation wieder als Engel bezeichnet. Wiese will beide Auffassungen miteinander versöhnen, indem er Zeigegestus und Wasser ausschließlich aus Vers 1 erklärt, mit der Einschränkung, Beckmann habe sich die Freiheit genommen, den Strom gegen das Meer und den Engel gegen Gottvater auszutauschen. Völlig unterschiedlich beurteilt oder gar nicht erwähnt werden schließlich die um die weisende Hand herum sichtbaren Motive. Peter Beckmann (1984c) glaubt hier eine kleine Kirche mit Kuppel und Kreuz zu erkennen, die pars pro toto das himmlische Jerusalem repräsentiere. Rechts unten sieht er einen aus dem Meer zum ‚Engel' aufschauenden Fisch. Einen durch Rahmung (und fehlende Kolorierung) vom Meer separierten Fisch, das „Geschick der triebhaften Seele" (sic) symbolisierend, beschreibt auch Smitmans. Das Gebilde oberhalb der weisenden Hand wird in seiner Deutung zu einer Weltkugel

mit Kreuz als Attribut des Salvator mundi. Um zu einer befriedigenderen Lesung der beiden Motive zu gelangen, sei hier vorgeschlagen, sie als Einheit zu sehen. Dann könnten sie als Knauf und Klinge oder als Zepter Christi aufgefaßt werden. Dargestellt ist zweifellos Christus, der in Apk. 22, 12 auf sein Gericht vorausweist, womit sich auch der Gestus seiner Hand erklärt: „Siehe, ich komme bald und mein Lohn mit mir, zu geben einem jeglichen, wie seine Werke sind". Auch läßt sich nun die wirkliche Tiefe der inhaltlichen Verbindung zum Frontispiz ermessen: In beiden Darstellungen, in denen Beckmann mit der Gestalt des Johannes verschmilzt, wird eindringlich auf der Bedeutung der ‚Werke' bestanden, und das heißt bei Beckmann nicht zuletzt: auf der transzendierenden Rolle des künstlerischen Schöpfertums.

Literatur: Jannasch 1969, S. 11. – P. Beckmann 1982, S. 71. – Leipzig 1984, Nr. 186, 26 (A. Hüneke). – München 1984, S. 433, Nr. 26 (dieses Ex.) (C. Lenz). – Erpel 1985, S. 74, Nr. 174. – P. Beckmann 1984c, S. 39f. – Smitmans 1988, S. 64. – Lenz 1993, S. 188, Farbabb. S. 207 (dieses Ex.). – Wagner 1999, S. 25. – Wiese 2000, S. 76

UNTER WASSER 1945

Feder in Schwarz auf geripptem Bütten, 250 x 160 mm
Bezeichnet mit Feder in Schwarz unten rechts: Beckmann/A. 45
Ahlers Collection

Im Wasser unterhalb einer Brücke gewinnt eine gespenstische Gestalt verschwommen Sichtbarkeit: In kalligraphischem Federduktus, in dem sich Kontur, Binnenzeichnung und Atmosphäre durchdringen, entsteht das Bild eines Mannes mit grotesk verzerrten Gliedmaßen, bekleidet mit dem von Beckmann bevorzugten Homburg und Mantel. Die rechte Hand ist bis an den Fuß der Brücke erhoben, die linke zeigt mit ausgestrecktem Zeigefinger abwärts. Das markante Gesichtsprofil läßt keinen Zweifel daran, daß eine Selbstdarstellung vorliegt, oder genauer: eine doppelte Selbstdarstellung. Denn neben Beckmanns blicklosem Profilkopf schiebt sich dessen Schatten als dunkle Silhouette, die aber gegenüber dem ersten Gesicht etwas stärker emporgerichtet erscheint.

Äußerer Anlaß der Zeichnung dürfte ein Gewahrwerden seines Spiegelbildes im Wasser auf einem der unzähligen Spaziergänge gewesen sein, die Beckmann in der immer bedrückender werdenden Situation der letzten Kriegsjahre entlang der Amsterdamer Grachten und insbesondere an der Amstel unternahm. Wiederholt erwähnt er sie in seinem Tagebuch, etwa am 21. September 1944 („Lange auf der Brücke bei Amstel") oder am 27. März 1945 („Großer Brückenspaziergang"). Friedrich Vordemberge-Gildewart berichtet: „Wie oft habe ich Max Beckmann übers Geländer einer der Grachtenbrücken gelehnt stehen sehen. Die Brücken und Grachten Amsterdams liebte er unbändig" (zit. nach Buchheim 1959, S. 146). Welch wichtige Rolle diese Wanderungen für den Peripathetiker Beckmann spielten, läßt das Zeugnis Erhard Göpels (1984, S. 75) ermessen: „Vormittags nahm er seinen Weg gern durch die alten Grachten. Sein Partner im Gespräch war der ‚Chef' — er zeigte dann manchmal mit dem Stock nach oben —, mit dem er sich über den Sinn der Welt unterhielt".

Wie auch andere wichtige Kompositionen der 40er Jahre beruht das diszipliniert durchgezeichnete Blatt auf einer vorangehenden Skizze in einem der Skizzenbücher aus dem Besitz von Mathilde Q. Beckmann in der National Gallery of Art in Washington. Die Skizze auf Bl. 21r des Skizzenbuches Inv. Nr. 1984.64.38 ist eigenhändig betitelt und datiert als *Selbstportrait unter / Wasser Amsterdam / 9. Okt 44* — also mindestens ein Vierteljahr vor der hier ausgestellten Zeichnung entstanden. Interessanterweise hatte Beckmann das Thema noch am selben 9. Oktober 1944 in drei weiteren Skizzen variiert: auf Bl. 22r sehen wir eine Gestalt einen Fisch in Händen haltend, auf Bl. 23r zweimal unbekleidet im Wasser stehend, einmal mit gesenkten und einmal mit erhobenen Armen. In dieselbe Sequenz gehört schließlich noch die ebenfalls auf den 9. Oktober 1944 datierte Federskizze *Untertauchen* (Privatbesitz), die anstelle des schreitenden Beckmann unter der Brücke im Wasser ein nacktes janusköpfiges Zwillingswesen verschwimmen läßt (Tagebücher 1940–1950, Ausg. 1955, Abb. gegenüber S. 33).

Wie Göpel (a. a. O., S. 422) anmerkt, stehe der von Beckmann selbst notierte Titel der letztgenannten Skizze in einem Zusammenhang mit der niederländischen Bezeichnung ‚onderduiker' für die vor der deutschen Besatzungsmacht in Amsterdam Untergetauchten. Beckmanns Insistieren auf diesem Thema aber dürfte andere Gründe haben, die zweifellos mit seiner komplexen Vorstellung vom Ich in Verbindung stehen. So läßt sich die Darstellung des gänzlich untergegangenen Beckmann als die Weiterführung eines pessimistischen Gedankenbildes begreifen, das er am 19. März 1944 dem Tagebuch anvertraut hatte: „Noch halte ich den Kopf hoch, wie ein Ertrinkender — einmal müssen doch die schwarzen Wellen des Nichts über mir zusammenschlagen. –– Nun ich bin darauf gefaßt wieder ein Nichts zu werden – trotzdem ich mir so große Mühe gegeben habe ein ‚Ich‘ zu werden“. Aus der Perspektive dieses Tagebucheintrags ließe sich auch die Gestik der Figur erklären, der hochgereckte Arm als Sehnen nach Ichwerdung und der – wie in dem gezeichneten *Doppelbildnis mit Quappi* vom Mai 1944 (Abb. S. 66) – herab-

weisende Finger als Hinabgleiten ins Nichts. Beckmanns Verdoppelung seines Profils könnte auf seinen Glauben an ein doppeltes Ich deuten, bestehend aus vergänglicher Persönlichkeit und ‚ewigem‘ Ego.

Literatur: New York 1994, Nr. 17. – Hannover 1998, Nr. 36

Selbstportrait unter Wasser   1944
Feder, National Gallery of Art, Washington

Unter Wasser   1944
Feder, National Gallery of Art, Washington

96

Selbstbildnis, den Kopf unter dem Arm 1945

Feder in Schwarz über Bleistift auf geripptem Bütten, 311 x 141 mm
Bezeichnet mit Feder in Schwarz unten rechts: Beckmann / A. 45
Privatbesitz

Beckmann imaginiert sich in dieser grausigen Selbstdarstellung als Geköpfter, der ungeachtet seiner Enthauptung weiterzuleben scheint. Die Zeichenweise mit ihrer Kontrastierung fein schraffierter und lediglich umrissener Flächen, der tiefernste Gesichtsausdruck sowie die legere Bekleidung mit einem Mantel über nackter Brust und der eigentümlichen Mütze verbinden das Blatt mit dem ebenfalls mit der Feder gezeichneten *Doppelbildnis mit Quappi* (Abb. S. 66), das auf den 21. Mai 1944 datiert ist. Erpel, der die Datierung der hier ausgestellten Zeichnung als ‚44' liest, bezieht sie wie jene auf Beckmanns schlimme Befürchtungen angesichts eines Musterungsbefehls, den er Ende Januar 1944 erhalten hatte. Bis zum Musterungstermin am 31. Mai 1944 (bei dem er für untauglich befunden wurde) lebte Beckmann in der Angst, trotz seines Alters von 60 Jahren zum Kriegsdienst einberufen zu werden.

Zwar wäre es möglich, daß Beckmann hier — wie im Selbstbildnis *Unter Wasser* (Kat. 95) — eine bereits 1944 entstandene Skizze ins reine zeichnete (oder die Datierung nachträglich und irrtümlich vornahm), doch sollte das drastische Motiv dieser Zeichnung nicht nur auf ein bestimmtes Ereignis bezogen werden. In jedem Falle zeugt sie von düsterster Einschätzung der Gegenwart und Zukunft seines Selbst. Vielleicht spielt in diesem Zusammenhang der rätselhafte Ring auf dem Mantel, der wie ein Stigma wirkt, auf den von Beckmann so oft beklagten Kreislauf des Lebens an, den selbst die physische Vernichtung nicht zum Stillstand zu bringen vermag.

Das Motiv hat in Beckmanns Schaffen seine Voraussetzung in den enthaupteten Märtyrern im *Jüngsten Gericht* der *Apokalypse* (H 353). Mit dem Kopf in der Hand erinnert Beckmann an einen heiligen Märtyrer wie den Hl. Dionysius von Paris (St. Denis). Das mag insofern kein Zufall sein, als sich Beckmann gegen Ende des Krieges als Märtyrer wider Willen empfand: „Mein Gott — wie oft werden wir dieses furchtbare Martyrium noch über uns ergehen lassen müssen, bis endlich endlich die ewige Bewußtseins Klarheit über uns kommt?!!" (Tagebücher, 19. März 1944). Der Mitra des Hl. Dionysius entspricht in der Zeichnung die leicht grotesk anmutende Mütze, oszillierend zwischen Nachtmütze, Narrenkappe und Phrygischer Mütze. Letztere wurde von den Galeerensklaven und in der französischen Revolution von den Sansculotten getragen. Dadurch wurde sie zum Symbol der Freiheit schlechthin. In der antiken Kunst gehörte sie zur Ikonographie mythischer Gestalten wie Attis und Orpheus, Prototyp des Künstlers. Wie Beckmann in seiner Ausgabe von Thassilo von Schefflers Buch *Griechische Mysterien* (S. 108, vgl. P. Beckmann/Schaffer 1992, Bibliothek MB, S. 498) lesen konnte, war der von den Mänaden abgerissene Kopf des Orpheus singend an die Gestade von Lesbos gespült worden.

Das *Selbstbildnis, den Kopf unter dem Arm* ist ein von grimmigem Humor erfülltes Aperçu Beckmanns über seine Erwartungen gegen Ende des Krieges, grundiert von seinem Glauben an die Unzerstörbarkeit des Individuums. Das Makabre der Darstellung berührt sich mit dem Gemälde *Totenkopfstilleben* (G 694), zu dem er am 10. April 1945 im Tagebuch bemerkte: „Ganz lustiges Bild — wie überhaupt alles ziemlich lustig und immer gespensterhafter wird".

Literatur: Göpel 1954b, S. 11. – Lackner 1967, S. 101. – Erpel 1985, S. 85, Nr. 190

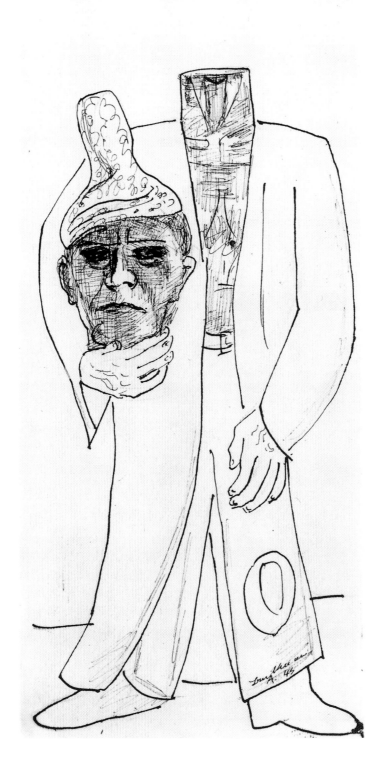

SELBSTBILDNIS MIT CHAMPAGNERGLAS „LE TEMPS PASSE" 1945

Feder in Schwarz über Bleistift auf geripptem Bütten, 515 x 250 mm
Bezeichnet mit Feder in Schwarz unten rechts: „Le Temps passe" / A. 45. B.
Privatbesitz

Die hier erstmals ausgestellte Federzeichnung ist mittels dicht gewebter Schraffuren bildmäßig ausgearbeitet. Entstehung, Titelgebung und Verkauf sind in Beckmanns Tagebuch dokumentiert. 24. November 1945: „Heftig gearbeitet am Zeichenentwurf von neuem Selbstportrait mit den großen Händen". Am Tag darauf notiert Beckmann, seinem Freund Rudolf Heilbrunn zahlreiche neue Zeichnungen gezeigt zu haben und schließt: „Le temps passe. – Recht impatient geworden". 23. Dezember 1945: „Nachmittag Frommel mit S., kauften Golem-Selbstbildzeichnung". Wie uns „S." selbst bestätigt hat, handelte es sich dabei um die hier besprochene Zeichnung.

Beckmann zeigt sich majestätisch in einer Bar thronend, das Champagnerglas wie ein Zepter vor sich haltend. Auf mächtigem, wie in einem Zerrspiegel eingefangenem Körper mit breiten Schultern und überdimensionalen Händen sitzt ein auffallend kleiner dunkler Kopf. Seine blicklos geschwärzten Augen erinnern an das Holzschnitt-*Selbstbildnis* von 1922 (Kat. 71) und tragen entscheidend zum Eindruck götzenhafter Präsenz bei. In größtem Kontrast zum eleganten Ambiente erscheint im Hintergrund eine an den Füßen angekettete, kopfunter herabhängende Gestalt, ähnlich jener im Gemälde *Galleria Umberto* von 1925 (G 247).

Der Titel der Zeichnung – diese in Beckmanns Tagebüchern zwischen 1942 und 1948 verschiedentlich auf französisch oder deutsch formulierte Einsicht in die Vergänglichkeit – mag dazu verleiten, das Hintereinander von Champagnertrinker und Gefesseltem zunächst auf die Zeitläufe zu beziehen, etwa im Sinne der hinter den Annehmlichkeiten des Friedens versinkenden Unfreiheit des Krieges. Doch dürfte der Bildsinn weit profunder sein, eher auf die Fesselung an den Körper, den

Lebenstrieb abzielend – so wie man Beckmanns Gesichtsausdruck als Zeichen der von ihm geforderten Verachtung dieser Sklaverei deuten könnte (vgl. Tagebücher, 4. Juli 1946). Andererseits läßt der Gefesselte unwillkürlich an den angeketteten Prometheus denken, diese große Identifikationsfigur des „ohnmächtigen Schöpfers" Beckmann (vgl. Arndt 1981). Ist der Gefesselte in der Zeichnung vielleicht nur ein anderes Selbst Beckmanns? Dieser könnte sich hier seiner im März 1943 im Tagebuch vermerkten Lektüre von André Gides Erzählung *Der schlechtgefesselte Prometheus* erinnert haben, in deren Eingangsszene Prometheus sich aus seiner Fesselung an den Kaukasus befreit, um in einem Pariser Café zwar keinen Champagner, aber doch ein Glas Bier zu trinken.

Bleibt Beckmanns ex post gegebener Hinweis auf das ‚Golem-Selbstbildnis'. Nach kabbalistisch-magischer Auffassung ist der Golem ein durch einen faustischen Rabbi aus Lehm künstlich zum Leben erweckter Mensch. Zugrunde liegt die älteste, talmudische Bedeutung des Golem als eines ersten, unförmigen und riesenhaften Menschen – als den sich Beckmann hier gezeichnet hat –, noch zweigeschlechtlich und seelenlos (Handwörterbuch des deutschen Aberglaubens, Bd. 3, Sp. 939–941). Folglich ergäbe sich auch von dieser Seite eine Beziehung zum Prometheischen. Eine Verbindung zwischen Ur-Mensch und Bar-Interieur zog Beckmann ebenso in dem Aquarell *Frühe Menschen* von 1946 (Bielefeld 1977, Nr. 197, Abb. 199), dort wohl in Anspielung auf die Kontinuität der Triebverfallenheit des Menschen. Damit erschiene auch der Titel ‚Le Temps passe' in neuem, gleichsam menschheitsgeschichtlichem Licht.

Literatur: Cordan 1945, S. 144. – Max Beckmann. Tagebücher, Ausg. 1955, Abb. gegenüber S. 160. – Erpel 1985, S. 86, Nr. 192

"Le Temps passé"
A. 4/5.

Day and Dream 1946

Zwei von 15 Lithographien

Das Mappenwerk *Day and Dream* ist die letzte graphische Folge Beckmanns. Sie umfaßt 15 Lithographien, die, im Umdruckverfahren hergestellt, mit Feder, Kreide und Pinsel ausgeführt sind. Die Originalzeichnungen befinden sich in der Library of Congress in Washington. Es wurden 100 Exemplare gedruckt, davon 90 numerierte. Das Exemplar im Herzog Anton Ulrich-Museum trägt die Nr. 40. Den Mappenumschlag ziert die Reproduktion einer Zeichnung, die an die Kaltnadelradierung *Globus und Muschel* von 1927 (H 311) angelehnt ist. Auf dem Globus ist der nordamerikanische Subkontinent erkennbar. Damit verweist Beckmann auf das intendierte Publikum der Mappe.

Das Angebot, eine Graphikmappe mit Radierungen für das amerikanische Publikum zu schaffen, wurde dem im Amsterdamer Exil lebenden Künstler am 8. März 1946 brieflich von seinem New Yorker Kunsthändler Carl Valentin gemacht. In seiner undatierten Antwort (Briefe III, S. 116) greift Beckmann die Anregung dankbar auf und schlägt wegen der leichteren Materialbeschaffung Lithographien anstelle von (Kaltnadel-)Radierungen vor: „Ideen liegen massenhaft vor. Man könnte ein(e) Mappe mit biblischen od. mythologischen Motiven eine Circus und Theater u. Café mappe oder auch alles zu sammen machen. Ein Titel wird sich schon finden". Sofort nach der schwierigen Besorgung von Lithostiften am 26. März 1946 machte Beckmann auf Umdruckpapier die ersten vier Zeichnungen, jeweils zwei pro Tag. Am 5. April schrieb er an Valentin: „Die Lithos werden großartig und wieder sehr intensiv". Als Name der Mappe wird *Time-motion* genannt (Briefe III, S. 120). Am 24. Juni schließlich heißt es im Tagebuch: „Also die Litho's, ‚Time-motion' 15 Stück endgültig fertig. – Na, Gott sei Dank. – Glaube sind ganz gut geworden…" Der Druck erfolgte in den Niederlan-

den. Danach wurden die signierten Blätter nach New York verschifft, wo sie erst im November 1946 eintrafen. Im Frühling 1948 kolorierte Beckmann fünf Exemplare von *Day and Dream*, wie die Folge nun hieß.

Der Titel spielt auf die für Beckmann so bezeichnende Durchdringung von beobachtender und visionärer Wirklichkeitserfassung an. Der Bogen spannt sich dabei von privaten, familiären und erotischen Reminiszenzen über Allegorien der von Beckmann als Zwischenkriegssituation empfundenen Gegenwart bis hin zu religiösen Darstellungen. Eingeklammert werden sie vom Bild des Urhebers dieser Beobachtungen und Visionen. Wie in fast allen graphischen Zyklen Beckmanns steht sein Selbstbildnis am Anfang und am Ende der Folge. Dabei bietet er zwei ganz verschiedene Existenzformen seines ‚Selbst' dar.

Der Duktus der Federzeichnungen knüpft an die Illustrationen zum *Faust II* an, auf die es auch motivische Rückgriffe gibt. So beim *Schlafenden Athlet* (H 359), der unmittelbar an den *Schlafenden Faust* des 5. Akts („Unselige Gespenster! …") erinnert. Doch wird die Feder in *Day and Dream* zuweilen von massivem Pinseleinsatz begleitet. Die Zwischenschaltung von drei Kreidelithographien läßt den Zyklus in stilistischer Hinsicht ähnlich abwechslungsreich erscheinen wie in thematischer. Nähere Betrachtung erweist jedoch, daß die Mappe unabhängig von der Entstehungsreihenfolge der Blätter und über die Rahmung durch Selbstbildnisse hinaus gleichsam ‚symmetrisch' komponiert ist (Frankfurt 1990, S. 44 ff.). Im Zentrum steht das Blatt *König und Demagoge* (H 364), dessen zu „Time is money" ergänzbare Inschrift einen Zeit- und Gesellschaftsbezug andeutet. Überdeutlich ist dieser in dem Blatt *Der Traum vom Krieg* (H 366), in dem Beckmann die Drohung eines

erneuten Krieges in Form einer mythologisierenden Allegorie verbildlicht. Der Schluß des Zyklus
erhält besonderes Gewicht durch seine fundamen-
tale religiöse Thematik: In der Abfolge der ebenso
prägnanten wie rätselvollen Darstellungen von
Sündenfall (H 370) und *Christus und Pilatus*
(Kat. 99) wird die für Beckmann so zentrale Frage
nach Erlösung gestellt, gleichsam als Summa des
vorangehenden Bilderbogens.

Literatur: Beall 1970 (m. Abbn. der Originalzeichnun-
gen). – Hannover 1983, Nrn. 237–252. – Leipzig 1984,
Nrn. 187–202 (N. Nobis, kolor. Ex.). – München 1984,
Nrn. 295–297 (J. C. Weiss). – Erpel 1985, S. 87 f.,
Nrn. 196–197. – Frankfurt 1990, S. 44–58 (M. Sonn-
abend). – Hofmaier 1990, Nrn. 357–371. – München
1993, S. 162–177 (R. Spieler). – Hannover 1999,
Nrn. 295–310 (koloriertes. Ex.) und Nrn. 311–326

98
Selbstbildnis 1946

Blatt 1 aus *Day and Dream*
Lithographie auf glattem Velin
318 x 263 mm (Darstellung)
Bezeichnet mit Bleistift unten rechts: Beckmann, unten links: 40/90
Herzog Anton Ulrich-Museum Braunschweig – Miteigentum des
Braunschweigischen Vereinigten Kloster- und Studienfonds, Inv. Nr. ZL 95/6370
H 357 B b

Das am Beginn des Mappenwerks *Day and Dream* stehende Selbstbildnis zeigt den Urheber der folgenden Beobachtungen und Visionen mit Baskenmütze und einer Zigarette in der erhobenen Hand. Sein Blick aus schmalen Augen geht am Betrachter vorbei. Der Leichtigkeit des für Beckmanns zeichnerischen Spätstil typischen Gewebes aus langgezogenen und immer wieder aussetzenden Schlangenlinien der Feder steht massive Schwärze gegenüber. Sie wird bewirkt durch den deckenden Einsatz des Tuschpinsels in der Kappe und in dem hinter dem Kopf sichtbaren Rechteck. Ob letzteres als Fenster, Bild oder Spiegel gedeutet werden muß, ist – wie so oft in Beckmanns Interieurs – nicht zu entscheiden. Die Dunkelheiten schließen sich um Beckmanns Kopf zu einem düsteren Nimbus zusammen, der den Ernst des Ausdrucks unterstreicht. Der erhobene Arm wirkt als schroff zwischen Künstler und Außenwelt eingeschobene Barriere. Bezeichnenderweise tritt dieses abschirmende Motiv in Beckmanns Selbstdarstellungen regelmäßig seit seiner Verfemung durch die Nazi-Diktatur auf, zuerst im 1934 gemalten *Selbstbildnis mit schwarzer Kappe* (G 391) und später unter anderem in der mit der Feder gezeichneten Selbstdarstellung mit seiner Frau Quappi von 1944 (Abb. S. 66). Aus dieser Deckung heraus geht der Blick ins Weite, scheint bereit, sich wieder auf neue Ziele zu richten – auf die im übrigen das folgende Blatt der Mappe verweist: Es zeigt eine Wetterfahne (jene auf dem von Beckmann bewohnten Haus) in Gestalt einer Meerjungfrau, die, auf die Drehung des Windes anspielend, mit ihrem Pfeil auf die offene See hinausweist (H 358).

Beckmanns Selbstbildnis in *Day and Dream* spiegelt seine Verfassung im Frühsommer 1946. Aus der Dunkelheit des Krieges und des Vergessenseins kommend, durchdringt sich in seinem Ausdruck tiefe Skepsis mit gelassenem Selbstbewußtsein und dem wiederauferstandenen Glauben an eine Zukunftsperspektive. So konstatiert Beckmann während der Arbeit an *Day and Dream* am 17. Juni 1946 im Tagebuch: „Die Tage ziehen und eine gewisse lässige, nicht unfreudige Resignation über Gott und die Welt befächelt zur Zeit meine Seele. Mein Gott – 62 Jahre – noch immer da, mit Erfolgen in New York, einem überstandenen Weltuntergang und mit hilflosem Kraftüberschwang".
Wie bei allen Selbstbildnissen Beckmanns aber erschöpft sich die Bedeutung nicht in der Veranschaulichung von subjektiver Befindlichkeit oder biographischer Situation. Die Lithographie ist bewußt als programmatisches Eröffnungsblatt seiner Schau der Gefilde von Tag und Traum konzipiert und spielt einmal mehr auf Beckmanns persönliche Auffassung von diesen zwei Reichen und der zu ihnen führenden Erkenntniswege an. Der Blick auf die Wirklichkeit kommt hier aus einem Antlitz, das von ,dunklem Spiegel' hinterfangen wird, will heißen: von der Welt des Traumes und der Transzendenz. Erst dieser Hintergrund verleiht Beckmanns Blick jene Qualität, die in der Realität das Unsichtbare aufscheinen läßt.

Literatur: Braunschweig 1976, Nr. 37. – München 1984, Nr. 295. – Erpel 1985, S. 87 (koloriertes Ex.), Nr. 196. – Busch 1989, S. 51–54. – Frankfurt 1990, S. 46 (M. Sonnabend). – Selz 1992, S. 90 f. – München 1993, S. 162. – Braunschweig 1997, Nr. 46 (Th. Döring, dieses Ex.). – Nahrwold 2000, Nr. 61 (dieses Ex.)

40/90   I   Beckmann

CHRISTUS UND PILATUS 1946

Blatt 15 aus *Day and Dream*
Lithographie auf glattem Velin, 344 x 271 mm (Darstellung)
Bezeichnet mit Bleistift unten rechts: Beckmann, unten links: 40/90
Herzog Anton Ulrich-Museum Braunschweig – Miteigentum des
Braunschweigischen Vereinigten Kloster- und Studienfonds, Inv. Nr. ZL 95/6371
H 371 B b

Im Schlußblatt stellt Beckmann dem geschundenen, vor Schmerz blicklosen Christus das Profil des Pontius Pilatus gegenüber. Er trägt unverkennbar die Züge Beckmanns, die hier allerdings einer fast karikaturhaften Verfremdung unterworfen sind. Das kalte Lächeln und die Verbindung des übertriebenen Beckmann-Kinns mit un-Beckmannschen Eigenschaften wie Schwammigkeit und winzigen Augen lassen das Charakterbild eines opportunistischen Machtmenschen entstehen. Mit geziert abwehrender Geste überantwortet er Christus seinem Schicksal. Kompositionell läßt sich *Christus und Pilatus* gleichsam als Synthese zeitlich vorangehender Gegenüberstellungen begreifen, namentlich der Darstellung von Johannes und Christus im großen Schlußblatt der *Apokalypse* (Kat. 94) und des von einer ganz ähnlichen Geste der Hand begleiteten Dialogs von Mephistopheles und Faust in der Zeichnung zu *Die Mütter sind es* in *Faust II*. *Christus und Pilatus* folgt als Schlußblatt auf den *Sündenfall* (H 370). Der Zyklus endet folglich mit dem Verweis auf die Dialektik von zwei gnostisch geprägten Grundüberzeugungen Beckmanns: das schuldbeladene Verhaftetsein im Fleischlichen und die Möglichkeit einer Erlösung.
Anlaß für die Wahl des Themas dürfte eine am 1. März 1946 im Tagebuch festgehaltene Wiederbegegnung mit der 1917 gemalten *Kreuzabnahme* gewesen sein (G 192). Das Antlitz Christi und die zwischen Christus und Pilatus eingeschobene Leiter finden hier ihre Vorbilder. In Beckmanns Spätwerk fungiert sie zumeist als Symbol der Transition und Transzendenz (Fischer 1972a, S. 225 f., 228; Spieler 1998, S. 180 f.), folglich wird sie von Pilatus auch gar nicht wahrgenommen. Bereits am

10. März führte diese Wiederbegegnung zu einem ersten künstlerischen Resultat: „Mittags schlechte ‚Kreuzabnahme‘ gemacht“ (s. Abb. unten). Fragt man nach Beckmanns Motivation für die – wenn auch verzerrte – Projektion seiner eigenen Züge auf die negative Figur des Pilatus, ließe sich auf eine Tagebuchnotiz vom 17. Juli 1950 verweisen: „etwas wirklich Erderlösendes ist kaum zu erhoffen“. Zum anderen mag entscheidend für diese Selbstidentifikation eine (nach Joh. 18, 38) von Pilatus an Christus gestellte Frage sein, die auch Beckmann lebenslang umtrieb: „Was ist Wahrheit?“

Literatur: München 1984, Nr. 297. – Erpel 1985, Abb. 205 (koloriertes Ex.), S. 88, Nr. 197. – Frankfurt 1990 S. 48 f. (M. Sonnabend). – München 1993, S. 162 (R. Spieler). – Nahrwold 2000, Nr. 62 (dieses Ex.)

Kreuzabnahme 1946
Feder, Pfalzgalerie Kaiserslautern

XV Beckmann

100

WINTER 1947

Feder in Schwarz über Bleistift auf geripptem Bütten, 325 x 260 mm
Bezeichnet mit Feder in Schwarz unten rechts: Beckmann / A. 47
Privatbesitz

Der Titel und die äußeren Umstände dieser Darstellung beziehen sich auf den für Holland ungewöhnlich strengen Winter 1946/47: „der stärkste Winter seit dem ich hier bin" (Briefe III, S. 147). Ein Mann drängt sich voller Begierde an eine junge Frau, die verführerisch und zugleich fortstrebend auf der Bettkante sitzt. Ihr Schatten fällt auf den Mann, verdunkelt insbesondere sein Gesicht. Trotz dieser Verdüsterung durch vielfach sich überlagernde Spuren der Feder lassen sich die Züge Beckmanns eindeutig erkennen. Der Kontrast zwischen der Vermummung von Köpfen und Oberkörpern und der Nacktheit der Beine verleiht der intimen Darstellung eine zusätzlich aufreizende Note und betont zugleich das Archaische und Animalische der Szene: Die Befriedigung geschlechtlicher Lust und die Suche nach lebensnotwendiger Wärme fallen hier ineins.

Die Zeichnung ist keinesfalls als exhibitionistische Offenlegung von Beckmanns Intimleben zu verstehen. Sie ist Teil einer seit 1945 entstandenen Gruppe hocherotischer Zeichnungen und Gemälde, in denen die Frau jeweils als Inbild der Verführung typisiert ist. Vergleichbar ist insbesondere eine ebenfalls 1947 in Amsterdam gezeichnete Darstellung eines halbbekleideten Paares − ohne Selbstbildnisbezüge − in einer Schiffskabine, offenbar auf die Passage in die Neue Welt vorausdeutend. Thematisch und kompositionell basiert die Zeichnung *Winter* auf einer der Illustrationen zu Stephan Lackners Drama *Der Mensch ist kein Haustier* von 1937 (Kat. 89). Auch dort trägt der männliche Protagonist die − ebenfalls verdüsterten − Züge Beckmanns. In der Zeichnung von 1947 ließe sich die Schwärzung auch als die ‚Facies nigra‘ des Melancholikers Beckmann verstehen, der sich, gebannt in den Schatten der Frau, „dieser ewigen scheußlichen vegetativen Körperlichkeit"

(Tagebücher, 4. Juli 1946) erlegen zeigt. Wie die Zeichnung selbst belegt, war seine Haltung zur Sexualität letztlich ambivalent. Bezeichnete er sie in seiner Londoner Rede von 1938 als „eine Krankheit, aber eine Lebensnotwendige, die zu überwinden ist" (M. Q. Beckmann 1980, S. 193), heißt es dazu am 17. November 1946 im Tagebuch: „Ach Gott ja, man bejammert immer die Lüste des Fleisches. Mein Gott was hätten wir denn sonst noch, wenn nicht wenigstens die Illusion des Wunsches vorhanden wäre. Das Eine und absolute Néant".

Literatur: New York 1947, Titelabb. − Saint Louis 1948, S. 33. − Oakland 1950, Nr. 47. − Frankfurt 1955, Nr. 33. − Köln 1955, Nr. 60 (E. Göpel). − Tagebücher, Ausg. 1955, Abb. gegenüber S. 129. − Paris 1968, Nr. 158. − Bielefeld 1977, Nr. 205. − Bremen 1984, Nr. 260. − Erpel 1985, Nr. 199

Paar in der Schiffskabine 1947
Feder und Aquarell, ehem. Catherine Viviano Gallery New York

101

Begegnung 1948

Feder in Schwarz auf geripptem Bütten, 318 x 498 mm
Bezeichnet mit Bleistift unten links: Begegnung (the meeting)
in Schwarz unten rechts: Beckmann 48 St. L.
Privatbesitz

„Nachmittag Zeichnung ‚Begegnung‘ gemacht" heißt es in Beckmanns Tagebuch am 3. April 1948. Der zeichnerische Duktus des in Saint Louis entstandenen Blattes knüpft an den Stil der Federlithographien des Mappenwerks *Day and Dream* von 1946 an. Annähernd in der Blattmitte erscheint Beckmanns Kopf in strenger Frontalität, den durchdringenden Blick direkt auf den Betrachter gerichtet. Den Mund verdeckt ein schleierartiges Gebilde. Es verbindet den Künstler mit einem Profilkopf vorne links, dessen Augen geschlossen sind. Gegenüber dem kugelig-energetischen Kopf Beckmanns wirkt der andere schmal und asketisch, mit überlanger gerader Nase und von unbestimmbarem Alter. Diese Disposition läßt unwillkürlich an eine von Stephan Lackner (1967, S. 34) überlieferte Begegnung Beckmanns mit einem Steinidol von den Osterinseln denken: „Jaja, das war auch mal ich" hatte Beckmann dabei geäußert.

Wem also begegnet Beckmann hier? Busch identifiziert den im Profil Gesehenen als Christus und verweist auf das im Profil nach rechts gegebene Haupt Christi in dem Gemälde *Christus in der Vorhölle* (G 758), das Beckmann im Winter 1947/48 gemalt hatte. Ein sorgfältiger Vergleich des Profilkopfs der *Begegnung* mit dem des Gemäldes und anderen Christus-Darstellungen Beckmanns, etwa in der *Apokalypse* (Kat. 94) und *Day and Dream* (Kat. 99), weckt allerdings Zweifel an dieser Gleichsetzung. Diese Lithographien bilden aber insofern Voraussetzungen für die Zeichnung, als ihre unvermittelte Gegeneinandersetzung von

Frontal- und Profilansicht übernommen wird. Auf diese Weise erscheinen die Gesichter nah zusammengerückt und zugleich verschiedenen Welten angehörend. Gegenüber den beiden Lithographien, in denen Beckmann sich das Profil zuweist, beansprucht er nun selbst die Frontalansicht.

Erpel bezieht das Thema der Zeichnung sicher zu Recht auf Tagebuchäußerungen Beckmanns zur schleierhaften „Beziehung zum Ur-Alten" (15. März 1943) oder zur Haltung „dem großen Unbekannten gegenüber" (4. Juni 1944). In diesem Zusammenhang sei daran erinnert, daß in der zwischen 1946 und 1949 gemalten großen Kosmologie *Jupiter* (G 791) nach Mitteilung von Mathilde Q. Beckmann vor der Überarbeitung noch die „teilweise von Wolken verhüllte Gestalt des Jupiter" sichtbar gewesen sei, die Beckmann selbst als „Personifikation des im All und in allen Daseienden" und als „großen Unbekannten" bezeichnet habe (zit. n. Fischer 1972a, S. 188, Anm. 730, sowie Göpel zu G 791). In der Zeichnung ist dieser Wolkenschleier herabgesunken und läßt die Ambivalenz des Verhältnisses zwischen Beckmanns Selbst und der blicklosen und stummen Verkörperung des Mysteriums des Daseins deutlich werden: Ist jener „große Unbekannte" auch weder erreichbar noch – siehe den verdeckten Mund Beckmanns – aussagbar, ist er mit Beckmanns ‚echtem Selbst' doch unauflöslich verbunden.

Literatur: Selz 1964, Nr. 111. – Frankfurt/Hamburg 1965, Nr. 105. – London 1965, Nr. 105. – Erpel 1981, unter Nr. 28. – Erpel 1985, S. 89 f., Nr. 205. – Busch 1989, S. 54–57. – Rom 1996, Nr. 41

102

Selbstbildnis mit Fisch 1949

Pinsel in Schwarz über gewischter Kreide auf glattem Velin, 597 × 450 mm
Bezeichnet unten rechts: Beckmann / Boulder / 8. August 49
Hamburger Kunsthalle, Kupferstichkabinett, Inv. Nr. 1951/61

Die großformatige Zeichnung zeigt Beckmann von schräg hinten, den Kopf über die Schulter ins Dreiviertelprofil zum Betrachter gewandt. Die am rechten Rand gesetzten Pinselspuren deuten wohl einen Gebirgssee an, ähnlich wie in dem Gemälde *Boulder-Felslandschaft* (G 802). Wie der Cowboyhut verweist die Landschaft auf die Entstehung der Zeichnung während Beckmanns zehnwöchigem Aufenthalt in Boulder, Colorado, in den Rocky Mountains.

Auffälliger noch als der weiße Cowboyhut und die im Mundwinkel qualmende Zigarette ist der mit der kräftigen linken Hand gepackte und emporgehobene Fisch, dessen Auge ebenso lebendig leuchtet wie dicht daneben die Augen Beckmanns. Vom Fisch einmal abgesehen, hatte Beckmann diese Haltung zuvor bereits in der Kaltnadelradierung *Königinbar* von 1920 (Kat. 61) und in dem 1940 gemalten *Selbstbildnis mit grünem Vorhang* (G 554) eingenommen. Dort ist sie jeweils Ausdruck von Bedrängnis und Abwehr. Im *Selbstbildnis mit Fisch* dagegen strahlt sie kraftvolle Beweglichkeit aus.

Dieser Eindruck ist auch der furiosen Pinseltechnik geschuldet, die im zeichnerischen Œuvre Beckmanns ihresgleichen sucht. Mit impulsiven Pinselhieben treibt Beckmann vor tiefschwarz zugemaltem Fond die Körperlichkeit seines Ichs hervor und bindet sie mit gitterartigen Strukturen zugleich wieder in die Fläche. Tatsächlich bedient sich Beckmann hier einer Technik, die charakteristisch für seine Malweise jener Zeit ist. Die Zeichnung bietet gleichsam eine schwarzweiße Übersetzung seiner inmitten tiefer Schwärzen aufflackernden scharfen ,Kunstlichtfarben'.

Entscheidend für die Deutung der Zeichnung ist das Attribut des Fisches. Dieser gehört seit etwa 1930 zu den elementarsten „Dingsymbolen" (Fischer) in der Kunst Beckmanns (vgl. Kat. 91). Allein in zwei bedeutsamen Gemälden des Vorjahres spielt er eine zentrale Rolle: In *Großes Frauenbild. Fischerinnen* (G 777) symbolisieren die von aufreizenden Frauen geangelten Fische wohl menschliche Seelen, die „durch die Lockungen der Lebensfreude immer wieder in den Kreislauf von Begierde und Tod hineingezogen" werden (Fischer 1972a, S. 128). In *Cabins* (G 770) läßt die zentrale Figur eines Matrosen, verschiedentlich als Selbstdarstellung Beckmanns angesprochen, „einen großen Fisch – seine Seele? – an eine Planke gebunden ins Meer gleiten, so wie die Seeleute ihre Toten bestatten" (Göpel 1955, S. 42). Im *Selbstbildnis* von 1949 jedoch läßt Beckmann den Fisch nicht entgleiten, sondern ergreift ihn energisch und blickt ihm buchstäblich ins Auge, als wolle er ihn herausfordern. Das mag seine Ursache in Beckmanns Empfindung eines fast vergessenen Körper- und Naturgefühls in jenen Wochen haben: „der Geist des Bösen (Daseinslust) ist stark", notiert er am 31. Juli 1949 im Tagebuch. Die in dieser Formulierung eingefangene Ambivalenz gegenüber dem Lebenswillen gewinnt sinnlich mitreißende und zugleich symbolhafte Gestalt im *Selbstbildnis mit Fisch*, dem vitalsten seiner Selbstbildnisse.

Literatur: Göpel 1954b, Kommentar zu Abb. 43. – Trier 1956, S. 165 f. – Wuppertal 1956, Nr. 90. – Busch 1960, S. 34. – Jedlicka 1959, S. 130 f. – Karlsruhe 1963, Nr. 95. – Selz 1964, Nr. 116. – Frankfurt/Hamburg 1965, Nr. 110. – Paris 1968, Nr. 164. – Bielefeld 1977, Nr. 213. – Hamburg 1979, Nr. 143. – München 1984, Nr. 204. – Lausanne 1985, Nr. 618. – Busch 1989, S. 54 f. – Schneede 1992, S. 35. – Selz 1992, S. 94, 115. – Westheider 1995, S. 165

103

SELBSTBILDNIS MIT SEIL 1949

Feder in Schwarz über Bleistift auf glattem Velin, 602 x 455 mm
Bezeichnet mit Feder in Schwarz unten rechts: Beckmann / Boulder 49
The University of Michigan Museum of Art, Ann Arbor, Inv. Nr. 1950/1.159

Dieses eigentümlich spannungsvolle Selbstbildnis entstand am 27. August 1949 in Boulder, Colorado: „Morgens doch noch das letzte Selbstportrait fabriziert mit Seil", heißt es unter diesem Datum in Beckmanns Tagebuch. Das war der letzte Tag des Aufenthaltes in Boulder vor der Abfahrt nach New York, wo Beckmann eine Professur an der Brooklyn Museum Art School antreten sollte. Obwohl die Zeichnung dasselbe Format wie das *Selbstbildnis mit Fisch* (Kat. 102) vom 8. August besitzt und Beckmann gleichfalls in Halbfigur zeigt, könnte der Unterschied zu dem vorangehenden Selbstbildnis nicht größer sein. Statt furioser Pinselmalerei mit tiefen Schwärzen nun höchste Konzentration auf den in langen Zügen durchgeführten Umriß und eine ebenfalls sparsame Binnenzeichnung. Die für Beckmanns späte Zeichenkunst so charakteristischen schlingernden Schraffuren sind nur zart und zurückhaltend zur Modellierung von Kopf und Armen eingesetzt.

Beckmanns Gesicht erscheint glatt und gespannt. Gespanntheit – nicht nur der Körperhaltung und Oberfläche, sondern auch der inneren Verfassung – vermitteln der leicht geöffnete Mund mit der entblößten unteren Zahnreihe und der aus den Augenwinkeln auf den Betrachter gerichtete Blick. Die aus aufgerollten Ärmeln hervortretenden, betont kräftigen Arme und das Seil machen den Raum vor seinem Körper praktisch undurchdringlich. In den frühesten, noch zu Lebzeiten des Künstlers erschienenen Publikationen (auch noch in den meisten neueren) wird diese Zeichnung allerdings als *Selbstbildnis mit Angel* bezeichnet. Es besteht jedoch kein Anlaß, an der Notiz im Tagebuch und am Augenschein der geflochtenen Seilstruktur zu zweifeln, auch wenn sich von oben

ein Fädchen wie das Ende einer Angelschnur auf Beckmanns rechte Hand senkt.

Will man die Situation zunächst realistisch erklären, könnte man an das Halteseil im Aktsaal einer Kunstakademie denken. Ein das Seil auf ganz ähnliche Weise wie Beckmann fassendes männliches Modell hatte Beckmann 1944 in dem Gemälde *Akademie II* (G 676) gemalt. Insofern könnte die Zeichnung auf einer ersten Bedeutungsebene als Spiegelung der nun schon beendeten Episode seiner Lehrtätigkeit in Boulder sowie der Ängste und Erwartungen vor dem unmittelbar bevorstehenden letzten großen Aufbruch in seinem Leben aufgefaßt werden. Im Tagebuch notiert Beckmann an diesem Tag: „Neuen Leiden entgegen, das ist sicher (…). Wie ich dort meine ‚Eins'amkeit und verhältnismäßig sauberes Hemd behalten werde, ist mir schleierhaft – muß aber gehen. – Die große Linie des alten allein Leidens – hinter mir seit Herbst 32 – das sind 17 Jahre her – oh Gott. Längst ist meine Zeit abgelaufen und wird nur künstlich verlängert".

Die Spannung vor dem Sichaufschwingen hat auch Selz wahrgenommen, der Beckmann hier in der Rolle eines Zirkusakrobaten sieht. Mag die Deutung als Rollenporträt auch überpointiert sein, kann Beckmanns Ergreifen des in eine unbestimmte höhere Sphäre führenden Seils doch nicht nur als Hinweis auf den realen Ortswechsel, sondern auch seine Fühlungnahme mit transzendenten Regionen und sein Streben nach einer höheren Daseinsebene gelesen werden.

Literatur: College Art Journal, vol. IX, autumn 1949, number 1, S. 2. – New York 1949, Nr. 28, Abb. auf Umschlag. – Selz 1964. – Selz 1992, S. 96. – München 1984, Nr. 209

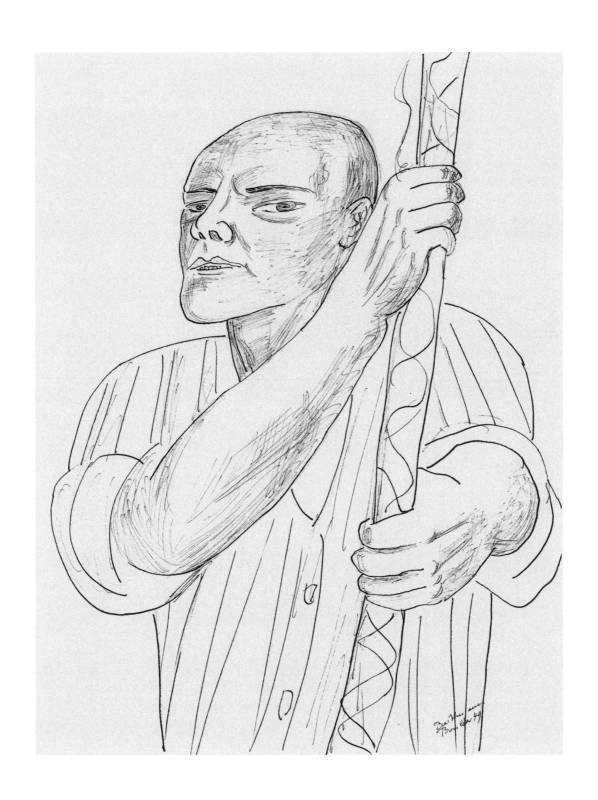

Selbstbildnis Carmel 1950

Kugelschreiber in Blauviolett auf Pergamentpapier, 250 x 203 mm
Bezeichnet in Kugelschreiber unten rechts: Beckmann / Carmel Juni 50
Das Profil ist ca. 200 mm weiter rechts in gegriffelter Form noch einmal wiederholt
Privatbesitz

Die Zeichnung entstand in Carmel, Kalifornien, wo Beckmann sich im Frühsommer 1950 erholte. Ein Blick in Beckmanns Tagebuch vom 20. Juni 1950 gibt uns einen Eindruck vom ‚Sitz im Leben‘ dieses Selbstbildnisses: „Selbstportrait gezeichnet und bis zum Abend am ziemlich milden Ozean. Toter Seehund war angetrieben und viel Untersee-Grünzeug. Abends neues und altes Testament. Altes Testament wirklich bedauerlich".

Die Zeichnung ist, soweit bekannt, Beckmanns letztes Selbstbildnis und einziges künstlerisches Zeugnis seines Aufenthaltes in Carmel. Mit dem gänzlich ‚unkünstlerischen‘ Zeichenmittel des Kugelschreibers — Feder und Tusche waren nicht zur Hand — umriß Beckmann sein Profil mit wenigen Linien von höchster Gespanntheit und evoka-tiver Kraft. Das Ergebnis besitzt die Prägnanz eines archaischen Münzbildes. Aus verengten Augen blickt der Künstler konzentriert ins Weite, als erschaue er die in Carmel wieder neu und tief erfahrene „Freiheit und Unendlichkeit in dem Meereshorizont" (Tagebücher, 4. Juli 1950). Im Gegensatz zu vorangegangenen Profilselbstbildnissen vermied Beckmann in der Kugelschreiberzeichnung jede übertreibende Stilisierung seiner Züge. Aus ihnen spricht gleichermaßen Vitalität und Altersmüdigkeit, Selbstbewußtsein und Melancholie.

Literatur: Bielefeld 1977, Nr. 219. – Erpel 1981, Umschlagrückseite. – München 1984, Nr. 206. – Erpel 1985, S. 98, Nr. 214

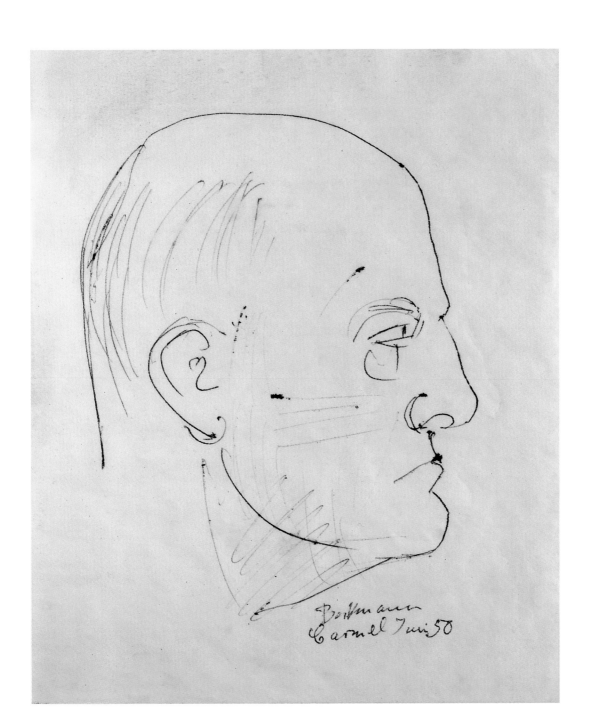

Beckmann
Carmel Juni 50

DAS LEBEN MAX BECKMANNS IN DATEN

Doppelbildnis 1909
Ölfarbe auf Leinwand
Galerie Moritzburg Halle

1884
12. Februar Geburt in Leipzig, Eltern: Bertha
Antonie und Carl Beckmann
Die Eltern stammen aus dem Braunschweigischen,
wo der Vater Müller war. In Leipzig betreibt er nun
eine Mühlenagentur

1895
Umzug nach Braunschweig, Tod des Vaters

1898/1900
Erstes druckgraphisches Blatt: *Der Stehkragen*

1899
Erstes Selbstbildnis als Gemälde

1900
Beginn des Studiums an der Kunstschule in
Weimar

1902
Bekanntschaft mit Minna Tube beim Studium

1903
Ende der Akademie-Zeit von Weimar, Reise nach
Paris
In den frühen Jahren hauptsächlich Landschafts-
gemälde

1906
Ehrenpreis des Deutschen Künstlerbundes für das
Gemälde *Junge Männer am Meer*
Ausstellung in der Berliner Secession
Heirat mit Minna Tube

1906/1907
Aufenthalt in Florenz, Villa Romana
Umzug ins eigene Atelierhaus im Norden von Berlin

1908
Geburt des Sohnes Peter

1909
Beginn des kontinuierlichen druckgraphischen
Schaffens

1912
Öffentliche Auseinandersetzung mit Franz Marc
Gemälde *Untergang der Titanic*

1913
Höhepunkt von Beckmanns Ruhm vor dem Kriege
Erste Beckmann-Monographie mit Werkverzeich-
nis von Hans Kaiser
In der Vorkriegszeit große vielfigurige Gemälde
nach traditionellen und zeitgenössischen Stoffen

1914
Mitbegründung der *Freien Secession*
Dient als freiwilliger Sanitätshelfer an der Ostfront
und zeichnet dort

1915
Freiwilliger Sanitätssoldat in Flandern
Nach einem Zusammenbruch kehrt der beurlaubte
Beckmann nicht mehr zur Familie zurück, sondern
schlägt sein Atelier bei Ugi und Fridel Battenberg
in Frankfurt am Main auf
Merklicher Stilwandel

1916
Gemälde *Auferstehung*
Briefe im Kriege

1918
Sechs Radierungen zu der Novellensammlung *Die
Fürstin* von Kasimir Edschmid

1918/1919
Gemälde *Die Nacht*

1919
Öffentliches Bekenntnis zur „transzendenten
Sachlichkeit"
Während der Kriegs- und Nachkriegszeit große
Bedeutung der Druckgraphik
Graphische Mappenwerke *Gesichter* und *Die Hölle*

1920
Beginnt eine Gruppe von Holzschnitten

1922
Berliner Reise (Mappe mit zehn Lithographien)

1924
Veröffentlichung seiner Komödie *Ebbi* mit Illustra-
tionen
Beckmann-Monographie von Curt Glaser u.a. bei
Piper

1925
Scheidung von Minna und Heirat mit Mathilde
von Kaulbach (Quappi)
Reisen nach Italien und Paris

Selbstbildnis auf gelbem Grund   1923
Ölfarbe auf Leinwand
The Museum of Modern Art, New York

Verstärkte Beschäftigung mit gnostischen, altindi-
schen und theosophischen Lehren
Annahme eines Rufes an die Kunstgewerbeschule
des Städel in Frankfurt am Main

1928
Höhepunkt von Beckmanns Ruhm in Deutschland,
u. a. Reichsehrenpreis Deutscher Kunst, Beckmann-Retrospektive in Mannheim

1929
Fourth Honorable Mention des Carnegie Institute
in Pittsburgh
Im Herbst Umzug nach Paris, wo Beckmann bis
1932 jeweils den überwiegenden Teil des Jahres
verbringt

1930
Heftiger Angriff von der nationalsozialistischen
Presse
Umfangreiche Ausstellung in Basel und Zürich

Selbstbildnis in der Bar 1942
Ölfarbe auf Leinwand
Privatbesitz

1932

Beckmann-Saal der Berliner Nationalgalerie im Kronprinzenpalais
In Frankfurt Hetzkampagne der Nationalsozialisten gegen Beckmann
Beginn des ersten Triptychons: *Abfahrt*

1933

Im Januar Umzug nach Berlin
Der Beckmann-Saal im Kronprinzenpalais wird aufgelöst
Im April fristlose Entlassung von der Städel-Schule
Nähere Bekanntschaft mit Stephan Lackner, der Beckmann in den folgenden Jahren durch Aufträge und Ankäufe unterstützt

1934

Zu Beckmanns fünfzigstem Geburtstag erscheint in Deutschland nur ein einziger Gratulationsartikel; der Verfasser ist Erhard Göpel

1935

Vollendung des Triptychons *Abfahrt*

1937

Im Juli Ausstellung *Entartete Kunst*. Nach der Rundfunkübertragung von Hitlers Rede zur Eröffnung der *Großen Deutschen Kunstausstellung* in München verläßt Beckmann Deutschland auf immer
Selbstgewähltes Exil in Amsterdam
Illustrationen zu Stephan Lackners Buch *Der Mensch ist kein Haustier*

1938

Anläßlich der Londoner Ausstellung *20th Century German Art* Vortrag *Über meine Malerei*
Zweitwohnung in Paris

1940

Mit dem Einmarsch deutscher Truppen in den Niederlanden zerschlagen sich Beckmanns Hoffnungen auf eine Auswanderung in die USA

1941/42

Illustriert im Auftrag Georg Hartmanns die *Apokalypse*

1943/44

Zeichnet im Auftrag Georg Hartmanns Illustrationen zu *Faust II*

1944

Höhepunkt der Notlage. Erkrankt an Lungenentzündung. Leidet unter Schlaflosigkeit und Angina Pectoris
Drohende Einberufung zum Kriegsdienst

1946

Erste Beckmann-Ausstellung nach dem Krieg in den USA, Buchholz Gallery, New York
Day and Dream (Mappe mit 15 Lithographien), verlegt von Curt Valentin in New York

1947

Reise für drei Wochen nach Nizza
Treffen mit Stephan Lackner in Paris
Überfahrt von Amsterdam nach New York

Ende September Antritt eines Lehrauftrages an der Art School der Washington University in Saint Louis

1948
Vortrag *Drei Briefe an eine Malerin* am Stephens College in Columbia, Missouri
Bis dahin größte Beckmann-Retrospektive in Saint Louis
Sommer in Amsterdam
Erhalt eines amerikanischen Einwanderungsvisums
Auflösung der Amsterdamer Wohnung
Rückkehr nach Saint Louis

1949
Im Januar Aufenthalt in New York
Sommerkurs in Boulder, Colorado
Ende August Umzug nach New York und Annahme einer Professur für Malen und Zeichnen an der Art School des Brooklyn Museum
Zweite Beckmann-Monographie, von Benno Reifenberg und Wilhelm Hausenstein, bei Piper

1950
Ehrendoktor der Philosophischen Fakultät der Washington University in Saint Louis
Sommerferien in Carmel, Kalifornien
Sommerkurs in Oakland, Kalifornien
26. Dezember: Vollendung des neunten Triptychons: *Argonauten*
27. Dezember: Tod in New York

Selbstbildnis mit Zigarette   1947
Ölfarbe auf Leinwand
Museum am Ostwall Dortmund

BIBLIOGRAPHIE

Beckmann-Bibliographien

Ingeborg Wiegand-Uhl, Kritische Bibliographie. In: Göpel 1976, Band II, S. 1-129

Felix Billeter / Alina Dobrzecki / Christian Lenz, Max Beckmann. Bibliographie 1971-1993, Hefte des Max Beckmann Archivs 1. München 1994

Schriften von Max Beckmann

Max Beckmann. Leben in Berlin. Tagebuch 1908/09. Hg. von H. Kinkel. München 1966 (2. Aufl. 1983)

Das Hotel. Drama in vier Akten (Typoskript verfaßt 1921). Hg. von G. U. Feller. München 1984

Ebbi. Komödie von Max Beckmann. Zweiter Druck der Johannes-Presse. Wien 1924

Max Beckmann. Frühe Tagebücher 1903/04 und 1912/13. Mit Erinnerungen von Minna Beckmann-Tube. Hg. von D. Schmidt. München/ Zürich 1985

Max Beckmann. Tagebücher 1940-1950. Zusammengestellt von M. Q. Beckmann, hg. von E. Göpel. München 1955

Max Beckmann. Tagebücher 1940-1950. Wie oben, mit einem Vorwort von F. W. Fischer. München/Wien 1979

Aufsätze und Vorträge 1984
Max Beckmann. Die Realität der Träume in den Bildern. Aufsätze und Vorträge. Aus Tagebüchern, Briefen, Gesprächen 1903-1950. Hg. von R. Pillep. Leipzig 1984 (2. Aufl. 1987)

Schriften und Gespräche 1990
Max Beckmann. Die Realität der Träume in den Bildern. Schriften und Gespräche 1911 bis 1950. Hg. von R. Pillep. München/Zürich 1990

Max Beckmann Briefe I–III
Klaus Gallwitz / Uwe M. Schneede / Stephan von Wiese (Hg.) unter Mitarbeit von Barbara Golz
Band I: 1899-1925. Bearbeitet von U. M. Schneede. München/Zürich 1993
Band II: 1925-1937. Bearbeitet von S. von Wiese. München/Zürich 1994
Band III: 1937-1950. Bearbeitet von K. Gallwitz unter Mitarbeit von U. Harter. München/Zürich 1996

Max Beckmann. Self-Portrait in Words. Collected Writings and Statements, 1903-1950. Hg. von B. Copeland-Buenger. Chicago/London 1997

Werkverzeichnisse

Göpel 1976 = G
Erhard und Barbara Göpel, Max Beckmann. Katalog der Gemälde, 2 Bände. Bern 1976

Wiese 1978 = W
Stephan von Wiese, Max Beckmanns zeichnerisches Werk 1903-1925. Düsseldorf 1978

Hofmaier 1990 = H
James Hofmaier, Max Beckmann. Catalogue raisonné of his Prints, 2 Bände. Bern 1990

Literatur

Arndt 1981
Karl Arndt, Max Beckmann: Selbstbildnis mit Plastik. Stichworte zur Interpretation. In: Ars Auro Prior. Studia Ioanni Białostocki sexagenario dedicata. Warschau 1981, S. 719-728

Arndt 1996
Karl Arndt, Familie im Werk Max Beckmanns. In: Familienbindung als Schicksal. Wandlungen eines Motivbereichs in der neueren Literatur. Bericht über Kolloquien der Kommission für literaturwissenschaftliche Motiv- und Themenforschung 1991-1994. Hg. von T. Wolters. Göttingen 1996, S. 286-342

Beall 1970
Karen F. Beall, Max Beckmann – Day and Dream. In: The Quarterly Journal of the Library of Congress 27, 1970, Nr. 1, S. 2-19

M. Q. Beckmann 1980
Mathilde Q. Beckmann, Mein Leben mit Max Beckmann. München/Zürich 1980 (2. Aufl. 1985)

P. Beckmann 1951
Peter Beckmann, Spiegel und Gleichnis. Das Fenster bleibt offen. Kurzbiographie eines Malers. In: Die Besinnung 6, 1951, S. 149-158

P. Beckmann 1955
Peter Beckmann, Max Beckmann. Nürnberg 1955

P. Beckmann 1977
Peter Beckmann, Schwarz auf Weiss. Max Beckmann. Wege zur Wirklichkeit. Stuttgart/Zürich 1977

P. Beckmann 1981
Peter Beckmann, Graphik als Selbstprüfung. Zum graphischen Werk Max Beckmanns. In: AK Esslingen 1981, S. 5-10

P. Beckmann 1982
Peter Beckmann, Max Beckmann. Leben und Werk. Stuttgart/Zürich 1982

P. Beckmann 1984a
Peter Beckmann, Beckmanns Weg in seine Freiheit. In: AK München 1984, S. 11–14

P. Beckmann 1984b
Peter Beckmann, Illustrationen zur Apokalypse und ihre Symbole. In: Bildende Kunst 3, 1984, S. 103–106

P. Beckmann 1984c
Peter Beckmann, Max Beckmann in seinen Illustrationen und seine Symbolwelt am Beispiel der Illustrationen zur Apokalypse. In: Symposium 1984, S. 37–47

P. Beckmann/Marquardt 1989
Apokalypse. Die Offenbarung Sankt Johannis in der Übertragung von Martin Luther. Mit 27 Steinzeichnungen von Max Beckmann. Hg. von P. Beckmann und H. Marquardt. Leipzig 1989

P. Beckmann/Schaffer 1992
Peter Beckmann und Joachim Schaffer, Die Bibliothek Max Beckmanns. Unterstreichungen, Kommentare, Notizen und Skizzen in seinen Büchern. Worms 1992

Belting 1984
Hans Belting, Max Beckmann. Die Tradition als Problem in der Kunst der Moderne. München 1984

Beutler 1956
Ernst Beutler, Beckmanns Illustrationen zum Faust. 1956. In: Blick auf Beckmann 1962, S. 155–173

Billeter 2000
Felix Billeter, Max Beckmann und Günther Franke. AK München 2000a

Blick auf Beckmann 1962
Blick auf Beckmann. Dokumente und Vorträge, Erläuterungen und Anmerkungen. Hg. von H. M. Frhr. von Erffa und E. Göpel. Schriften der Max Beckmann Gesellschaft II. München 1962

Buchheim 1954
Lothar-Günther Buchheim, Max Beckmann. Holzschnitte, Radierungen, Lithographien. Feldafing 1954

Buchheim 1959
Lothar-Günther Buchheim, Max Beckmann. Feldafing 1959

Buck 1993
Matthias Buck, Der erneuerte Mythos. Zu einigen

Selbstbildnissen Max Beckmanns. In: AK Hamburg/München 1993, S. 29–36

Buenger 1989
Barbara C. Buenger, Max Beckmann's Ideologues: Some Forgotten Faces. In: The Art Bulletin 71, 1989, Nr. 3, S. 453–479

Busch 1960
Günter Busch, Max Beckmann. Eine Einführung. München 1960 (Überarbeitete Neuauflage München/ Zürich 1989)

Busch 1984
Günter Busch, Einige Bemerkungen zu Beckmanns Selbstbildnissen. In: AK Bremen 1984, o. Seitenangabe

Busch 1989
Max Beckmann. Eine Einführung. München/Zürich 1989

Colloquium 1984
Max Beckmann Colloquium Leipzig 1984. 6. Jahrestagung der Sektion Kunstwissenschaft des Verbandes Bildender Künstler der DDR. Bearbeitetes Protokoll. Berlin 1985

Cordan 1945
Wolfgang Cordan, Stunden einer Stadt. In: Centaur 1, 1945/46, S. 144

Deussen 1922
Paul Deussen, Vedânta und Platonismus im Lichte der Kantischen Philosophie. 2. Aufl. Berlin 1922

Döring 1996
Thomas Döring, Die Sammlung „Künstler sehen sich selbst – Graphische Selbstbildnisse des 20. Jahrhunderts". In: Braunschweiger Skizzen. Impressionen Bildender Kunst in Braunschweig. Braunschweig 1996

Döring 1997
Thomas Döring, Katalogbearbeitung der Werke von Max Beckmann. In: AK Braunschweig 1997, S. 112–129

Dückers 1983
Alexander Dückers, Die Hölle, 1919. In: AK Berlin 1983, S. 55–109

Eberle 1984
Matthias Eberle, Max Beckmann. Die Nacht. Passion ohne Erlösung. Frankfurt a.M. 1984

Ehrsam 1987
Thomas Ehrsam, „Das unsagbar Vagabundenhafte, Unverantwortliche des Daseins". Zu Stephan Lackners

Drama „Der Mensch ist kein Haustier". In: NZZ,
19./20. Dezember 1987, S. 67

Erpel 1981
Fritz Erpel, Max Beckmann. Berlin 1981

Erpel 1984
Fritz Erpel, Selbstporträt und Selbstverantwortung. Zu
Beckmanns Selbstdarstellung um 1927. In: Bildende
Kunst 3, 1984, S. 110–116

Erpel 1985
Fritz Erpel, Max Beckmann. Leben im Werk. Die
Selbstbildnisse. Berlin 1985

Feller 1984
Gert Udo Feller, Max Beckmanns Dramen „Ebbi" und
„Das Hotel". In: Ebbi. Gerlingen 1984

Fischer 1972a
Friedhelm W. Fischer, Max Beckmann. Symbol und
Weltbild. München 1972

Fischer 1972b
Friedhelm W. Fischer, Der Maler Max Beckmann. Köln
1972

Fischer 1976
Friedhelm W. Fischer, Themenwahl und Bildwelt in
Beckmanns Druckgraphik. In: AK Zürich 1976,
S. 15–26

O. Fischer 1932
Otto Fischer, Radierungen und Holzschnitte von Max
Beckmann. In: Die Graphischen Künste 55, 1932,
S. 37–44

Franke 1967
Günther Franke, Über die Druckplatten Max Beckmanns. In: AK München 1967, o. Seitenangabe

Franzke 1987
Andreas Franzke, Max Beckmann. Skulpturen.
München/Zürich 1987

Gärtner 1985
Ulrike C. Gärtner, Die wenig beachteten Lieblings-
kinder. Apokalypsefolgen im 20. Jahrhundert. In: AK
Ludwigshafen 1985, S. 163–166

Gallwitz 1962
Klaus Gallwitz, Max Beckmann. Die Druckgraphik.
(= AK Karlsruhe 1962)

Gallwitz 1984
Klaus Gallwitz, Max Beckmann in Frankfurt. Hg. von
K. Gallwitz. Frankfurt a. M. 1984

Glaser u.a. 1924
Curt Glaser / Julius Meier-Graefe / Wilhelm Fraenger /
Wilhelm Hausenstein, Max Beckmann. München 1924

Göpel 1954a
Erhard Göpel, Der Zeichner Max Beckmann. Anläßlich
einer Ausstellung in der Graphischen Sammlung, München. In: Kunstchronik 7, 1954, S. 91–93

Göpel 1954b
Erhard Göpel, Max Beckmann der Zeichner. München
1954 (2. Aufl. 1958)

Göpel 1955
Erhard Göpel, Max Beckmann in seinen späten Jahren.
München 1955

Göpel 1962
Erhard Göpel, Max Beckmann und Wilhelm R. Valentiner. In: Blick auf Beckmann 1962, S. 90–94, 245–246

Göpel 1984
Erhard Göpel, Max Beckmann. Berichte eines Augen-
zeugen. Hg. von B. Göpel, Nachwort von G. Busch.
Frankfurt a. M. 1984

Göres / Fischer 1975
Johann Wolfgang Goethe. Faust. Zweiter Teil. Mit Federzeichnungen von Max Beckmann. Nachwort zum
Text von J. Göres und zu den Zeichnungen von F. Fischer. Frankfurt a. M. 1975

Goergen 1955
Aloys Goergen, Beckmann und die Apokalypse. Ver-
such einer theologischen Deutung. 1955. In: Blick auf
Beckmann 1962, S. 9–21

Goethe, Faust II o. J.
Max Beckmann. Zeichnungen zu Goethes Faust II. Der
Goldene Brunnen. Hausverlag der Bauerschen Gieße-
rei. Frankfurt a. M. o.J.

Goethe, Faust II 1970
Johann Wolfgang Goethe, Faust. Der Tragödie zweiter
Teil mit 143 Federzeichnungen von Max Beckmann.
München 1970

Güse 1977
Ernst-Gerhard Güse, Das Frühwerk Max Beckmanns.
Zur Thematik seiner Bilder aus den Jahren
1904–1914. Diss. Frankfurt a. M./ Bern 1977

Haldner 1984
Bruno Haldner, Max Beckmann schwarz auf weiß. In:
AK Zürich 1984, S. 30–41

Harter 1998
Ursula Harter, Selbstportraits. In: AK Hannover 1998,
S. 10–23

Hartlaub 1947
Gustav Friedrich Hartlaub, Die Graphik des Expressionismus in Deutschland. Stuttgart/Calw 1947

Hoesch 1984
Lienhard Hoesch, Max Beckmanns Gesichter – Aneig-
nung durch schaffende Betrachtung. In: AK Zürich
1984, S. 42–44

Hoffmann-Schott 1984
Gisela Hoffmann-Schott, Erinnerungen einer Frankfurter Familie an Max Beckmann. In: Gallwitz 1984, S.
142–143

Hofmaier 1984
James Hofmaier, Max Beckmann als Graphiker. In: AK
Köln 1984, S. 139–160

Jähner 1984
Horst Jähner, Beckmann und das Signal der Auferste-
hung. Aspekte des Schaffens im Zeichen von Krieg und
Revolution. In: Colloquium 1984, S. 42–55

Jannasch 1969
Adolf Jannasch, Max Beckmann als Illustrator. Neu-
Isenburg 1969

Jedlicka 1959
Gotthard Jedlicka, Max Beckmann in seinen Selbstbildnissen. 1959. In: Blick auf Beckmann 1962, S. 111–131

Joachim 1964
Harold Joachim, Beckmann's Prints. In: AK New York
1964, S. 113–121

Kinkel 1962
Hans Kinkel, Beckmann und die Folgen. Kritische
Anmerkungen zu einem Unternehmen des Badischen
Kunstvereins Karlsruhe. In: NZZ, 5./6. Okt. 1962, S. 25

Kinkel 1990
Hans Kinkel, Rezension zu James Hofmaier, Max Beckmann. Catalogue raisonné of his Prints, 2 Bände. Bern
1990. In: FAZ, 21. Juli 1990, S. 27–28

Lackner 1967
Stephan Lackner, Ich erinnere mich gut an Max Beckmann. Mainz 1967

Lackner 1978
Stephan Lackner, Max Beckmann. Köln 1978

Lackner 1983
Stephan Lackner, Max Beckmann. München 1983

Lackner 1988
Stephan Lackner, Selbstbildnis mit Feder: Ein Tage-
und Lesebuch. Erinnerungen. Berlin 1988

Leinz 1984
Gottlieb Leinz, „Der Morgen" von Max Beckmann. In:
AK Köln 1984, S. 59–77

Lenz 1973
Christian Lenz, Max Beckmanns „Synagoge". In:
Städel Jahrbuch N.F. 4, 1973, S. 299–320

Lenz 1974
Christian Lenz, Max Beckmann – „Das Martyrium".
In: Jahrbuch der Berliner Museen N.F. 16, 1974,
S. 185–210

Lenz 1982
Christian Lenz, Die Zeichnungen Max Beckmanns
zum Faust. In: Goethe in der Kunst des 20. Jahrhunderts. AK Bonn – Bad Godesberg Wissenschaftszentrum. Frankfurt am Main 1982, S. 82–114

Lenz 1984
Christian Lenz, Max Beckmann als Graphiker. In: AK
Esslingen 1984, S. 9–15

Lenz 1988
Christian Lenz, Beckmanns Radierung „Die Kriegserklärung". In: Akte Hrdlicka. Texte und Bilder zum
sechzigsten Geburtstag des Bildhauers Alfred
Hrdlicka. Hg. von U. Jenni und Th. Scheufele. Gräfel-
fing 1988, S. 143–145

Lenz 1993
Christian Lenz, Apokalypse 1941–1942. In: AK
München 1993, S. 178–208

Lenz 1994
Christian Lenz, „Reise auf dem Fisch". Zu einem
Gemälde von Max Beckmann. In: NZZ, 5./6. März
1994, S. 65–66

Lenz 1996
Christian Lenz, Kirchner – Meidner – Beckmann.
Drei deutsche Künstler im Ersten Weltkrieg. In:
Schriften des Historischen Kollegs, Kolloquien 34:
Kultur und Krieg. Die Rolle der Intellektuellen,
Künstler und Schriftsteller im Ersten Weltkrieg. Hg.
von W. J. Mommsen, München 1996, S. 171–178

Lenz 1999a
Christian Lenz, Das Verhältnis von Max Beckmann zu
Edvard Munch. In: AK Chemnitz 1999, S. 293–299

Lenz 1999b
Christian Lenz, Max Beckmanns Illustrationen zu Fan-
ferlieschen Schönefüßchen von Clemens Brentano. In:
Bild und Schrift in der Romantik. Hg. von G. Neumann
und G. Oesterle. Stiftung für Romantikforschung VI.
Würzburg 1999, S. 447–462

Lenz 2000a
Christian Lenz, Max Beckmann und die Alten Meister.
„Eine ganz nette Reihe von Freunden". Heidelberg
2000

Lenz 2000b
Christian Lenz, „Sonderbare Affinität der Zustände".
In: AK München 2000b, S. 9–44

Maur 1994
Karin von Maur, „Reise auf dem Fisch". Eine Erwide-
rung. In: NZZ, 16. April 1994, S. 35

Myers 1957
Bernard S. Myers, Malerei des Expressionismus. Köln
1957

Nahrwold 2000
Regine Nahrwold, Künstler sehen sich selbst. Graphische Selbstbildnisse des 20. Jahrhunderts. Bestands-
verzeichnis der Sammlung – im Miteigentum des
Braunschweigischen Vereinigten Kloster- und Studienfonds. Sammlungskataloge des Herzog Anton Ulrich-
Museums Braunschweig, Bd. VIII. Braunschweig 2000

Nobis 1983
Norbert Nobis, Day and Dream. In: AK Hannover 1983,
S. 258

O'Brien-Twohig 1984
Sarah O'Brien-Twohig, Die Hölle der Großstadt. In: AK
München 1984, S. 93–111

Perels 1989
Christoph Perels, Max Beckmanns Zeichnungen zu
Goethes Faust – Zweiter Teil. In: Faust through Four
Centuries. Retrospect and Analysis. Hg. von P. Boerner.
Tübingen 1989

Pillep 1989
Rudolf Pillep, Max Beckmann. Drei graphische Folgen.
Leipzig 1989

Piper 1950
Reinhard Piper, Nachmittag. Erinnerungen eines
Verlegers. München 1950

Poeschke 1984
Joachim Poeschke, Max Beckmann in seinen Selbstbildnissen. Esslingen 1984

Rathbone 1994
Perry T. Rathbone, Max Beckmann in Amerika.
Persönliche Erinnerungen. In: AK Stuttgart 1994,
S. 39–46

Reifenberg / Hausenstein 1949
Benno Reifenberg / Wilhelm Hausenstein, Max Beckmann. Stuttgart 1949

Reifenberg 1954
Benno Reifenberg, Der Zeichner Max Beckmann.
1954. In: Blick auf Beckmann 1962, S. 140–153

Reimertz 1995
Stephan Reimertz, Max Beckmann. Reinbek bei Hamburg 1995

Reimertz 1996
Stephan Reimertz, Max Beckmann und Minna Tube.
Eine Liebe im Porträt. Berlin 1996

Schiff 1980
Gert Schiff, The Nine Finished Triptychs of Max Beck-
mann: Marginalia for Their Interpretation. In: AK
London 1980, S. 13-21

Schmidt 1920
Paul Ferdinand Schmidt, Max Beckmanns „Hölle". In:
Der Cicerone 12, 1920, S. 841–847

Schmidt 1923
Paul Ferdinand Schmidt, Neue Graphik von Max Beck-
mann. In: Jahrbuch der Jungen Kunst 4, 1923,
S. 411–416

Schneede 1992
Uwe M. Schneede, Max Beckmann in der Hamburger
Kunsthalle. Stuttgart 1992

Schubert 1985
Dietrich Schubert, Max Beckmann. Auferstehung und
Erscheinung der Toten. Worms 1985

Schulz-Hoffmann 1991
Carla Schulz-Hoffmann, Max Beckmann „Der Maler".
München 1991

Selz 1957
Peter Selz, German Expressionist Painting.
Berkeley/Los Angeles 1957

Selz 1964
Peter Selz, Max Beckmann. In: AK New York 1964,
S. 9–104

Selz 1992
Peter Selz, Max Beckmann. The Self-Portraits. New
York 1992

Smitmans 1988
Adolf Smitmans, Max Beckmanns Bilder zur Johannes-
apokalypse. In: AK Albstadt 1988, S. 11–75

Soiné 1984
Knut Soiné, Das Mann-Frau-Verhältnis und das Fisch-
Symbol. Zur Ikonographie Max Beckmanns und Bezüge
zur zeitgenössischen Kunst. In: Kritische Berichte 12,
1984, Heft 4, S. 42–67

Spieler 1994
Reinhard Spieler, Max Beckmann. Der Weg zum Mythos.
Köln 1994

Spieler 1998
Reinhard Spieler, Bildwelt und Weltbild in den Tripty-
chen. Köln 1998

Stolzenburg 1998
Andreas Stolzenburg, „Meine Kunst kriegt hier zu fres-
sen". Max Beckmann im Ersten Weltkrieg (1914/15).
In: AK Leipzig 1998, S. 16–39

Symposium 1984
Max Beckmann Symposium. 15. und 16. Mai 1984 veranstaltet von der Josef-Haubrich-Kunsthalle Köln. Hg.
von S. Gohr. Köln 1987

Trier 1956
Eduard Trier, Zeichner des XX. Jahrhunderts. Berlin
1956

Ueding 1983
Gert Ueding, „Die Wilden und die Vernünftigen". Hin-
weis auf ein vergessenes Drama. In: Drama und Thea-
ter im 20. Jahrhundert. Festschrift für Walter Hinck.
Hg. von H. D. Irmscher und W. Keller. Göttingen 1983,
S. 242–251

Wagner 1987
Ernst Wagner, Max Beckmann. Die Illustrationen zur
Apokalypse 1941–44. In: Symposium 1984, S. 97–123

Wagner 1999
Ernst Wagner, Max Beckmann – Apokalypse. Theorie
und Praxis im Spätwerk. Berlin 1999 (= Diss. München)

Walden-Awodu 1995
Dagmar Walden-Awodu, „Geburt" und „Tod". Max
Beckmann im Amsterdamer Exil. Eine Untersuchung
zur Entstehungsgeschichte seines Spätwerks. Worms
1995 (= Diss. München)

Wankmüller/Zeise 1982
Rike Wankmüller/Erika Zeise, Zu einigen Faust-Illu-
strationen von Max Beckmann. In: Münchner Jahrbuch
der Bildenden Kunst, 3. Folge, Band 33, 1982,
S. 173–186

Wankmüller/Zeise 1984
Rike Wankmüller/Erika Zeise, In Deinem Nichts hoff
ich das All zu finden. Max Beckmann. Illustrationen zu
Faust II. Federzeichnungen – Bleistiftskizzen. Mün-
chen/Münster 1984

Westheider 1995
Ortrud Westheider, Die Farbe Schwarz in der Malerei
Max Beckmanns. Berlin 1995

Wiese 1983
Stephan von Wiese, Die Welt – ein Inferno. Bemerkun-
gen zu Max Beckmanns lithographischem Zyklus „Die
Hölle". In: AK Frankfurt 1983, S. 29–36

Wiese 1984
Stephan von Wiese, „Somnambulismus und Bewußtseinshelle". Zu Max Beckmanns „Auferstehung"
(1916/18). In: Symposium 1984, S. 79–95

Wiese 2000
Stephan von Wiese, Max Beckmanns Apokalypse,
1941/1942, zwischen Aktualität und Tradition. In: Max
Beckmann. Vorträge 1996 – 1998. Hefte des Max
Beckmann Archivs 3. Hg. von Ch. Lenz. München
1998, S. 63–78

Zeiller 1998
Christiane Zeiller, Minnas Leben. In: AK München
1998, S. 31–46

Ausstellungs- und Auktionskataloge

Albstadt 1988
Städtische Galerie: Max Beckmann: Apokalypse. Mit
Beiträgen von P. Beckmann und A. Smitmans. Albstadt
1988

Albstadt 1994
Städtische Galerie: Max Beckmann. Weltbild und Existenz. Druckgraphik. Mit Beiträgen von A. Smitmans, M. Buck und A. Peters. Albstadt 1994

Bad Nauheim 1946
Ausstellungssaal Banger: Max Beckmann. Graphik. Mit einem Beitrag von W. Menne. Bad Nauheim 1946

Berlin 1983
Staatliche Museen Preußischer Kulturbesitz, Kupferstichkabinett: Max Beckmann. Die Hölle, 1919. Text und Katalogbearbeitung von A. Dückers. Berlin 1983

Berlin 1984
Nationalgalerie, Kupferstichkabinett und Sammlung der Zeichnungen: Max Beckmann 1884–1950. Gemälde, Zeichnungen, Grafik. Katalogbearbeitung von E. Blume. Berlin 1984

Bielefeld 1975
Kunsthalle: Max Beckmann. Katalogbearbeitung von U. Weisner und R. Jörn, 2 Bände. Bielefeld 1975 und 1976

Bielefeld 1977
Kunsthalle: Max Beckmann. Aquarelle und Zeichnungen 1903 bis 1950. Katalogbearbeitung von U. Weisner. Bielefeld 1977

Bielefeld 1982
Kunsthalle: Max Beckmann. Die frühen Bilder. Hg. von U. Weisner und K. Gallwitz. Bielefeld 1982 (= AK Frankfurt 1982)

Bilbao 1997
Fundaciòn Bilbao Bizkaia Kutxa: Max Beckmann. El Apocalipsis. Hg. von K. de Barañano. Bilbao 1997

Bonn-Bad Godesberg 1982
Wissenschaftszentrum: Goethe in der Kunst des 20. Jahrhunderts. Ausstellung zum 150. Todestag von Johann Wolfgang von Goethe veranstaltet vom Freien Deutschen Hochstift – Frankfurter Goethe-Museum... Frankfurt am Main 1982 (=AK Frankfurt, Düsseldorf)

Bozen 1990
Museum für Moderne Kunst: Illustrierte Bücher des deutschen Expressionismus. Hg. u. bearbeitet von R. Jentsch. Bozen 1990

Braunschweig 1964
Kunstverein: Deutscher Holzschnitt im 20. Jahrhundert. Braunschweig 1964

Braunschweig 1976
Städtisches Museum: Künstler sehen sich selbst. Graphische Selbstbildnisse unseres Jahrhunderts. Privatsammlung. Mit einem Beitrag von H. Mersmann. Braunschweig 1976

Braunschweig 1989
Herzog Anton Ulrich-Museum: Erwerbungen aus zwei Jahrzehnten. Zeichnungen und Druckgraphik des 20. Jahrhunderts. Bearbeitet von S. Hänsel. Braunschweig 1989

Braunschweig 1993
Kunstverein Braunschweig / Kunstmuseum Heidenheim: „Das Sein in alle Weiten drängen". Druckgraphik des Expressionismus. Braunschweig 1993

Braunschweig 1995
Herzog Anton Ulrich-Museum: Tendenzen der Nachkriegszeit. Graphik in Deutschland 1945–1955. Bearbeitet von Th. Döring. Begleitheft zur Ausst. im Kupferstichkabinett, Herzog Anton Ulrich-Museum Braunschweig. Braunschweig 1995

Braunschweig 1997
Herzog Anton Ulrich-Museum: Ansichten vom Ich. 100 ausgewählte Blätter der Sammlung „Künstler sehen sich selbst – Graphische Selbstbildnisse des 20. Jahrhunderts" im Herzog Anton Ulrich-Museum Braunschweig. Katalogbearbeitung von Th. Döring, S. Gatenbröcker, R. Nahrwold u.a. Braunschweig 1997

Bremen 1966
Kunsthalle: Gemälde und Aquarelle aus der Sammlung Stephan Lackner, USA. Gemälde, Handzeichnungen und Druckgraphik aus dem Besitz der Kunsthalle Bremen. Katalogbearbeitung H. Bock und J. H. Müller. Bremen 1966

Bremen 1974
Kunsthalle: Max Beckmann in der Sammlung Piper. Handzeichnungen, Druckgraphik, Dokumente 1910–1923. Katalogbearbeitung von A. Röver und B. Schnackenburg. Bremen 1974

Bremen 1984
Kunsthalle: Max Beckmann. Seine Themen – seine Zeit. Zum 100. Geburtstag des Künstlers. Hg. von G. Busch. Bremen 1984

Castello 1985
Pinacoteca communale: Max Beckmann. Opere grafiche 1911–1925. A cura di E. Blume. Castello 1985

Chemnitz 1999
Kunstsammlungen: Edvard Munch in Chemnitz.
Hg. von I. Mössinger, B. Ritter, K. Drechsel. Chemnitz
1999

Düsseldorf 1997
Kunstsammlung Nordrhein-Westfalen: Max Beckmann.
Die Nacht. Hg. von A. Kruszynski. Düsseldorf 1997

Emden 1999
Kunsthalle: Max Beckmann sieht Quappi. Mit einem
Text von N. Ohlsen. Emden 1999

Esslingen 1981
Kunstgalerie: Max Beckmann. Radierungen, Lithographien, Holzschnitte. Hg. von R. Jentsch. Esslingen
1981

Esslingen 1984
Galerie der Stadt Esslingen, Villa Merkel: Max Beck-
mann. Graphik. Zum 100. Geburtstag. Bearbeitet von
Ch. Lenz. Esslingen 1984

Frankfurt 1955
Frankfurter Kunstkabinett Hanna Bekker vom Rath:
Max Beckmann. Mit einem Beitrag von B. Reifenberg.
Frankfurt a. M. 1955

Frankfurt/Hamburg 1965
Frankfurter Kunstverein / Kunstverein in Hamburg:
Max Beckmann. Gemälde, Aquarelle, Zeichnungen. Be-
arbeitet von S. und E. Rathke, H. Platte und E. Göpel.
Hamburg 1965

Frankfurt 1983
Städtische Galerie im Städelschen Kunstinstitut: Max
Beckmann. Frankfurt 1915–1933. Eine Ausstellung
zum 100. Geburtstag. Hg. von K. Gallwitz. Mit Texten
von M. Beckmann und Dokumenten zu seinem Aufenthalt in Frankfurt. Frankfurt a. M. 1983

Frankfurt 1988
Städtische Galerie im Städelschen Kunstinstitut: „Die
Synagoge" von Max Beckmann. Wirklichkeit und Sinn-
bild. Eine Kabinettausstellung des Pädagogischen
Dienstes zum 50. Jahrestag der Pogromnacht. Hg. von
K. Gallwitz, Katalogbearbeitung von S. Kujer. Frankfurt
a. M. 1988

Frankfurt 1990
Städtische Galerie im Städelschen Kunstinstitut: Hinter
der Bühne, Backstage. Max Beckmann 1950. Eine Neu-
erwerbung der Städtischen Galerie im Städelschen
Kunstinstitut. Ausstellung und Katalog von M. Stuffmann und M. Sonnabend. Frankfurt a. M. 1990

Freiburg 1972
F.A. Morat: Max Beckmann. Druckgraphik. Freiburg
i.Br. 1972

Hamburg 1979
Kunstverein in Hamburg: Der Zeichner und Grafiker
Max Beckmann. Katalogbearbeitung von U. M. Schnee-
de. Hamburg 1979

Hamburg 1984
Hamburger Kunsthalle: Zum 100. Geburtstag. Max
Beckmann. Berliner Reise. Text von W. Hofmann.
Hamburg 1984

Hamburg/München 1993
Hamburger Kunsthalle: Max Beckmann. Selbstbildnisse. Ausstellung und Katalog: U. M. Schneede, D. Han-
sen, C. Schulz-Hoffmann, H. Kronthaler. Stuttgart
1993

Hannover 1971
Galerie Rosenbach (Katalog 9): Kunst des 20. Jahrhunderts, Hannover 1971

Hannover 1983
Kunstsammlung Hannover mit Sammlung Sprengel:
Max Beckmann – Werke aus der Sammlung des Kunst-
museums Hannover mit Sammlung Sprengel. Verzeichnis der Bestände. Katalogbearbeitung von J. Büchner
u.a. Hannover 1983

Hannover 1998
Sprengel Museum: Circus Beckmann. Werke aus dem
Sprengel Museum Hannover, der Sammlung Ahlers
und internationalen Sammlungen. Katalogbearbeitung
von D. Elger. Hannover 1998

Hannover 1999
Sprengel Museum, Graphische Sammlung: Max Beck-
mann. Druckgraphik. Verzeichnis der Bestände des
Sprengel Museum Hannover, Text von N. Nobis.
Hannover 1999

Heidenheim 1998
Kunstmuseum: Max Beckmann. Das graphische Werk
1911–1946. Einführung von P. Selz. Hg. von A. Vogel
in Zusammenarbeit mit Serge Sabarsky, Inc.

Innsbruck 1976
Galerie im Taxispalais: Max Beckmann 1884–1950.
Graphik. Katalogbearbeitung von P. Weiermair. Inns-
bruck 1976

Kaiserslautern 1956
Pfälzische Landesgewerbeanstalt: Max Beckmann

1884–1950. Mit Beiträgen von E. Göpel und C.M. Kiesel (= AK Trier 1957)

Karl & Faber 1981
Karl & Faber, 29./30. Juni 1981: Sammlung Reinhard Piper (1879–1953). In: Auktion 156: Aquarelle, Zeichnungen und Graphik des 20. Jahrhunderts. München 1981

Karlsruhe 1962
Badischer Kunstverein: Max Beckmann. Die Druckgraphik. Hg. von K. Gallwitz. Karlsruhe 1962

Karlsruhe 1963
Badischer Kunstverein: Max Beckmann. Das Portrait. Gemälde, Aquarelle, Zeichnungen. Hg. von K. Gallwitz. Karlsruhe 1963

Köln 1955
Galerie Theo Hill: Max Beckmann. Zeichnungen und Aquarelle aus den Jahren 1902–1950. Köln 1955

Köln 1984
Josef-Haubrich-Kunsthalle: Max Beckmann. Hg. von S. Gohr. Köln 1984

Kornfeld 2000
Galerie Kornfeld, 23. Juni 2000: Hommage an Beckmann. Eine Privatsammlung. Auktion 225. Bern 2000

Lausanne 1985
Musée cantonal des Beaux-Arts, Lausanne / Württembergischer Kunstverein, Stuttgart: Das Selbstportrait im Zeitalter der Photographie. Maler und Photographen im Dialog mit sich selbst. Hg. von E. Billeter. Bern 1985 (= AK Stuttgart 1985)

Leipzig 1984
Museum der bildenden Künste: Max Beckmann. Graphik, Malerei, Zeichnung. Ausstellung zum 100. Geburtstag. Katalogbearbeitung von K.-H. Mehnert, E. Blume, A. Hüneke und U. Wahlert. Leipzig 1984

Leipzig 1998
Museum der bildenden Künste: Max Beckmann. Zeichnungen aus dem Nachlaß Mathilde Q. Beckmann. Hg. von H. Guratzsch. Leipzig 1998

Leverkusen 1982
Erholungshaus Bayer: Max Beckmann. Skulpturen, Aquarelle, Zeichnungen, Mappenwerke, Probedrucke. Leverkusen 1982

London 1965
Tate Gallery. Arts Council: Max Beckmann 1884–1950. Paintings, drawings and graphic work. Bearbeitet von

G. White und J. Willet. London 1965

London 1980
Whitechapel Art Gallery: Max Beckmann. The Triptychs. Mit Beiträgen von G. Schiff, S. Lackner u.a. London 1980

Ludwigshafen 1985
Wilhelm-Hack-Museum: Apokalypse. Ein Prinzip Hoffnung? Ernst Bloch zum 100. Geburtstag. Hg. von R.W. Gassen und B. Holeczek. Heidelberg 1985

München 1951
Haus der Kunst: Internationale Kunstausstellungen München 1951, Max Beckmann zum Gedächtnis 1884–1950

München 1967
Galerie Günther Franke: Max Beckmann. Druckgraphik 1911–1928. München 1967

München 1968
siehe: Paris 1968

München 1975
Galerie Günther Franke: Max Beckmann. 180 Zeichnungen und Aquarelle aus deutschem und amerikanischem Besitz. Mit Anmerkung von G. Franke. München 1975

München 1984
Bayerische Staatsgemäldesammlungen und Ausstellungsleitung Haus der Kunst: Max Beckmann. Retrospektive. Hg. von C. Schulz-Hoffmann und J. C. Weiss. München 1984 (= AK Berlin, Saint Louis, Los Angeles 1984/85)

München 1993
Villa Stuck: Max Beckmann. Welt-Theater. Das graphische Werk 1901 bis 1946. Hg. von J.-A. Birnie Danzker und A. Ziersch. München 1993

München 1994
Kulturstiftung der Länder (- Patrimonia 95) und Bayerische Staatsgemäldesammlungen. Max Beckmann Archiv: Max Beckmann. Briefe an Reinhard Piper. Text von Ch. Lenz. München 1994

München 1998
Bayerische Staatsgemäldesammlungen. Max Beckmann Archiv: Minna Beckmann-Tube. Hefte des Max Beckmann Archivs 2. Hg. von Ch. Lenz. Mit Beiträgen von Ch. Lenz und Ch. Zeiller. München 1998

München 2000a
Bayerische Staatsgemäldesammlungen. Max Beckmann

Archiv: Max Beckmann und Günther Franke. Hefte des Max Beckmann Archivs 4. Hg. von Ch. Lenz. Text von F. Billeter. München 2000

München 2000b
Bayerische Staatsgemäldesammlungen. Max Beckmann Archiv: Stephan Lackner, der Freund Max Beckmanns. Hefte des Max Beckmann Archivs 5. Hg. von Ch. Lenz, mit Beiträgen von S. Lackner, Ch. Lenz, Ch. Zeiller und M. Pesarese. München 2000

New York 1946
Buchholz Gallery Curt Valentin: Beckmann. His recent work from 1939 to 1945. Mit einem Beitrag von G. Swarzenski. New York 1946

New York 1947
Buchholz Gallery Curt Valentin: Beckmann. Mit einem Beitrag von J. Th. Soby. New York 1947

New York 1949
Buchholz Gallery Curt Valentin: Max Beckmann. Recent Work. New York 1949

New York 1964
The Museum of Modern Art: Max Beckmann. Hg. von P. Selz. New York o. J. (1964)

New York 1992
The Museum of Modern Art: Max Beckmann. Prints from the Museum of Modern Art. Bearbeitet von W. Weitman und J. L. Fisher. New York 1992

New York 1994
Galerie Michael Werner: Max Beckmann. Mit einem Beitrag von S. Gohr. New York 1994

Oakland 1950
The Mills College Art Gallery: Max Beckmann. An exhibition. Mit Beiträgen von A. Neumeyer und S. Lackner. Oakland 1950

Paris 1968
Musée National d'Art Moderne: Max Beckmann. Redaktion G. Busch und S. Helms. München 1968

Rom 1996
Galleria Nazionale d'Arte Moderna: Max Beckmann. Hg. von K. Gallwitz, U. Harter, L. Velani und S. von Wiese. Rom 1996

Sables d'Olonne 1994
Musée de l'Abbaye Sainte-Croix: Max Beckmann Gravures (1911–1946). Mit Beiträgen von D. Ottinger, N. Nobis, A. Franzke, K. Gallwitz u.a. Les Sables d'Olonne 1994

Saint Louis 1948
City Art Museum of Saint Louis: Max Beckmann 1948. Retrospective exhibition. Mit Beiträgen von H. Swarzenski, P. T. Rathbone, M. Beckmann und H. B. Muller. Saint Louis 1948

Sotheby 1971
Sotheby & Co., 1. Dezember 1971: The complete series of drawings by Max Beckmann for Goethe's „Faust II". The property of the Bauersche Giesserei of Frankfurt-am-Main. London 1971

Stuttgart 1994
Staatsgalerie: Max Beckmann. Meisterwerke 1907–1950. Ausstellung und Katalog von K. v. Maur u.a. Stuttgart 1994

Tucson 1973
Tucson Art Center: Max Beckmann Graphics. Selected from the Ernest and Lilly Jacobson Collection. Einleitung von R. A. Vogler, mit einem Beitrag von S. Lackner. Tucson 1973

Valencia 1996
Centre Cultural Brancaixa / Fundación Bancaja: Max Beckmann. Grabando con Puñales. Obra gráfica (1900–1950). Mit Beiträgen von J.M.S. Nogués, K. de Barañano, S. Gohr. Valencia 1996

Wuppertal 1956
Städtisches Museum: Max Beckmann 1884–1950. Mit Beiträgen von E. Göpel und H. Seiler. Wuppertal 1956

Zürich 1976
Kunsthaus: Max Beckmann. Das druckgraphische Werk. Katalogbearbeitung von U. Perucchi-Petri. Zürich 1976

Zürich 1984
Graphiksammlung ETH: Gesichter von Tag und Traum. Aus dem graphischen Werk von Max Beckmann (1884–1950). Katalogbearbeitung von B. Haldner. Zürich 1984

Zürich 1998
Kunsthaus: Max Beckmann und Paris. Matisse, Picasso, Braque, Léger, Rouault. Hg. von T. Bezzola und C. Homburg (=AK Saint Louis 1999)

IMPRESSUM

Mitarbeit an Katalog und Ausstellung

München
Sekretariat: Maya Heckelmann, Beatrice Anacker
Registrarin: Ingrid Huber
Presse: Susanne Kudorfer
Konservatorische Betreuung: Axel Börner,
Jutta Michels, Renate Poggendorf
Veranstaltungen: Andrea Pophanken
Verwaltung: Werner Schmidt
Ausstellungsdidaktik: Gottfried Schneider
Photographische Arbeiten: Sybille Forster, Bruno Hartinger
Aufbau: Horst Häßler, Volker Mähnz, Wolfgang Moritz
Postversand: Stefan Wolf, Günter Bruckmeier
Betriebstechnik: Helmut Roider und Mitarbeiter

Braunschweig
Redaktionelle Mitarbeit: Mila Horký, Julia Kemmling
Ausstellungsorganisation: Thomas Döring, Mila Horký
Konservatorische Betreuung: Birgit Bradler, Hildegard Kaul
Technische Betreuung und Aufbau: Brigitte Petzke,
Ulrich Nebelung, Dieter Schwichtenberg
Photographische Arbeiten: Jutta Streitfellner,
Michael Lindner
Öffentlichkeitsarbeit und Ausstellungstexte: Kathrin Höltge

Lektorat: Angelika Lenz

Gestaltung: Christa Winkler

Satz und Lithographie: Text & Grafik, Heidelberg

Druck: Wachter GmbH, Bönnigheim

ISBN 3-926318-76-7

PHOTONACHWEIS

Rijksmuseum Vincent van Gogh, Amsterdam: S. 19, Abb. 16
University of Michigan, Museum of Art, Ann Arbor: Kat. 103
Kunstmuseum Basel: S. 17, Abb. 13
Galerie Kornfeld, Bern: S. 46, Abb. 5
Museum of Fine Arts, Boston: S. 12, Abb. 4
Herzog Anton Ulrich-Museum Braunschweig, Museumsfoto
Bernd-Peter Keiser / Jutta Streitfellner: S. 63, Abb. 22,
Kat. 12, 15, 17, 19, 22, 29, 30, 33, 38, 42, 43, 48, 49, 50,
52, 53, 55, 56, 57, 58, 61, 65, 66, 69, 71, 72, 73, 74, 76,
77, 78, 79, 81, 82, 83, 88, 89, 90, 98, 99, S. 283
Kunsthalle Bremen: Kat. 16, 68
Fogg Art Museum, Cambridge, Mass.: S. 18, Abb. 15,
S. 57, Abb. 15
The Art Institute of Chicago: S. 24, Abb. 19, S. 98
Landesbildstelle Rheinland, Düsseldorf: S. 46, Abb. 4
Städtische Galerie im Städelschen Kunstinstitut Frankfurt
a. M., Ursula Edelmann: S. 21, Abb. 17, Kat. 14, 27, 64,
S. 60–64, Abb. 16, 17, 19, 20, 21, 23, 24
Hamburger Kunsthalle, Elke Walford: Kat. 102
Staatliche Galerie Moritzburg Halle: Kat. 11
Sprengel Museum Hannover: S. 9, Abb. 1, Kat. 39
Ahlers Collection: Kat. 87, 95
Pfalzgalerie Kaiserslautern: S. 302
Museum der bildenden Künste Leipzig, Gerstenberger
1998/1999/2000: Kat. 84, S. 46, Abb. 3, S. 70, Abb. 30
Marie-Louise von Motesiczky Charitable Trust, London:
S. 44, Abb. 1
Max Beckmann Archiv, Bayerische Staatsgemälde-
lungen, München: S. 10, Abb. 2, S. 14, Abb. 7, S. 15, Abb.
10, S. 26, Abb. 21, S. 38, Abb. 25, S. 48, Abb. 6, S. 49,
Abb. 8, S. 51, Abb. 9, S. 54, Abb. 12, S. 66, Abb. 27, S. 68,
Abb. 28, S. 69, Abb. 29, S. 71, Abb. 31, Kat. 4, 21, 40, 63,
85, 91, 92, 93, 94, 100, 101, 104, S. 92, S. 98, S. 102, S.
104, S. 136, S. 153, S. 162, S. 164, S. 198, S. 208, S. 214,
S. 216, S. 218, S. 220, S. 244, S. 248, S. 252, S. 255, S.
261, S. 266
Bayerische Staatsgemäldesammlungen München, Photo-
abteilung: Kat. 1, 2, 7, 8, 9, 13, 20, 21, 23, 25, 26, 31, 32,
36, 37, 41, 45, 47, 51, 54, 59, 60, 67, 75, 80 und Repro-
photos
Kunstauktionen Quittenbaum, München: Kat. 23
Staatliche Graphische Sammlung München, Engelbert
Seehuber: Kat. 3, 5, 6, 10, 18, 28, 35, 44, 70
The Museum of Modern Art, New York: S. 25, Abb. 20,
S. 27, Abb. 22, S. 28, Abb. 23, S. 29, Abb. 24, S. 212
Adolph Studly, New York: S. 65, Abb. 25, Kat. 96
Oliver Baker Associates, New York: S. 48, Abb. 7
Allen Memorial Art Museum, Oberlin, Ohio: S. 16, Abb. 12
Réunion des Musées Nationaux, Succession Picasso, Paris:
S. 65, Abb. 26
Privatbesitz: S. 18, Abb. 14, Kat. 97
Saarland Museum Saarbrücken, Moderne Galerie: S. 14,
Abb. 8
Staatsgalerie Stuttgart: S. 120, Kat. 24, 62, S. 156
National Gallery of Art, Washington: S. 52, Abb. 10, 11,
S. 62, Abb. 18, Abb. S. 283, 292
Von der Heydt-Museum Wuppertal: S. 15, Abb. 11, S. 204
Kunsthaus Zürich: S. 200